오토바이로 그린 3000km 新대동여지도
기자형제 신문 밖으로 떠나다

기자형제 신문 밖으로 떠나다

초판 1쇄 발행 2018년 10월 1일

지은이	나인문·나재필
발행인	권선복
편 집	유수정
디자인	김민영
전자책	서보미
발행처	도서출판 행복에너지
출판등록	제315-2011-000035호
주 소	(07679) 서울특별시 강서구 화곡로 232
전 화	0505-613-6133
팩 스	0303-0799-1560
홈페이지	www.happybook.or.kr
이메일	ksbdata@daum.net

값 20,000원
ISBN 979-11-5602-652-5 (03980)

Copyright ⓒ 나인문·나재필 2018

* 이 책은 저작권법에 따라 보호받는 저작물이므로 무단전재와 무단복제를 금지하며, 이 책의 내용을 전부 또는 일부를 이용하시려면 반드시 저작권자와 〈도서출판 행복에너지〉의 서면 동의를 받아야 합니다.

도서출판 행복에너지는 독자 여러분의 아이디어와 원고 투고를 기다립니다. 책으로 만들기를 원하는 콘텐츠가 있으신 분은 이메일이나 홈페이지를 통해 간단한 기획서와 기획의도, 연락처 등을 보내주십시오. 행복에너지의 문은 언제나 활짝 열려 있습니다.

오토바이로 그린 3000km 新대동여지도

기자형제
신문 밖으로 떠나다

나인문·나재필 지음

목차

프롤로그(Prologue) – 던져라 사표! 떠나라 여행! 달려라 인생! ·6

CHAPTER 01 · 출발

- 맛집 순례가 아닌 마을 탐방에 나서다 ·13
- 자전거와 자동차 사이…오토바이 부릉부릉! ·15
- 유람이 아닌 유랑…세상을 향해 시동 걸다 ·19
- ● 지명사전: 에로지명 ·21

CHAPTER 02 · 여정

- 3000km로 그린 新대동여지도의 여정 ·42
- 충청도 온기는 산과 바다마저도 순박하다 ·43
- 땅은 땅에서 살아가는 사람들의 마음을 닮았다 ·45
- 전라全羅의 땅은 발효와 숙성을 거친 삶의 발원지 ·47
- 남해는 섬과 섬을 잇는 피안의 세계 ·51
- 태백 준령을 품고 굽이치는 강원도의 힘 ·53
- 2000년 古都, 2000년 도읍, 대륙의 중심 경기도 ·56
- 마을을 닮은 주민, 주민을 닮은 마을들 ·57
- ● 지명사전: 엽기지명 ·62

CHAPTER 03 · 시련

- 바이크 라이딩 스토리 ·123
- 별이 쏟아지는 밤을 즐기는 '소확행' ·132
- 산다는 건 결절…여행은 고통을 껴안는 일 ·133

- 한 달 간 소주 100병...외로움에 취하다 · 135
- '오감이 괴로워' 오토바이 여행의 잔혹사 · 138
● 지명사전: 코믹지명 · 143
● 지명사전: 웃픈지명 · 192

CHAPTER 04 · 극복

- 비박은 이슬을 맞고, 숙박은 이슬을 피하는 것 · 232
- 여행은 고통의 시간을 견디는 그루잠 같은 것 · 237
● 지명사전: 계급지명 · 241

CHAPTER 05 · 귀로(歸老)

- 여행은 시간이 갈수록 영리해진다 · 265
- 좋은 놈, 나쁜 놈, 이상한 놈 · 268
- 집을 떠나 집으로 돌아가는 여정 · 270
● 지명사전: 애증지명 · 272
● 지명사전: 궁금증 유발 지명 · 280

에필로그(Epilogue) · 292

지명 찾아보기 · 295
지역별 별난 지명 · 299
참고 문헌 · 305

Thanks to · 307
출간후기 · 308

프롤로그

던져라 사표!
떠나라 여행!
달려라 인생!

　여행은 아무 때나 갈 수 있지만 아무나 떠나지는 못한다. 거창하게 계획만 짜다가 중도에 깨지는 경우가 허다하다. 배낭을 채우고, 신발 끈을 동여맨 뒤, 현관문을 박차고 나갈 때 비로소 길은 열린다. 여행은 생각만 하면 꿈이다. 여유가 없다고, 여비가 없다고 투덜거리기만 하면 한 걸음도 나아갈 수 없다. 자기변명과 핑계는 절묘한 타이밍으로 발목을 잡는다. 여행이란 시간의 잉여분으로 가는 게 아니다. 일부러라도 시간을 내야 떠날 수 있다. 여유가 생겼다고 느꼈을 땐, 해 저문 인생의 오후다. 떠날 수 없는 나이, 떠날 생각조차 들지 않는 상실의 시간만 존재할 뿐이다. 여행은 여분의 행복을 찾아 나서는 단호한 결행이다.

사람은 사랑하기 위해 산다. 아주 길어봤자 100년, 그 짧은 생은 한마디로 '훅'이다. 그냥 불현듯 왔다가 별안간 간다. 하루 이틀 사흘, 그리고 1년, 10년… 그것들이 모여 생애가 된다. 석가모니도, 예수도, 마호메트도 그 '별안간'이라는 시간이 당혹스러워 방황했다. 나서 자라고 훌쩍 가 버리는 벼린 삶이 납득불가였던 것이다.

지금 이 순간도 이미 과거다. 시간이 없다. 누군가를 사랑할 시간조차 없고, 누군가를 증오할 시간조차 부족하다. 사랑엔 여분이란 건 없다. 남아 있으면 사랑이 아니다. 사랑할 힘조차도 남아있지 않는 것, 철저하게 바닥까지 소진하는 것이 사랑이다. 돌이켜보면 삶은 너무나 슬프다. 후회하고, 허비하고, 미워하는 데에 시간을 허비한다. 비움과 채움에 대해 깨닫는 순간, 우린 허망하게 죽는다. 모든 생을 채우는 데만 급급하고, 결국 채우지도 비우지도 못한 채 죽는다.

인생을 똑바로 살았는지 보려면 그 사람의 '얼굴'과 '손'을 보라고 했다. 얼굴과 손엔 살아온 생애가 지문처럼 새겨져 있다. 생生의 굳은살이다. 이건 성형할 수도 없고, 성형되지도 않는다. 잘 살아온 사람의 얼굴은 보기만 해도 흐뭇하다. 즐거워지고 행복해진다. 웃는 상象이다. 반대로 잘 살아오지 못한 사람의 얼굴엔 심술이 덕지덕지 붙어 있다. 얼굴만 봐도 기분이 나빠진다. 비루먹을 상이다.

봄 어느 날,

우리 형제는 돌연 사표를 던졌다. 30년 가까이 기자로 살아온 명

패를 스스로 던져 버린 것이다. 형은 신문사 편집국장, 동생은 편집부국장의 감투를 쓰고 있었다. 직급으로 보면 편집국 최상위계층까지 올라간 상태였고, 정년이 간당간당한 것도 아니어서 주변의 충격파는 컸다고 한다. 상황을 잘 모르는 장삼이사들은 이를 두고 '형제의 난亂'이라고 불렀다.

형제는 세상의 탁류가 싫었다. 굴신과 반목, 전향과 변절, 협잡과 맹목의 감옥에서 탈출하고 싶었다. 능욕과 굴욕의 세상, 누군가는 능멸하고, 능욕당했다. 이 졸렬한 집단이데올로기에 맞서 투쟁도 해봤으나, 세상은 상식의 선에서 방향대로 가지 않았다. 열쇠를 쥔 사람도, 노를 젓는 사람도 바다의 본류 속에서 헤매고 있을 뿐 어느 누구도 변곡점의 한계를 벗어나려 하지 않았다.

세상은 생각보다 훨씬 소란스럽다. 소음 속에서 야합이 은밀하게 진행되고, 내밀함 속에서도 협잡이 이뤄진다. 이건 소음이 아니라 잡음이다. 소음은 단지 시끄러울 뿐이다. 하지만 잡음은 흔적을 남긴다. 흔적은 상처다. 본인도 모르게 횡행하는 이 난삽한 행위들은 결국 공동체를 와해시킨다. 모리배 당사자도 언젠가는 그 잡음에 의해 버림받고 내쳐질 것이다. 특히 공익과 사익의 경계가 불명확한 언론이라는 태생적 한계는 점점 더 열패감 속에 빠져들고 있다. 갑甲도 아니면서 갑의 위치에서 군림하려 하고, 저널리즘을 포기했으면서도 저널리스트로 가장한다. 결국 독자와 대척하니, 일종의 길항관계가 된 것이다. 아이러니한 것은 기자들 스스로 갑 행세를 했지만 정작 본인들의 삶은 을乙이라는 점이다. 경영진의 그치지 않는 탐욕, 그 욕망의 희생양이 되어 돈벌이에 나설 수밖에 없는 기자들은 펜 대신 전표를 들어야 하는 구조다. 그러니 파키디오트^{Fachidiot: 전문가 바보}가 될 수밖에…. 더구나 정작 사표를 써야 할 군상들은 사표를 쓰지 않고 맹독성 암투를 통해 비열한 삶을 연명하고 있다. 거짓말은 질문이 생기지 않는다. 앞뒤가 다 맞아 의심할 여지가 없기 때문이다. 하지만 대다수는 알고 있다. 무엇이 정의正義의 다랑귀를 뛰게 할지를 말이다.

우리는 맹목을 버렸다. 맹목은 선택의 폭이 없다. 30년 가까이 한길만 걷고 한쪽만 보아온 인생이 너무나 바보 같아서, 스스로 도륙의 인연을 끊었다. 우리는 세상에서 도망치지 않기 위해 도망을 선택했다. 그리고 채우기 위해 비웠다.

별안간의 사직은 삶의 물집 같은 것이다. 만지면 덧나고, 그대로 놔두면 진물이 난다. 그래서 견뎌온 세월이 한숨과 정염井鹽으로 난도질된다. 다랍고 인색한 세상의 반대편에 서서 조용히 세월의 긍휼矜恤을 읽는다. "인생2막은 줄다리기가 아니라 속도 없는 달리기다."

2018년 8월 39도씨 폭염이 내려앉은 세종시에서.

(2차) DATE.

~~조치원~~ ~~○○○○○○○○○~~ 계룡사 운정지

세종-공주→예산 (예당저수지) ⓐ67km — 세종수목원→마곡사 → 일몰성 수덕사
보개 열씨 ※ 홍성 (광천) 충남신경계. 이리 덕산도립

⊙예산-⊙⊙ 당진-서산-태안-안면도 ⓐ67km 태안항도, 예기
서산사거리 당진 동점, 조류, 가로림만, 서산아라산오봉산 가을.3도.치e
  대천해수 삼산. 내마수e
정목 출항시간 8시10분, 오후2시20분, 오후5시50분 외파수e. 장군
  5200원-5700원 2대. 원신e
  안면도 삽시e. 효e 녹e
→ 대천(보령)-부여-웅천-서천 ⓐ81km 삽시연. 대장e
  삼내
  장항 아인기. 대마

군산-익산-김제 (전주)-부안-변산반도 ⓐ84km
  24 익산 20 동아 대전-부안 55
  40. 36

부안(변산반도)-정읍 내장산 고창(선운사) ⓐ71km
2후리 28 목대 14 28 광대기   호선
통성 새내 63
  추자 71

고창-정읍-광주-익산
고창-영광-함도-무안-신안-목포 ⓐ84km
  피서리 주대
  영광 42
목포-(내⊙)-해남 (땅끝마을)-완도-강진-영암 (월출산)
  ○○○ ⓐ118km 평강 박토리
해남 47km
완도-강진 ○○○○○ ⓐ77km
내서 42 129
교e

강진-장흥-보성-고흥 ⓐ103km
  16 26 61

고흥-순천-여수 ⓐ86km 여천지배경지배
  56km 30

수-남해-광양 ⓐ105km

맛집 순례가 아닌
마을 탐방에 나서다

　　여행은 '엉겁결'에 결정됐다. 선술집에서 선문답을 하다가 다짜고짜 떠나기로 한 것이다. 넋두리는 이내 청사진으로 구체화됐고, 밑그림은 다시 명확한 실체화로 이어졌다. 일사천리였다. 기자로 살아온 숙명적 습관 때문이었을까. 그저 그런 여행이 아니라 여행의 목적, 방향성이 필요했다. 무엇을 위해서 떠나는가. 왜 떠나는가. 떠나서 무엇을 얻을 것인가. 그런 일련의 질문이 필요했다. 결론은 한가로운 유람이 아니라 유랑이어야 하며, 꽃놀이 같은 여행이 아니라 고행이어야 한다는 것이었다. 우린 청춘의 전성기 때와 완전히 똑같은 사람인 동시에, 전혀 달라진 사람으로서 예전으로 돌아가고 싶었다.

　　먼저 여행지는 해외가 아닌 국내로 가닥을 잡았다. 너나 할 것 없이 해외로 떠나는 트렌드에 반反하고 싶었다. 외국여행이 유행이 되는 건 뻐기려는 심리다. 미주, 유럽 어디어디에 가봤다고 너스레 떠는 게 마치 '목적'이 돼 버렸다. 자국 영토에 대한 최소한의 경의敬意가 없다.

　　땅의 가치는 존재의 가치다. 이 땅을 숭배하지 않고는 그 어떤 우월적 여행도 거드름에 불과하다. 우린 되도록 국내 구석구석을 돌며 우리네 향토적 오감五感을 경험하고, 그 경험칙을 여러 사람과 조금이나마 나누고 싶었다.

　　더욱이 흔하디흔한 맛집 탐방, 내비게이션을 따라 순행하는 볼

거리 위주의 여행 백서는 꿈도 꾸지 않았다. 백종원이 맛있다고 하면 지옥 끝이라도 달려가려는 '먹방Mukbang·먹는 방송'은 길들여진 양념 맛이다. 설탕과 파 기름으로 범벅을 해서 모든 식감을 마비시키는 단순한 조리법은 본연의 맛이 아니다.

어느 서점을 가든 맛집과 볼거리, 즐길 거리에 관한 여행기記는 차고 넘친다. 대부분 먼지를 뒤집어쓴 채 입맛만 다시는 툇방退房 신세다. 네이버에 동네 맛집을 검색하면 수십만, 수백만 가지의 정보가 쏟아져 나온다. 여행지도 마찬가지다. 하루가 멀다 하고 붕어빵처럼 찍어내는 그런 정보엔 탐욕과 탐욕을 채우는 요령들로만 그득하다.

우린 전국 1특별시, 6광역시, 1특별자치시, 1특별자치도, 8도, 75시, 82군, 69자치구를 되도록 세세하게 돌아보기로 했다. 특히 자연마을행정里을 여정의 중심으로 삼았다. 통계청 KOSIS국가통계포털 기준으로 보면 전국에 4만 9455곳2015년 기준의 자연마을이 존재한다. 이 중 가장 많은 행정리를 갖고 있는 곳은 충남인데 무려 9264곳의 자연마을이 있다. 방대한 마을들을 모두 소화한다는 건 무리여서 다시 세부적으로 항목을 나눴다. 가령 특이한 지명을 가진 마을을 중점적으로 여행하자는 거였다. 보통의 여행자들은 도로 이정표를 눈여겨보지 않는다. 자신의 목적지를 향해 무조건 최단거리를 지향한다. 때문에 대한민국 곳곳에 숨어 있는 독특한 지명地名들을 허투루 보고 지나친다. 전남 구례 광의면엔 방광리가 있고 전북 순창군 풍산면엔 대가리가 있다. 울주군 온양읍 발리, 경남 김해시 진영읍 우동리, 경북 군위군 의흥면 파전리, 경남 양산시 웅상읍 소주리, 경북 경주시 내남면 조지리, 충북 증평군 증평읍 연탄리, 전남 해남군 해남읍 고도리가 대표적인 이색 지명들이다.

이 같은 특이지명에 관한 취재는 2003년에도 했었는데 그때도 상당한 반향을 일으켰었다. 대한민국 국토 종주의 시작과 끝은 바로 우리 땅, 우리 마을의 이름을 다시 한번 불러보고 다시 한번 기억하고자 하는 정통성에 있다. 마을을 널리 알리고 싶은 마음 외에 폄훼하거나 희화화할 생각은 1퍼센트도 없었음을 밝힌다.

그냥 보기만 해도 웃음이 절로 나오는 코믹 지명, 그냥 되뇌어 봤을 뿐인데 상당히 위압적이고 으스스한 엽기 지명, 입으로 읊조리는 순간 홍조를 띨 수밖에 없는 에로 지명, 처음엔 웃었지만 한 번 더 불러봤을 때 슬퍼지는 '웃픈' 지명. 그리고 많은 사연과 역사를 온몸으로 견뎌내며 세월의 더께를 쓰고 있는 호기심 가득한 지명들. 우린 이런 마을들의 소소小小한 행간을 그들의 진정성과 정체성을 살려 소소笑笑·웃음하게 풀어보기로 했다. 마을의 가치는 애향심에 있다. 혹여 이 글로 인해 마음이 불편한 분들이 있다면 넓은 혜량으로 이해하길 바랄 뿐이다.

자전거와 자동차 사이…
오토바이 부릉부릉!

다음엔 '탈것'에 대해 고민했다. 자전거를 타느냐, 자동차를 타느냐의 문제였는데 왠지 자동차는 호사인 거 같아 논외로 접었다.

문제는 오십 줄을 훌쩍 넘긴 두 사람이 자전거로 전국일주를 할 수 있느냐는 거였다. 자전거 인증구간 길이만 따져 봐도 자그마치 1853km에 달한다. 한강종주아라한강갑문-충주댐 192㎞, 아라자전거길아라서해갑문-아라한강갑문 21㎞, 오천자전거길행촌교차로-합강공원 105㎞, 금강자전거길대청댐-금강하굿둑 146㎞, 영산강 자전거길담양댐-영산강 하굿둑 133㎞, 섬진강자전거길전북 임실 섬진강 생활체육공원-전남 광양 배알도수변공원 149㎞, 제주 환상자전거길제주도 해안도로 일주 234㎞, 동해안 자전거길 강원 구간고성 통일전망대-삼척 고포마을 242㎞, 동해안 자전거길 경북 구간울진 은어다리-영덕 해맞이 공원 76㎞, 북한강 자전거길밝은 광장-춘천 신매대교 70㎞, 새재자전거길충주탄금대-상주 상풍교 100㎞, 낙동강 자전거길상주 상풍교-낙동강 하굿둑 385㎞…

사용할 수 있는 시간의 양量과 체력적 나이를 고려했을 때 자전거 전국일주는 무리였다.

도보徒步·걷기 여행을 생각했으나 이 또한 거의 불가능에 가까웠다. 두 바퀴도 힘들고, 두 발도 힘든 건 마찬가지였다. 걷느냐, 타느냐의 문제는 결국 속도로 귀결됐다. 상식적인 얘기지만 싸게저비용 갈수록 속도는 느리고, 돈이 들면고비용 속도는 빨라진다.

탈 것과 안 탈 것 사이에서 방황하는 사이, 여행계획이 수포로 돌아갈 뻔했다.(걸을 수도, 탈 수도 없는 상황) 더더구나 전국 국토를 종縱으로, 횡橫으로, 지그재그로 누비려면 적당한 기동성이 필요했다. 이때 절묘한 절충안이 나왔다. 바이크 라이딩bike riding·오토바이이었다. 자동차보다는 느려도 자전거보다는 빠른 스피드 경제학이 절실한 시점에서, 바이크는 최적의 탈것이었다. 탈것에 대한 고민은 최선이 아닌 차선, 최악만큼은 피한 차악으로 결론 났다.(사실, 모든 남자들의 영원한 로망인 할리 데이비슨Harley-Davidson도 자전거를 좀 더 편하게 타기 위해 고안된 최초의 바이크였다.)

다음날, 오토바이 구입에 나섰다. 오토바이는 생각보다 가짓수가 많았고, 가짓수가 많은 만큼 공부할 것도 많았다. F차라 불리는 '스포츠 투어러'는 장거리를 쉬지 않고 쾌속으로 이동할 수 있는데 자동차로 치면 스포츠 세단이다. 그냥 '투어러'는 여행을 위해 태어난 바이크다. 1300cc 정도 되는 넉넉한 배기량은 장거리 여행에도 무난하다. 크루저는 '아메리칸 바이크'라고도 불리는데 1500~2000cc의 배기량에 속도는 120km/h 정도다. 모터사이클 황제 '할리'1690cc도 여기에 속한다. 이 밖에 오프로드, 모토크로스&엔듀로, 모타드, 트라이얼, 멀티퍼퍼스가 있고, 배달하는 사람들에게 사랑 받는 언더본underbone 등이 있다.

오토바이 판매점 주인은 바이크 문외한인 우리에게 자꾸 높은 단가의 기종만 추천했다. 그러나 비용과 운전이 문제였다. 출력이 높을수록 속도가 빨라 안전을 담보하기도 어려웠다. 큰 차체를 감당할 체력 또한 걱정이었다. 몇 시간에 걸친 실랑이 끝에 스쿠터scooter를 선택하자 상인은 손사래부터 쳤다. 스쿠터로는 전국 일주는커녕 동네 밖도 위험하다며 으름장을 놓았다. 여기에 한술 더 떠, 동네 슈퍼나 장 보러 갈 때, 주민센터행정복지센터에 서류 떼러 갈 때 타는 게 스쿠터라며 폄훼 발언도 서슴지 않았다.

하지만 작아도 좋았다. 당장 가속레버오른쪽 손잡이·스로틀 그립와 브레이크만 있으면 족했다. 그래서 손에 잡은 게 혼다 SCR110 알파105cc와 스즈키SUZUKI 익사이트125cc였다. 상인 말대로 장거리는 좀 무리일

듯 보였지만 만족했다. 바퀴의 지름이 보통의 오토바이보다 훨씬 작았고 엔진50~60cc도 의자 밑에 장착돼 있어 '두 바퀴'라는 외형적 복장 외에는 두드러지는 게 없었다. 한편으론 걱정도 했지만 일단 헬멧을 구입하고 스마트폰 배터리 충전기도 장착했다. 짐칸도 따로 달았다. 최적화 시스템을 갖추는 데 꼬박 하루가 걸렸다.

배낭을 꾸리는 일도 쉽지 않았다. 텐트, 침낭, 코펠, 솜바지를 포함한 여러 벌의 옷, 속옷, 양말, 수건, 캠핑의자, 버너, 바닥매트, 세면도구, 인스턴트식품, 간단한 양념류, 소형 랜턴, 카메라, 다용도 칼, 지도, 의약품 등등…. 나중에 보니 짐의 크기가 오토바이 크기보다 세 배는 족히 넘는 듯했다.

정작 오토바이 라이딩 장비는 부족했다. 헬멧과 장갑이 전부였다. 둘 다 청바지와 보통 겨울용 점퍼를 입기로 했다. '바라바라밤~'이 갖출 수 있는 최소한의 기본 장비가 없으니 바람을 한 몸에 받는 취약한 상태였다. 가죽 재킷, 바이크 롱부츠는 물론 튜닝용품, 액세서리도 없었다. 바이크를 타려면 기본적으로 프로텍터Protector를 입어야 한다. 프로텍터는 몸을 보호하기 위해 재킷 속에 입는 갑옷 같은 보호용구를 말한다. 상체와 무릎, 등, 척추를 감싸 안전사고를 막을 수 있다. 하지만 여행에 있어서 약간의 결핍은 필요하다고 생각했다. 누구에게나 똑같이 뜨는 태양이지만 태양을 소유한 사람만이 매일 아침 달라지는 태양빛을 발견하듯이.

이에 대한 비하인드 스토리는 뒷장에 여러 번 언급될 것이다.

유람이 아닌 유랑…
세상을 향해 시동 걸다

그리고 며칠 후.

형제의 무모한 도전이 시작되자 주변인들은 부러움을 표시했다. 물론 겉으로 보기엔 두 한량이 고된 세상에서 탈출^{도피}해 유유자적하는 것처럼 보일 테니 일면 이해는 갔다. 그러나 쉬는 건 맞지만 노는 건 아니었다. '다름'과 '틀림'의 차이를 안다면 유람이 아니라 유랑이라는 걸 알 것이라고 생각했다.

우린 시간의 온도를 눈치챘다. 저녁의 온도, 그것은 따뜻한 남쪽과 해 지는 곳의 양편에서 충돌하는 접점이었다. 어쩌면 그 시간의 온도를 알게 모르게 평생 좋아하며 찾아다녔는지도 모른다. 기회 있을 때마다 가는 소풍, 마치 끼니처럼 자주 하는 고상한 저녁, 멋진 풍광 속에서 만끽하는 삶의 풍요로움은 가치 없는 몰취미다.

속화되어가는 사회로부터 스스로 격리하고 향락에 대한 욕구를 버리는 것, 안일과 안락에서 벗어나 복원력과 자정능력을 다시 찾는 일이 무엇보다 중요했다.

여행은 돈의 문제가 아니라 용기의 문제다. 진정 여행을 떠나고자 하는 사람은 방법을 찾고, 떠날 용기가 없는 사람이 변명거리를 찾는다고 했다. 중요한 것은 일단 방향을 잡고 몸을 움직이는 것, 덕지덕지 붙은 삶의 불연성 겉치레들을 제거하는 것, 아무런 고마움 없이 문명의 포근한 일상을 주섬주섬 살아왔던 '허방'을 떨쳐 내는 것, 그래서 돌아왔을 때, 다시 돌아갈 힘을 얻는 것이 여행임을 우리는 알았다. 혼자 가면 빨리 갈 수 있지만 둘이 가면 더 멀리 갈 수 있다. 혼자 꾸는 꿈은 그저 그런 꿈이지만 함께 꾸는 꿈은 현실이 될 수 있다는 믿음을 갖고, 우린 세상을 향해 시동을 걸었다.

※바이크 라이딩의 모든 여정은 총 3794km였다. 1차 원정으로 3369km를 탔고, 2차 보충 취재로 425km를 달렸다. 여기서 킬로미터㎞ 표기는 지역 간 직선거리가 아니라 바이크 라이딩으로 당일 주행한 여행 거리다. 특히 오토바이는 주로 국도·지방도를 경유하기 때문에 활동거리[반경]가 늘어난다.

지명사전

에로지명

성性은 터부의 대상이 아니라 정직한 몸의 언어

예로부터 성을 이야기할 때 적잖이 당혹스럽다. 야릇함을 내놓고 드러내야 하는데 숨기려고 하니 오히려 더 야릇해진다. 은밀하게 내통하고 내밀하게 조바심을 내는 묘한 정서는 사실상 위선에 가깝다. 겉으로는 음담패설이라고 낮보면서도 뒤로는 야담을 즐기는 사람들 또한 적지 않다. '입'은 부끄러워하면서도 정작 '말'은 전혀 거리낌이 없는 것이다. 성은 터부taboo의 대상이 아니라 금기해서는 안 될 정직한 몸의 언어다.

야담野談은 구전되던 설화적 모티브들이 입과 입을 건너면서 끈적거리는 와이담으로 변했다. 이 와이담은 일본에서 건너왔다. '술

자리에서 함부로 떠드는 말'을 '와이단'わいだん이라 했는데, 여기에 말씀 '담談'자를 붙여 그렇게 됐다. 타인의 침실을 궁금해 하면서도 자신의 침실은 철저하게 숨기려는 음흉한 사교社交, 그런데 알고 보면 누구나 다 아는 얘기들이다.

동서고금을 막론하고 성性은 인간사에 있어 중요한 화두였다. 외설 담談은 대부분 간통과 외도外道, 성기, 성행위에 대한 직설적 묘사가 주를 이룬다. 그래서 기록보다는 구전이 많다. 조선 후기에 편찬된 편자 미상의 설화집인 〈고금소총〉은 남녀의 육담肉談이 노골적이다. 소문이나 풍문으로만 듣던 엄청난 거남巨男, 강녀强女의 이야기가 호기심을 자극하니 음담기서淫談奇書의 결정판이라 할 수 있다. 입으로 전해지는 구비설화의 속성은 대담함을 뛰어넘어 육덕지다.

정자리(충남 서산시 고북면)

서해안고속도로가 관통하는 서산 고북면은 종縱축으로 15번 국도와 29번 국도 사이, 해미면과 갈산면 사이에 있다. 왼쪽 멀리에 A지구 방조제가 마을과 사람을 잇는다. 이 땅은 물과 땅을 이마에 대고 서로 윤회輪廻한다. 너른 평야와 낮은 구릉이 살갑게 마주하니 도탑다. 바이크 라이딩에서 중요한 것은 어디를 가느냐보다 어떻게 가느냐. 여기서 포인트는 '길'이다. 수많은 갈림길에서 순간적으로 향방을 정해야 한다. 4차선을 달리다가 2차선으로 접어들면, 대부분의 길은 좁아진다. 깔때기 같다. '정자리'도 마찬가지여서 2차선에서 비켜나오자 긴 농로가 이어진다. 진초록 나무들과 진갈색 들녘

이 그 색을 합쳐 풍요로움을 더한다. 길은 꾸불꾸불 이어진 진창길로 들썩이고, 이내 뭉게구름 피어오르는 호젓한 들길로 직립한다. 사람이 고의로 만든 물리적인 길이 아니다. 그래서 속도감은 없으나 길 위의 삶이 왜 행복한지를 깨닫게 해준다.

'정자리'라는 지명은 매우 직선적이다. '정자'는 경치 좋은 곳에 지은 집亭子 또는 수컷의 생식세포精子를 말하는데, 이 동네이름을 떠올리면 후자 쪽에 더 치우친다. 마을 이름이 흥미로운 건 지명 속에 그 지역의 역사와 생활·문화가 담겨 있기 때문이다. 하지만 아무리 좋은 이름도 한자漢字로 풀이하지 않으면 생판 다른 지명으로 읽히기도 한다. '정자리' 또한 본말이 전도된 경우다.

서산시 고북면 정자리는 마을 한가운데에 큰 느티나무가 있어 정자리亭子里라 부르게 됐다고 한다. 정자1리에는 하촌·윗말·해미령·서낭댕이·음지말·신투리지 등의 자연마을이 있고, 정자2리에는 양거미·윗말·아랫말·초막골 등의 자연마을이 있다. 그중 양거미는 양귀비보다 예쁜 처자가 많다 하여 생긴 이름이며, 초막골은 피난민들이 초막을 짓고 살았다 하여 붙여졌다고 한다. 정자리는 영화 '맨발의 기봉이'의 실제 주인공인 엄기봉 씨의 고향으로 유명세를 타기도 했다.

안서리(충남 부여군 옥산면)

부여군 옥산면은 서해안 고속도로, 서천-공주고속도로가 지나는 교통 요지다. 물론 군도·지방도를 경유해야 한다. 다행스럽게도 도로는 잘 포장되어 있어, 라이딩하는데 전혀 문제가 없다. 오히려 폭신하게 느껴질 정도다. 옥산저수지를 끼고 넓은 들이 맘껏 폐활량을 늘린다. 마을은 너무나 조용해 인기척이 없다. 마을 뒤 매끄러운 등성이는 마른나무 삭정이를 햇빛에 반사시키며 눈부시게 빛난다. 구릉엔 푸른 낙엽이 쌓이고 잡목 사이로 한 움큼 햇살이 젖어든다. 바람 또한 곱게 잠이 들어 아늑하다. 주변에 숨 쉬는 것은 오직 산의 정령뿐이다. 곳곳에 핀 야생화는 농군 아낙의 그을린 손등처럼 거칠면서도 한없이 애절하다.

부여군 옥산면 '안서리'는 이름만 들으면 웃프다. 하지만 지명의 속뜻을 들여다보면 의미가 남다르다. 서쪽에 있는 평안한 고을安西里이란 뜻이다. 안서리에서 선사시대 고인돌이 발견된 것을 보면 취락지로도 매우 양호한 조건을 갖추고 있음을 알 수 있다. 안서리의 동쪽에는 안동리安東里가 있다.

통정리(충남 당진시 석문면)

오토바이 라이딩의 장점은 피사체를 끌어안는 파인더의 '끌림'이다. 우리가 걸으면서 보는 풍경은 대개 1차원이다. 똑같은 풍경을 똑같은 시선으로 본다. 시속 4km이니, 10분이면 670m의 반경 내에서 복기하듯 볼 뿐이다. 자동차는 최소 80km로 달리며 피사체를 본다. 당연히 온전한 풍경을 읽을 수 없다. 눈 깜짝할 사이에 겉만 보며 스쳐 지나간다. 하지만 바이크 라이딩은 적당한 속도와 적당한 거리에서 모든 풍경을 포착한다. 전혀 지루하지도, 지루할 틈도 없다. 골목길, 농로, 심지어 마을의 안마당까지도 편하게 오가며 기억의 파인더에 오롯이 담아낼 수 있다. 통정리의 너른 들녘과 넓은 바다를 가장 안온하게 감상할 수 있는 것도 바이크이기에 가능하다.

당진시 석문면은 아산만과 인접해 있다. 송산면 가곡리에서 장고항리를 잇는 석문방조제 품에 안겨 있다. 길이는 10.6km로, 우리나라 단일방조제 중 가장 길다. 이곳 통정리는 통할 통通에 고무래 정丁을 쓴다. 고무래는 곡식을 그러모으고 펴거나 밭의 흙을 고를 때, 아궁이의 재를 긁어모으는 데 쓰는 도구다. 그래서인지 고무래로 땅을 평평하게 편 듯 넉넉한 평지와 완만한 구릉성 지대다.

전국에 '통정리'란 지명을 쓰는 곳은 세 군데다. 물론 남녀가 정을 통한다는 '통정通情'이란 한자를 쓰는 곳은 없다. 전북 부안군 상서면 통정리는 통할 통通에 우물 정井을 쓴다. 마을을 따라 두포천이 길게 흐르는 것과 궤를 같이한다.

경남 하동군 양보면 통정리는 물건을 담는 통을 뜻하는 통 통桶에 우물 정井자를 사용한다. 단교천을 따라 우복소류지와 서재소류지가 자리하고 있는 점을 보면 지명이 지형지물과 기묘하게 어울린다. 즉 통정마을은 통샘널로 짜 만든 우물이 있었다는 뜻이고, 일명 통새미라고도 칭한다.

감추면 감출수록 더 드러나는 성性

우리네 성 문화를 보면 하나같이 숨기고 감추려는 데 힘을 쏟는다. 남자의 생식기는 앞을 때 가려진다 해 '좌장지坐藏之'라 하고, 여자의 생식기는 걸을 때 가려진다 하여 '보장지步藏之'라 한다. 이를 짧게 줄여 부르는 것이 '자○'와 '보○'라는 것이다. 이 어원은 전형적인 한자 부회 附會·傅會에 불과한 것들이지만 모두 '감추는 데' 방점이 찍혀있다. 오늘날 '子枝자식을 낳는 가지'와 '寶池보배로운 연못'는 입에 올리지 못하는 사실상의 금기어가 됐다. 인류가 직설적인 성性을 거부하는 것은 종족보존을 위해서 성을 은밀하게 추구했기 때문이다. 또한 정치사회적으로 힘센 사람들이 성을 독점하면서 성 문화의 폐쇄성이 강화됐을 수도 있다.

남자의 양경陽莖과 여자의 소문小門은 신성한 몸의 일부다. 왜곡되어야 할 음지가 아니라, 온전히 세상 밖으로 나와야 할 양지다. 자꾸 음지로 숨어드니 양지에서 빛을 잃는 것이다. 성을 언제까지 담론 수준에서 천박하게 부르고, 부끄럽게 꺼내들어야 할까.

욕개미창欲蓋彌彰이란 말은 '덮으려고 하면 더욱 드러난다'는 한자성어다. 막현호은莫顯乎隱도 비슷한 뜻이다. 그 어느 것도 숨기는 것보다 드러나는 것은 없다는 중용中庸의 문구다. 즉 아무도 모를 것이라고 생각하지만 결국 알려지고, 아무리 잘 감춰도 만천하에 드러난다는 의미다. 호기심, 관음증이 여기에 해당된다. 감추면 감출수록 오히려 궁금해지는 법이다.

방광리(전남 구례군 광의면)

구례는 삼대삼미三大三美의 고장으로 불린다. 지리산과 섬진강 때문이다. 봄이면 강변 연안도로를 가득 메우는 화사한 벚꽃, 여름이면 계곡마다 우거진 짙은 신록, 가을이면 붉게 타는 만산홍엽, 겨울에는 순백의 하얀 눈꽃이 만개한다. 그래서 장삼이사들은 이 땅을 설명할 때 차경借景을 떠올린다. 경치는 사람의 소유물이 아니라 잠시 빌린다는 이유에서다. 창窓이라는 액자를 통해 안에서 밖을 보는 것이니 소통이기도 하다. 경치는 물감으로 그린 평면의 물성이 아니라 풍경화보다 훨씬 다이내믹하고 사실적이다. 마을 너머 소나무 군락은 뿌리 아래 켜켜이 쌓인 솔가리로 따스함을 주고, 줄기에 더덕더덕 붙은 수피樹皮는 북풍과 칼바람을 막아준다. 야생초들은 제 몸을 사르면서 바싹 마른 씨앗을 남겨 다음 세대를 기약한다. 나무가 아닌 풀의 희나리다. 숱한 여행자들이 밟은 땅은 사부랑사부랑 지력地力을 돋우고, 땅과의 유대감은 세대가 거듭되며 더욱 명료해진다.

전남 구례군 광의면 방광리放光里는 산촌마을이다. 오줌통 광胱자가 아닌, 빛 광光자를 썼으니 이름이 주는 민망함도 잠시다. 방광리라는 지명은 신라 35대 경덕왕 이후에 생겨났는데, 판관判官이 살았다하여 판관마을이라고 불리던 것이 판괭이로 바뀌고 다시 방광으로 개칭됐다고 한다. 지리산 노고단 관광도로 관문에 위치하고 있으며 국가가 어려울 때 기꺼이 목숨을 바쳤던 충절의 고장이기도 하다. 기름지고 넓은 청정 들판에서 생산된 송이버섯, 우리 밀, 단감, 오이 등이 전국적으로 유명하다.

축구공으로, 도시락통으로 활약한 '오줌보'

'방광' 얘기가 나오면 때때로 공인구公認球가 화제가 된다. 축구공의 원조는 돼지 오줌보에서 비롯된다. 삼국사기와 삼국유사에도 신라 김유신과 김춘추가 돼지 오줌보로 공을 찼다는 기록이 나온다.

　오래전, 명절이나 잔치 때가 되면 마을 어디선가 돼지 울음이 들려왔다. 잔칫상에 놓일 돼지를 잡는 소리였다. 칼잡이는 번쩍이는 단도를 들어 돼지의 목을 단숨에 내리쳤다. 돼지 울음소리를 들은 아이들은 부리나케 잔칫집으로 달려갔다. 달려가는 목적은 고기가 아니라 오줌보에 있었다. 칼잡이의 손길에 죽음을 맞이한 돼지의 방광은 오줌이 가득했다. 황천길을 나서기 전의 돼지들이 떨었던 두려움이라고 했다. 아이들은 오줌보 표면의 기름기를 떼어냈다. 오줌보가 질겨지기만을 기다린 뒤, 신발로 살살 문질러 오줌을 빼냈다. 오줌은 하수구를 노랗게 물들이다가 사라졌다. 문제는 홀쭉해진 오줌보 끄트머리를 잡고 바람을 부는 것이었는데 엔간해선 부풀지 않았다. 그래서 때로는 자전거에 바람을 넣는 펌프를 동원하기도 했다. 힘겹게 바람이 차면 실로 가장자리를 묶어 축구공을 완성시켰다.

　몽골 기마대가 엄청난 기동력으로 세계를 정복한 데는 비상식량인 '보르츠'의 영향도 컸다. 보르츠는 소, 말, 양 등의 고기를 찢어서 말린 육포다. 보르츠를 빻은 가루를 신축성이 좋은 소나 양의 방광에 넣어 갖고 다니다 물에 풀어 마셨다. 10kg의 보르츠면 1년 치 전투식량이어서 보급문제가 해소된 것이다. 지금도 몽골 사람들은 여행할 때 보르츠를 갖고 다닌다. 휴대·운반·보관이 쉽기 때문이다.

고자리(충북 영동군 상촌면)

충북 영동군 상촌면과 강원 삼척시 노곡면에 '고자'마을이 있다. 영동군 상촌면 고자리高子里의 경우는 '고자'를 한자로 적으면서 '고정'高亭·높은 언덕의 정자으로 잘못 적으며 나온 지명이라고 한다. 그러나 거북한 지명과 달리 고자리는 영동 민주지산 자락의 깊은 골짜기에 자리해 산수가 수려한 아름다운 산골마을이다. 삼척시 노곡면 고자리古自里는 당초 월산천月山川이 북류하여 마을 남쪽에서 땅 속으로 스며든다 하여 처음에는 '들녜골入古洞'이라 부르다가 그 후 고자리라 이름으로 바꿔 부르게 됐다고 전해진다. 한편, 고자리는 충남과 전북에서 구더기를 일컫는 방언으로 사용되기도 하며, 잎벌레의 애벌레를 뜻하기도 한다.

야동리(충북 충주시 소태면)

'남-한강 굽이굽이 맑은 물가에/ 넓은 뜻 바른 생각 닦아가는 곳/ 우리들은 즐-거-운 야동 어린이/ 가슴에 희망 안고 크는 어린이/ 물-처럼 맑은 마음 우리들 마음/ 대처럼 곧은 생각 우리들 생각/ 어디서나 떳떳한 야동 어린이/ 옳은 일에 맨 앞장서는 어린이/

충주시 소태면 야동리에 있는 야동초등학교의 교가다.
야동은 원래 '시골 아이野童'를 뜻하는 말이었으나 '야한 동영상'을 줄여 일컫는 '야동'이라는 신조어가 나오면서 처지이름가 딱해졌다.

물론 야동초등학교 역시 상상과는 무관하다. 야동은 대장간 '야冶'에 고을 '동洞'을 써 대장간풀무골이 있던 마을이다. 지명을 부를 때면 야릇한 성적 판타지를 불러온다는 지적과 이미지 개선 차원에서 개명하자는 일부 의견도 있지만, 야동리는 여전히 명칭을 유지하고 있다. 마을 상점 곳곳에서도 이 지명을 쓰고 있다. 경기도 파주시 '야동동' 주민들도 '억울한 누명'에 크게 개의치 않고 현재의 이름을 고수한다.

지명에 '야冶'가 붙으면 대부분 대장간야장간이 있었던 곳으로 봐도 무방하다. 야장冶場은 풀무를 차려 놓고 쇠를 달구어 30여 종 넘는 연장을 만들었다. 대장장이딱쇠·대정장이·성냥·바지·야장·철장들은 호미 하나를 만들어도 줄잡아 한 시간 이상 담금질을 했고, 방짜놋쇠유기는 1000번의 두드림 끝에 탄생했다. 달구어진 쇠붙이의 담금질에도 일정한 두드림의 횟수가 정해져 있었다. 쇠스랑은 여덟 번, 칼과 낫은 다섯 번 두드렸다. 한때 서울 중구 정동—쌍림동—충무로5가 고개풀무재에만 100여 개의 대장간이 있었지만 지금은 그 명맥조차 잇기 힘들어졌다.

TV 드라마에서 야동을 즐겨 보는 한의사 캐릭터로 '야동 순재'라는 별명이 붙은 탤런트 이순재 씨도 처음엔 '야동'이 무슨 뜻인지 몰랐다고 했을 만큼 기성세대에겐 낯선 말이었지만, 이제 야동은 하드코어hardcore 포르노그래피, 섹스비디오를 지칭하는 말로 굳어져 버렸다.

야동이란 말이 회자되기 전인 1980~1990년대에는 '빨간책'이라는 성인잡지가 학생들 호기심을 자극했다. 주로 '허슬러', '클럽' 등의 미국잡지였다. 하지만 컬러TV·비디오시대가 열리면서 포르노

테이프가 일반화됐고, 인터넷·스마트폰 시대로 진화하면서 오브신 obscene·외설·타락은 더욱 탁해졌다. 최근에는 골뱅이녀, 스타킹녀, G컵녀 등등 '몰카몰래카메라'까지 기승을 부리면서 사회적 문제로까지 번지고 있는 상태다.

야동은 무대scene 밖의 것, 무대에서는 보일 수 없는 것들을 만들어 에로틱한 심상心像을 증폭시키는 최음제 그 이상도 그 이하도 아니다.

관음동(대구시 북구)

명색이 기자記者였다. 그것도 강산이 세 번 바뀔 동안. 하지만 직함을 떼는 순간 모든 이름표는 사라졌다. 마치 오랜 이력마저도 증발된 느낌이었다. 간간이 소식을 물어오는 사람들에게 마땅히 기별하기 싫어 스마트폰을 무음으로 해놓기도 했다. '왜 그만뒀느냐, 지금은 뭐하냐? 앞으로는 무엇을 할 거냐'는 질문은 위로이기보다는 생사확인 같았다. 그만둘 일이 있으니 그만뒀을 것이고, 지금은 오토바이 타는 중이고, 앞으로도 잘살 거라고 대답할 수는 없잖은가. 하지만 오히려 평생 동반자인 양 추종하던 자들은 감감무소식이었다. 별로 섭섭할 일도 아니었지만 세상은 그랬다.

우린 누군가를 지켜보고 훔쳐보면서관음 행불행을 점친다. 마치 남의 불행이 자신의 행복인 양 착각하기도 한다. 하지만 틀렸다. 남의 불행도 자신의 불행으로 역류하게 돼 있다. 훔쳐보는 것은 도둑질이다. 그 적당한 '관음'은 인간관계를 말소시킨다.

오토바이 라이딩을 하면서 삶의 가치, 행복의 척도, 인간의 본성에 대해 선문답을 많이 했다. 그것이 성선설이든 성악설이든 간에 무선무악의 근본 물음이 필요했다.

과거에 기자를 한 것이 큰 궤적은 아니지만 오토바이 헬멧을 쓰는 순간, 모든 영화榮華는 바스러졌다. 그리고 그냥 동네 아저씨가 됐다. 잘 살아왔다고 생각해 왔지만 잘 살아온 근거가 부족하고, 열심히 살아왔다고 생각해 왔지만 이 또한 증거가 빈약했다. 인간관계의 저변은 크게 유익하지도, 무익하지도 않은 그저 주변인이었을 뿐이다. 누군가가 우리의 이름을 지울 때, 우리도 누군가의 이름표를 삭제하면 그만이라는 게 진리였다.

관음증 뉘앙스가 풍기는 동네가 있다. 바로 대구시 북구에 있는 관음동이다. 혹자들은 동네 지인들에게 '관음증 환자들이 사는 곳'이냐고 놀린다. 주민들 불편이 제법 있었을 것 같은데, 이제는 달관하고 산다는 귀띔이다. 대구시 관음동의 지명은 500여 년 전, 지금은 소실된 관음사라는 절이 있었던 마을이라고 하여 지어졌다고 한다.

강원도 정선군 정선읍에도 관음동觀音洞이 있다. 하동 서북쪽에 있는 마을이며, 비봉산 구릉 소금강 뒤 계곡에 관음사觀音寺라는 절이 있어서 생긴 이름이다.

사창리(전북 고창군 부안면)

선운산 아래 자리 잡은 전북 고창군 부안면 사창리는 산山만큼이나 고즈넉하다. 마을의 경계는 뚜렷하지 않다. 산이나 도로, 개울 사이로 불분명하게 서로의 영역을 확인할 뿐이다. 이는 허락된 방임이다. 한쪽에선 넉넉한 유량의 천川이 흐르고 한때 말구종驅從이 지나쳤을 법한 좁은 길이 나 있다. 마을 마당에 당장이라도 잔치가 벌어질 것 같은 풍요가 보인다. 사창리는 조선 시대 사창社倉에 저장한 곡식을 봄에 꿔주었다가 가을에 이자를 붙여 거두던 '곳집'이 있어서 붙여진 지명이다. 민간 자치적 성격을 띤 일종의 빈민 구휼제도로 의창義倉, 상평창常平倉과 함께 삼창三倉의 하나다. 사실 고창은 만경강·동진강을 품은 파랑상波浪狀 준평원 지대로 호남평야의 한 축이다. 당연히 곡물창고가 번성했을 수밖에 없다. 이러니 비밀 매음을 뜻하는 '사창私娼'과는 거리가 아주 멀다.

충북 음성군 금왕읍에도 같은 이름의 사창리가 있고 충북 괴산읍, 화성시 양감면, 충남 태안군 이원면, 전남 무안군 몽탄면, 전남 장성군 삼계면, 경남 창녕군 부곡면에도 '곳집' 흔적이 남은 지명이 살아있다. 1980년대 몇몇 퇴폐업소가 운영되면서 오해를 샀던 충북 청주시 서원구 사창司倉동은 다섯 번의 행정구역 개편과정을 거치면서도 명맥을 유지 중이다. 무려 121년째다.

아양동(경남 거제시)

경남 거제시 아양동鵝陽洞:거위 아, 볕양은 한자로만 보면 볕 좋은 곳에 거위들이 산다는 뜻인데 정확한 유래는 없다. 일단 아양애교과는 거리가 멀다. 관송·당목 등의 옛 마을이 있었지만 옥포조선소 건설로 없어졌고, 골짜기인 산짓골, 고개인 삼밭재, 선달바위, 큰밭재산 등이 있다. 경기 안성시 아양동娥洋洞은 아롱개마을을 개명한 것이다.

아양은 쉬운 게 아니다. 아무나 되지도 않는다. 아양을 떨려면 최소 세 박자는 갖춰야한다. 일단 필요불충분조건으로 외양이다. 예쁘거나 귀엽거나, 그것도 아니라면 밉상은 아니어야 한다. 미운 얼굴에서 요란을 떨면 미움의 극치다. 화난 얼굴이라고 오해받을 수 있다. 목소리도 중요하다. 짙은 콧소리가 나야 한다. 소리를 배배 꼬면서 딱딱한 말투에 기름칠을 하는 게 기본이다. 참기름을 혀에 두른 듯 자르르 혀 꼬리를 감아 돌린다. 소리를 한 템포 뱃속으로 삼켰다가 한순간 짧게 끌어내면서 비음을 내는 게 포인트다. 복식호흡과는 다르다. 허스키husky도 아양을 떨면 곤란하다.

몸은 감수성의 덩어리다. 죽어 있는 몸, 백지장 같이 핼쑥해져 있는 몸으로는 자신의 매력을 발산할 수 없다. 그래서 '짓'을 잘해야 한다. 몸짓, 손짓, 발짓, 눈짓, 어깻짓, 고갯짓, 엉덩잇짓, 입짓, 턱짓, 팔짓, 활갯짓 모두를 동원해서 시의적절하게 표현하면 된다. 이런 동작들은 자신의 감정이나 사상을 외부로 전달하는 상징적인 의태어다. '눈짓' 하나가 백 마디 말을 능가하는 경우도 있다. 젊고 예쁜 처자가 몸을 살살 흔들면서 콧소리를 내는데 화낼 수컷은 없다.

수청동(경기도 오산시)

바이크 라이딩에서 가장 난감한 코스는 도심이다. 특히 취재 목적에서 꼭 거쳐야 할 곳이 도심 한복판에 있으면 아주 당혹스럽다. 한적한 시골길이나 탁 트인 해안길, 평지를 달릴 때는 별 문제가 없는데, 도심에는 숱한 난관이 도사린다. 소음과 배기 공해는 물론, 쌩쌩 달리는 차들 사이에서 곡예운전을 해야 한다. 도로도 복잡해서 목적지를 단숨에 찾아가지 못하고 시행착오를 여러 번 겪는다. 오산시 수청동을 향한 라이딩도 그중 하나다. 오른쪽으로 경부고속도로가 지나고 있고 북서쪽으로 수도권제2순환고속도로 서오산JC 방향가 있으니 이리 치이고 저리 치이는 형국이다.

자동차는 오토바이를 무시한다. 사람도 오토바이를 무시한다. 달려도 욕하고, 천천히 가도 욕을 한다. 모두의 배려 밖에서 위험한 도로를 지나쳐야 하니 모험이다. 도심을 한군데라도 거쳐 가는 날엔 육체적으로, 정신적으로 몹시 피곤하다. 때문에 도심을 경유할 땐 본의 아니게 세상의 모진 룰에서 벗어나 앞만 보고 내달린다. 자진해서 하는 라이딩이 아니라 강요에 의한 라이더의 입장으로 빠라빠라밤 '배달족'이 되는 것이다.

오산시 수청동이 관심을 끄는 것은 춘향전의 백미라 할 수 있는 '수청' 때문이다. 전북 남원도 아니고, 춘향이 고향도 아닌 곳에 '수청'이란 지명을 쓴 것은 예상과 달리 '물'과 관련이 있다. 충남 당진과 경기 오산에 있는 수청동水淸洞은 예부터 맑은 물이 흐르고, 늘 솟는 샘터가 있어 그런 이름이 생겨났다고 한다.

이런저런 이유로 경기도 광주시 남종리, 강원도 평창군 미탄면, 전북 정읍시 칠보면, 경남 사천시 정동면에도 수청리가 있으며, 평안북도 삭주군 도령리의 동북쪽에도 수청리가 존재한다.

"번화하던 옛일은 티끌 따라 흩어지고, 흐르는 물은 무정한데 풀은 저절로 봄이구나. 해질녘 불어오는 봄바람에 새 우는 소리 처량한데, 떨어지는 꽃잎은 누각에서 몸을 던진 녹주를 닮았구나."

변 사또의 수청守廳을 거부하던 춘향이가 이 도령을 그리워하며 읊은 시다.

춘향전은 기본적인 내용은 같으면서도, 부분적으로 내용이 다른 이본異本이 120여 종에 달한다. 원본이 어떠하든 개략적인 내용을 살펴보면 변 사또와 춘향이의 기본 얼개는 '수청'과 '수절'이다.

당시 사또使道·원님가 고을에 부임하면 관기의 명부를 확인하고 기생 점고妓生點考를 받는다. 즉 기생 명부에 등재된 인원과 실제 인원이 일치하는지 살피는 것이다. 변 사또는 이미 춘향의 미색을 들은 터라 그 이름을 꼭 집어 찾는다. 이때 아전이 고하길 '춘향은 대비정속代婢定贖'하여 빠졌다고 한다. 대비정속이란 관기와 양반 사이에서 난 자녀에 한하여 자기 집 여종을 바치면 천민을 벗어나게 해주는 제도다. 춘향이는 이미 양민이었고, 이몽룡과 혼약까지 했으니 수청을 거부할 명분이 충분했다.(조선 최고법전인 경국대전에도 '관원은 기녀를 간할 수 없다'고 명기돼 있음) 그런데도 변 사또는 수절을 물리고 수청을 강요한 것이다. 어찌 보면 단순한 인원점검에 불참했다는 사유로 옥에까지 가뒀으니 말 그대로 '억지춘향'이다.

춘향은 변 사또의 노류장화路柳牆花:누구나 꺾을 수 있는 길가의 버들과 담 밑의 꽃이라는 뜻으로 몸 파는 여자를 빗댄 말에, 변 사또는 춘향의 불사이군不事二君:두 명의 임금을 섬기지 않는다에 발끈하는 구조다.

'수청'은 해야 하는 것이고 '수절'은 하지 않는 것

충북 단양에는 퇴계 이황과 관기 두향의 애달픈 사랑수절이 눈물보다 더 진하게 전승되고 있다. 퇴계는 1458년 단양군수를 제수 받을 즈음 잇단 불행을 겪었다. 두 번째 부인마저 사별하고, 둘째 아들도 요절했다. 수심에 가득 차 단신 부임한 그에게 수청을 든 관기가 18세 두향이다. 두향은 미모는 물론 거문고와 시문이 뛰어나고, 매화에도 조예가 깊었다. 매화를 좋아한 퇴계는 단양의 절경을 즐기며 두향과 시를 논했고, 이내 사랑에 빠졌다. 그러나 퇴계는 형이 충청감사로 발령 나면서 상피제에 따라 9개월 만에 경상도 풍기군수로 떠나야 했다. 두향은 퇴계와 노닐던 강선대 밑에 초막을 짓고 평생 수절하며 일편단심 그리움 속에 살았다. 두향은 퇴계가 1570년 안동에서 숨을 거두자 곡기를 끊고 초막에서 굶어 죽었다. 수청으로 시작해 수절로 끝난 것이다.

수청과 수절은 '정반대'를 지향한다. 수청은 좋든 싫든 간에 해야만 하는 것이고, 수절은 스스로 하지 않는 것이다. 불특정대상아녀자·기생이 특정대상벼슬아치·연인을 향하는 헌사이기도 하다. 그렇다면 '첩妾'이란 포지션이 애매하다. 첩은 한 남자와 본처 사이에서 수청도, 수절도 아닌 반쪽짜리 삶을 산다. 남편의 권세를 등에 업으면 권첩權妾, 남편의 벼슬을 위해 몸을 파는 경우는 '절첩節妾'이라고 불렀다. 과거에 급제한 선비들이 금의환향하는 길에 얻는 '객첩客妾'도 있다. '습첩拾妾'은 소박맞은 여자가 새벽녘에 봇짐을 든 채 성황당서낭당 밖에서 처음 만나는 남자를 따라가는 것이다. '헌첩獻妾'은 형을 면해 달라고 관원에게 딸을 첩으로 바치는 것이고, 잉첩勝妾은 시집갈 때 여동생이나 조카를 데려가는 풍습이다. 첩은 젊고 싱싱한 몸일 때는 사랑을 받지만 늙거나 아들을 낳지 못하면 내쳐진다. '세상살이 첩살이처럼 곤고한 것이 없다'는 속담은 처와 첩 간의 '수청' 고투를 말한다.

자지도(당사도·전남 완도군 소안면)/자지리(자원동·강원 삼척시 삼척읍)

전남 완도군 소안면所安面 당사리唐寺里 섬 가운데 '자지도'가 있었다. 원래는 항구완도항로 들어가는 관문이라는 의미에서 항문도港門島로 불렸다. 하지만 어감이 이상해 개명했는데 하필이면 섬 모양새가 '지只'자와 비슷하다 하여 자지도者只島로 바꿨다고 한다. 신라시대 청해진清海鎭이 설치되었을 때 당나라를 왕래하는 배들이 날씨가 나쁘면 이 섬에 상륙하여 제祭를 올렸다는 말에 근거해 1982년 당사도로 이름을 바꾸었다. 하지만 지금도 여든 넘은 어르신들은 당사도보다는 자지도라는 이름을 더 많이 사용하고 있다고 한다.

당사도는 임철우의 소설을 영화로 만든 〈그 섬에 가고 싶다〉1993년가 촬영됐던 곳으로 섬 주민 모두가 단역으로 영화에 출연해 화제가 되기도 했다.

그런가하면 강원도 삼척시 삼척읍에는 토질이 자적색이라 하여 자지전紫芝田 또는 자지리紫芝里라고 부르는 동네가 있었다. 지금은 자원동紫園洞으로 바뀌었지만 행정동은 성내동이라고 하니 그 또한 묘한 상상을 불러온다.

지금은 폐리廢里됐지만 북한의 양강도 김정숙군에도 자지리가 있었다. 당초에는 자주색이 나는 자지풀이 많은 곳에 위치해 있다고 해서 자지리紫芝里라 했는데, 1952년 군·면·리 대폐합에 따라 신파군 송지리에 편입되면서 폐지됐다고 한다.

3000km로 그린 新대동여지도의 여정

여행이란 세속인 내지는 속물로부터의 탈출이다. 여행자와 여행 사이에서 구르고 돌며 도피하듯 떠나간 공간에는 보통의 시간들만 남는다. 우린 한 달 동안 3000㎞가 훨씬 넘는 거리를 달렸다. 아니 정확하게 말하면 3794㎞(거의 1만 리)다. 물론 이 거리는 지역 간 실제거리(직선거리)가 아니다. 바이크 라이딩으로 측정한 것이니 실측보다는 더 늘어났다. 종으로 횡으로 지그재그 이동하고, 왔던 길을 되돌아가기를 수없이 되풀이했으니 예상보다 더 멀고 길었던 것뿐이다. 하루 평균 126㎞. 이는 서울에서 청주 간 편도 거리에 버금가는 거리다.

세종시를 출발해 충청, 전라, 경상, 강원(휴전선 일대)을 거쳐 서울, 인천, 경기도를 경유했다. 우린 되도록 '마을의 세월'을 읽지 않았다. 모든 것은 오래 가지 않기 때문이다. 삶의 모든 것은 지나간다는 게 핵심 아닌가. 그래서 있는 그대로의 모습을 맨발로, 맨손으로, 맨땅과 만나고 싶었다. 新대동여지도를 그리듯 그 땅, 그 사람들을 조용히 목도했다. 주민들을 침해하지 않는 거리, 범접하지 않는 거리를 유지하면서 최소한의 예의를 갖췄다. 길은 마을과 마을을 이으며 풍경들과 중첩해 있다. 길은 긴말을 하지 않는다. 독립체인 동시에 공동의 개체다. 그 세월이 길과 길을 낳았다. 연둣빛 산야 또한 녹색으로 분절하며 하늘과 맞닿아있다.

우리가 알고 있는 1번 국도라고 하면 경부고속도로의 영향을 받아 부산에서 시작해 신의주까지 가는 줄로 착각한다. 하지만 가장

서쪽에 있는 국도가 1번 국도다. 다만, 이 도로를 이용할 경우 서해안 구경은 못한다. 논산시내에서 23번국도, 공주시 반포면에서 32번국도와 연결된다. 금강을 건너면 경부고속도로고속국도1가 도로를 따라 달리며 천안시 천안삼거리에서 21번, 성환읍에서 34번, 평택시에서 38번국도와 만난다.

일반국도는 대략 56개 노선이 있다. 이 노선들은 파란색 둥근 타원에 흰색 숫자로 표기한다. 일반국도 노선은 한 자리 또는 두 자리 수로 구성돼 있다. 남북방향으로 된 노선은 홀수번호를 붙이고 1번, 3번, 5번, 7번, 13번…. 동서방향으로 된 노선은 짝수번호2번, 4번, 6번, 12번, 22번…를 붙인다. 이 때 한 자리 수로 된 일반국도는 가장 기본이 되는 축 역할을 하는 노선이다. 그리고 두 자리로 된 나머지 일반국도는 각 한 자리 수의 일반국도를 이어주는 간선 역할을 한다.

충청도 온기溫氣는 산과 바다마저도 순박하다

바다는 사람과 멀리 있지 않다. 아주 가까이서 사람의 삶을 지켜본다. 그래서 서해는 인간적이다. 마치 등목 같다. 벌건 대낮에 웃통을 다 벗어던지고 등에 찬물을 끼얹는 듯하다. 그 모습을 보고 있노라면 자연스레 전율이 인다. 수평선은 어가漁家와 맞닿아 있다. 언제라도 배를 띄우고 삶의 한가운데로 몰입할 수 있도록 시간 사이에 틈을 벌려 놓았다. 바다는 사람의 시간을 따라 움직인다. 어부들은 이른

새벽부터 바다에 기댄다. 만선의 어부사시사를 부르며 질긴 생애를 낚아 올린다. 비늘처럼 반짝이는 투망질은 심연의 돛대를 펄럭인다.

들녘은 엽록소를 잔뜩 머금고 망울을 터뜨린다. 생로병사의 생멸生滅이 뚜렷하다. 생로병사는 따로 움직이지 않는다. 생生과 노老가 함께 있고, 병病과 사死가 고리에 연결돼 있다. 많은 사람들이 생로병사의 길 위에서 오랜 시간 누비고 누비며 단단한 표피를 만들어냈다. 양피지羊皮紙를 닮았다.

마을 입구는 여지없이 커다란 느티나무로 전설을 만들고, 구전의 얘기들을 남긴다. 구슬픈 신파조新派調가 아니다. 장단으로 치면 조금 느린 중모리다. 구술과 전설 사이에서 하나의 역사가 되는 것이다. 굽이를 돌고 돌아 깎아지른 절벽엔 노송老松이 뿌리를 박고 하늘을 짊어지고 있다. 그 도입이 압도적이다. 산이 높으면 골이 깊고, 산이 많으면 골이 많은 법이니, 천산만학千山萬壑이다.

충청忠淸은 전형적인 농가가 기본 구성이다. 산과 들은 높고 낮음이 공존하는데 서쪽에 이를수록 그 허리춤이 낮아진다. 적당한 유격으로 자리 잡은 집들. 논은 집에서 조금 멀리, 밭은 집 담벼락 너머에 붙어 있다.

시골사람들은 태양과 바람, 샘, 땅의 기복에 맞춰 나가면서 주변 환경과 격의 없는 관계를 이뤄 나간다. 때문에 가장 편안하면서도 가장 안온한 평지에 주거지가 모여 있다. 옆집은 옆집의 온기를 전하고, 그 옆집은 또 다른 옆집의 체온을 전한다. 굴뚝이 서로 대치하지 않는 이유는 마당과 마당 사이의 유격 때문이 아니다. 집과 집의 거리는 매큼한 연기를 분산시켜 실례를 범하지 않고, 저녁밥의 고소

함까지 은밀하게 날라주는 마음의 폭이다. 집은 낮은 둥지일수록 안온하다. 낮은 곳에서는 여하튼 북새를 떨지 않기 때문이다.

땅은 땅에서 살아가는 사람들의 마음을 닮았다

들녘이 온통 빨주노초파남보 꽃 잔치다. 모든 꽃들이 총천연색으로 색감을 입고 있다. 꽃숭어리도 활짝 어깨를 펴 꽃향기는 더 진하다. 철따라 꽃이 피건만 봄꽃의 웃는 표정이 유난히 더 크고 야무지다. 더욱이 길에서 만나는 작은 들꽃, 들풀은 주체할 수 없는 춘흥을 불러일으킨다. 사오월의 들녘, 바람의 맛이 매일 다르듯 작은 야생화의 소소한 얼굴들도 시시각각 얼굴을 바꾼다. 볕이 있는 다랑논 언덕에, 숲길과 마을길 사이 작은 농로에, 먼지 흩날리는 신작로 옆에 보일락 말락 조그맣게 둥지를 틀고 있다. 말갛고 여린 얼굴이 싱그럽다 못해 앙증맞다. 냉이꽃, 양지꽃, 개불알꽃, 광대나물꽃들은 바람이 풀의 현絃들을 뜯고 지나간 자리에 있다.

챙 넓은 모자를 쓴 활엽수와 제 몸의 중량을 최대한 줄여 뼈마디를 드러낸 침엽수가 볕의 정기를 한껏 빨아들인다. 활엽수와 침엽수가 공존하니 마을 정원은 사계절이다. 나무는 바람의 방향으로 휘어진다. 햇살도 정해진 동선動線으로 떨어지지 않고, 비스듬히 누워 바람소리와 교감한다. 나무는 죽은 물고기처럼 납빛으로 번쩍인다. '세상은 변하는 것 같지만, 변하면 변할수록 같아진다'는 파피루스 구절을 되뇐다.

오늘날 '농촌'은 지난持難한 과거의 눈물이다. 귀농, 귀촌이라고 요란하지만, 좁은 들녘엔 허리가 반쯤 굽은 사람들만이 세월을 짊어지고 있다. 고령화의 흔적이 역력하다. 마을의 허리가 굽었다. 봄볕을 받은 이랑밭을 갈 때 볼록한 부분인 두둑과 오목한 부분인 고랑을 합친 말은 눈물이 뚝뚝 떨어질 것 같아 오롯이 슬프다. 이제 고향, 전원, 여유, 어머니, 인심이라는 말은 가난, 농사, 불편, 적막함, 어둠, 빈집이라는 이름으로 치환된다.

늙음이 스며들어 있는 시골집, 아궁이와 굴뚝과 두레박과 낡음이 사람의 생애 속으로 흘러들어 온다. 세상에서 가장 아름다운 건축물이 '집'이라는 것을 깨닫는다. 세상살이에서 구토하고 쓰러지고 아파하고 쓸쓸하게 느꼈던 모든 기록들이 기실은 우리가 꿈꾸고자 하는 시간들의 집적이다. 땅은 땅에서 살아가는 사람들의 마음을 닮고, 물은 물가에서 살아가는 사람들의 마음을 닮는다. 온갖 정한에 몸을 떠는 한 필부의 내면은 순명이다. 삶에 대한 천착이 아니라 현실로부터 한 걸음 물러나 시세時勢의 흐름을 읽는 몽환이다.

전라全羅의 땅은 발효와 숙성을 거친 삶의 발원지

충청과 전라를 가르는 금강하굿둑은 마을의 경계이자 도계다. 장항에서 군산으로 다리 하나만 건너면 전라의 땅이다. 도계道界가 의미하는 건 마음의 경계가 아니다. 정경情景의 구획이다. 바람이 다르고 산세가 다르고 말투가 다르다. 모두가 그러하지는 않겠지만 성정 또한 다르다. 이는 대대손손 자연스럽게 내려온 전승의 가치다.

전북 장수군 서사면 소백산맥에서 발원한 금강錦江은 충북 남서부를 거쳐 충남·전북의 도계를 이루면서 군산만群山灣으로 흘러든다. 총길이가 400여 km에 달하는데 옥천 동쪽에서 보청천報靑川, 조치원 남부에서 미호천美湖川, 그리고 초강草江과 갑천甲川 등 크고 작은 20개의 지류가 합류한다. 이 물들은 감입곡류하면서 무주구천동, 양산팔경陽山八景, 백마강, 낙화암을 만들며 1500년 전 백제를 깨운다.

호남의 등고선은 서쪽으로 기운다. 남쪽에 이를수록 허리춤이 높다. 한없이 오르려는 인간의 욕망이 비탈의 산세를 만들었다. 무등산과 월출산 그리고 지리산을 품었으니 애움길굽은 길이 많고 구릉도 낮지 않다. 서쪽에서 동쪽으로 가면서 그 등고선은 매우 가파르다. 바다의 낮음과 산의 높음이 만나 기세가 등등하다.

강江의 발원지가 전북에서 시작되고 그 끝에 평야가 맞닿아 있는 건 천혜의 땅임을 말해 준다. 섬진강 발원지 전북 진안의 데미샘, 금강 발원지인 전북 장수의 뜬봉샘은 마을과 마을을 휘돌아 가며 곡창의 젖줄이 되고 있다. 왜 곳간에서 인심 난다는 말을 했는지 이 땅은 말해준다. 큰 산은 단지 명맥일 뿐 끝없는 평야가 이어진다. 일단 시야가 넉넉하다. 예부터 이들은 곡창지대의 기름진 재료物性·물성들을 가지고 여타 지역에서 먹어 보지 못할 진미를 만들어 왔다. 전라 요리를 한마디로 정의하면 발효醱酵다. 음식이란 자고로 날것-익힘-발효라는 순서로 발달한다. 특히 이들의 양념은 단지 몇 시간이 아닌 1년 이상의 숙성을 통해 완성되는 슬로푸드다. 항아리 속에서, 처마 밑에서, 온돌방 안에서, 심지어 그늘진 동굴 안에서 기나긴 인내와 인고의 시간을 통해 완성된다. 변화무쌍한 자연의 섭리에 따라 가변성과 불완전성을 극복하니 대담하고 깊은 맛이 우러나는 것이다. 때문에 어느 음식 하나 허투루 나오는 법이 없고, 어느 재료 하나도 대강 만들지 않는다. 비록 가난했을지언정 끼니만큼은 스스로 대접받길 원했던 이들의 맛있는 유산이다.

전라의 땅은 신라 하대인 892년진성여왕부터 고려가 한반도를 통일할 때까지 36년간 왕도전주의 품위를 지켰다. '왕조마을' 익산을 지나 김제를 타고 내려오다 서쪽으로 살짝 방향을 틀면 부안군이 나온다. 부안은 이름 작명소 같은 느낌을 줄 만큼 독특한 지명들이 많다. 에

로틱한 통정리, 사창리가 있고 당하리, 노동리, 장서리, 가오리, 우산리, 냉정리, 고부리, 수락리, 용서리 같은 코믹지명도 많다. 아예 심플하게 저기, 평지라는 이름도 있다. 이름이 주는 무한한 평화는 마치 샛길로 접어드는 느낌을 준다. 샛길은 우정과 대화 그리고 끊임없는 연대감을 느끼게 한다. 거기엔 경쟁과 무시, 이탈, 반목이 없다. 한 장소에서 다른 장소로, 안에서 밖으로, 낯선 곳에서 친숙한 곳으로 지나는 듯 인상을 풍긴다. 그래서 사람들은 일반적인 길보다는 샛길, 확장된 비인간적 길보다는 오솔길, 어떤 기능성도 인정되지 않는 길을 가고 싶어 한다.

정읍과 고창, 장성, 순창, 담양, 나주, 영암, 강진, 화순… 남쪽으로 내려갈수록 산은 높아지고 바다는 그 뼘이 커진다. 유배의 땅은 은일隱逸과 풍류를 낳는다.

전남 보성은 예각銳角을 지향한다. 모든 언덕은 아찔하다. 아슬아슬한 비탈길에서 차茶밭은 농군의 땀으로 영근다. 러시아의 다차Дача 같은 느낌이다. 그들은 통나무집과 텃밭이 딸린 주말 농장에서 쉼을 찾는다. 일하면서 쉬고, 쉬면서 일하는 한가로운 여가를 키운다. 이곳에도 별난 지명들이 많다. 예를 들어 만수리, 호동리, 고장리, 축내리, 노산리 등이다. 마을은 지명이 내포하고 있는 의미를 표정으로 알리고 풍경은 길의 지루함을 감춰 준다. 바람도 쉬어 갈 만한 노송의 그림자는 너른 들녘의 고즈넉한 정경을 에두른다. 바람은 서쪽 끝에서 걸려 동쪽과 북쪽을 휘돈다. 여러 채의 민가는 올망졸망하다. 집 사이에 턱이 없어 정겹다. 마을은 전혀 시골스럽지 않다. 쓰러져 가는 집도 없다. 마을은 사람의 땅인 동시에 자연의 땅이다.

남해는 섬과 섬을 잇는 피안의 세계

　남해의 마을들은 바다와 접한다. 시야에 부딪힘이 없다. 서쪽은 바다여서 평면이고 동쪽은 논밭이어서 평면이다. 곡선의 길과 직선의 바다가 만나 교유한다. 마치 낯선 여행자가 들르면 수박이라도 내오고 미숫가루물이라도 내줄 것 같은 친근함이다. 새참 같은 곳이다.

　구례와 하동은 전남과 경남이라는 경계 외에 화개장터를 매개로 공존한다. 비스듬히 남쪽을 향해 터를 잡은 이곳은 천하제일의 명당이다. 마을을 감싸 품은 산은 신령스럽다. 삭풍을 막아 주고 온풍을 기꺼이 잉태한다. 구름은 공작의 날개처럼 평행으로 열 지어 선을 그리며 푸른색 하늘로 넓게 영역을 확장하고 있다. 마법에 걸린 듯한 색깔이다. 부드러운 산등성이와 그 안부鞍部, 그리고 더 앙증맞은 봉우리들이 겹친다.

　동네들은 아늑하다. 꽃밭이다. 봄꽃들이 어린아이 댕기도투락처럼 정원을 이룬다.

　들은 넓고 환하다. 풍경의 행간이 넓다. 집들은 하나의 섬이다. 멀찍이, 널찍이 퍼져 있다. 집은 하나의 객체로서 존재한다. 피안彼岸이다. 마을사람들은 마음의 행간을 한껏 넓힌다. 풍경들은 태양, 바람, 비를 함축하며 새벽과 밤사이를 선순환 시킨다. 산, 바위, 별, 풍경들은 여행자의 동선動線과 함께 움직이며 공명한다. 마을과 마을, 사람과 풍경을 보고 있으면 그 옛날 사랑방에 모여모꼬지 지짐이와 주전부리를 나누면서 외로운 밤을 삭이던 '마실'이 생각난다.

태백 준령을 품고 굽이치는 강원도의 힘

강원江原은 태백의 준령들을 품고 영동과 영서에 장벽을 세운다. 동서 150km, 남북 243km에 진부령인제~간성, 미시령인제~속초, 한계령인제~양양, 구룡령홍천~양양, 진고개진부~연곡, 대관령횡계~강릉, 백봉령임계~동해으로 마을과 마을, 땅과 땅의 위세를 만든다. 그 앉음새가 육중하다. 첩첩산중 육산肉山은 산맥의 맥박을 잠시 에두르며 말馬의 숨을 가쁘게 한다. 어찌나 힘든지, 단종이 한양서 출발해 유배지 영월 청령포에 가는 데 엿새가 걸렸다. 31번 국도를 따라 영월군 주천면과 한반도면 경계 지점에는 군등치君登峙라는 표지석이 있다. 단종이 영월로 귀양 갈 때 넘었던 고갯길이라 하여 임금 군君, 오를 등登, 언덕 치峙 자를 붙인 이름이다.

강원의 바람은 산의 바람이고, 고갯길의 바람이다. 마의태자를 얼렸던 한계령寒溪嶺과 오색령은 구름마저도 숨이 차오르게 하는 고도高度다. 굽이굽이 대관령과 미시령은 마을과 마을을 나누고, 사람과 사람을 머물게 하는 그리움의 정소定所다.

산맥의 습기를 머금은 빗방울이 잎새를 적신다. 매지구름이다. 그 차가운 냉소는 모든 생물의 푸른 핏줄에 스며들어 근육을 깨운다. 제 몸의 혈관 속에 한 방이라도 더 응축시키기 위해 안간힘이다. 고갯길의 빗방울은 육안으로 확인하기 쉽지 않다. 물과 물이 결합해 경계가 모호하다. 다만 빗방울이 바닷물과 맞닿는 순간의 찰나는 명징하게 보인다. 서로의 신분을 알리는 접촉은 파장波長이다.

2000년 古都, 2000년 도읍, 대륙의 중심 경기도

경기京畿의 경은 사방이 잘 보이도록 만든 인공 언덕이다. 임금이 이곳에 궁궐을 짓고 살았으니 왕의 도읍지다. 백제의 시조 온조가 하남위례성에 도읍을 정한 이래 융성의 터로 기세등등했다. 기畿는 왕실을 먹여 살렸던 땅이다. 왕성을 중심으로 사방 500리를 기전이라 한다. 그래서 기호지방은 기전畿田지방과 호서지방을 함께 부르는 지명이다. 기전은 왕실의 통치를 받는 일정 범위로, 현재의 경기도다. 호서湖西는 충북 제천에 있는 의림지의 서쪽을 의미한다. 이 두 지방을 통합하여 기전지방의 '기畿'자와 호서지방의 '호湖'자를 따서 기호지방이라 부른다.

경기京畿는 동서로 130km 양평군 청운면 도원리~안산시 풍도동, 남북으로 155.4km 안성시 서운면 청룡리~연천군 신서면 도밀리다. 그 크기가 28시 3군 31읍 110면 396동에 이른다. 한강은 양평의 양수리에서 북한강·남한강이 합류해 경기 중앙부를 가로지른 뒤 서북 끝에서 임진강과 몸을 합친다. 물의 합궁合宮이다. 임진강은 마식령산맥과 아호비령산맥에서 발원해 남서쪽으로 흐르다가 한강으로 숨어들고, 중간에 고미탄천과 한탄강을 끌어안는다. 한강 이북은 산으로 턱을 높이고, 이남은 평야로 자세를 낮춘 품새다. 마식령과 광주·차령산맥은 동쪽이 높고 서쪽 해안 방향으로 기울수록 낮아진다. 동고서저東高西低다. 해안은 육지의 기복과 출입이 심해 만灣과 반도半島, 섬을 무수히 낳는다. 그 길이가 1064km다.

2000년 고도古都, 2000년 도읍都邑, 경기의 땅은 역사의 중심부에서 태어나고 자라고 또 다시 잉걸불이 되는 억겁의 수행자다.

마을을 닮은 주민, 주민을 닮은 마을들

지명은 시간의 지문指紋이다. 억겁의 세월이 두두물물頭頭物物 살갗에 닿고 문명의 흔적으로 남았다. 그래서 지명은 문화유산이다.

마을이름은 마을을 닮았고, 마을은 주민들을 닮았으며, 집들은 주인을 닮았다. 물과 산의 정기가 수 세기에 걸쳐 사람들의 유전자 DNA 속에 동질의 단서, 동질의 식별 문장紋章을 오롯이 담았다. 그 이름이 다소 경박하거나, 우울하거나, 헤프거나, 우악스러워도 마을은 사람을 닮았고, 사람들은 여전히 마을을 닮아 가고 있다.

마을에도 얼굴이 있다. 저마다의 표정이 있고 체취가 있다. 무릇 마을 생김새란, 마을 주민들의 표정과 삶이 녹아 있다. 심지어 사투리와 억양조차도 담는다. 그래서 지명地名엔 그들만의 역사성과 정통성, 정체성이 깃들어 대대로 답습, 전승된다. 기본적으로 작명은 마을의 생활방식, 지형, 물, 풍속, 인물, 정자, 역, 관청, 고개 등에서 근원이 시작된다. 지명은 이해당사자 간의 공공성, 행정적인 근거 때문에 함부로 정할 수 없다. 사람의 개명처럼 마을 지명을 개명하는 일도 어렵다. 지명에는 그 지역의 혼魂이 담겨 있다. 그 혼을 학문적으로, 관행적으로 바꿀 수는 없다.

땅은 땅의 이름으로 자신을 알린다. 그래서 땅의 법칙을 읽고, 그것의 형성과 식생의 존재성을 꿰뚫어야 한다. 마을의 역사, 건축양식, 주민들의 기질이나 말투, 옷, 음식요리의 정념이 살아 있다. 새로운 세계와 만나 새로운 자연과 문화, 인간상을 천착해 가는 과정은 하나의 위대한 기록이다.

문제는 투박하지만 정겹고, 순박하지만 아름다운 우리말 이름들이 행정편의를 위해 한자로 기록되면서 변질된다는 점이다. 딱딱하고 건조한 이름으로 바뀌거나 엉뚱한 지명으로 바뀐 곳이 적지 않다. 특히 일제강점기에 한국인의 기를 누르기 위한 일본의 야만성이 1914년 행정구역 개편 과정에도 적용돼 본뜻과 달라진 지명이 많다. 해괴하고도 망측한, 때론 입에 담기 민망한 지명들은 대개 그런 연유로 바뀐 것이다.

충청도 어느 땅에는 '고자리'가 있고 경기도 어느 마을에는 '유방동'과 '발랑리'가 마을의 푯말로 남아 있다. 이브의 '샅'을 연상시키는 벌리동·지보리가 있는가 하면 남근男根을 상기시키는 성기리·물건리, '흘레'를 떠올리게 하는 발포리·신음리·교성리·사정리·박암리도 존재한다. 까발려 있는, 완전히 노출된 듯 아찔하다. 사랑을 하면 그 갈망에 죽고 마는 '아스라'와 같은 이름들이다.

'엽기의 동네'도 있는데 실은 엽기적이지 않다. 조폭들의 '연장'과 말투를 연상시키지만 인심과 풍수가 더없이 좋은 그런 동네다. 망치리, 갈구리, 다죽리, 압사리, 욕지면, 구라리, 객기리, 경악리, 괴소리, 대가리, 원수리, 조전리, 골지리, 마지리, 부수리, 공포리, 객사리, 고문리 등은 아우슈비츠 수용소의 '조용한 잔혹'을 느끼게 한다.

이런 이름들은 마치 세상의 흐름 밖에 있는 듯하다. 독설 같지만 파격이다. 비주류 같은 주류마을이라고 할 수 있다.

'해학의 지명'에는 각서리각설이, 고사리, 파서리가 있다. 목도리와 장갑리, 고와리, 차사리, 수다리, 고도리, 후지리, 무수리, 방기리, 오목리, 원통리, 유치리, 염치읍, 요강리, 주정리, 계란리, 연탄리 등의 지명은 이름만 들어도 미소가 돈다. 지독한 현실감, 너무 현실적이어서 익살을 넘어 유쾌하다. 택시를 잡기 어려울 때 곱절로 주겠다고 '따블'을 외치는 서울엔 진짜 '따뿔'이라는 동네도 있다. 서울시 노원구 공릉동에 있던 마을인데, 다랭이 마을이 두 개라는 뜻에서 마을 이름이 유래됐다.

지명 중에는 천체·기상에 관한 지명이 많다. 우리의 뿌리는 본디 농경사회다. 1970년대까지만 해도 농사에 종사하는 농민들이 80~90%에 이르렀다. 벼, 보리, 오이, 수박, 배추 등 농작물을 재배하는 데 제일 중요한 요소 중의 하나가 날씨였다. 태양·행성·달·혜성·소행성·항성·성단星團·성운 등을 낱낱이는 알지 못해도 하늘의 뜻을 읽어 내고, 하늘의 상서로움에 의지해야 했다. 당연히 농사문화를 배경으로 한 지명이 많을 수밖에 없다. 양지·음지·월평月坪·칠성七星은 태양과 달, 별에 대한 숭고한 받듦이다. 사근沙斤·장庄, 평촌坪村·여덟배미八夜 등도 개간·농경·농지·제언堤堰·간척·농경·농산물·농막農幕·방축 등에 관련된 지명이다.

돌이나 물의 색깔도 영향을 미친다. 물이 깨끗하고 맛이 좋아서 달천達川·감물甘勿·달내甘川 강이다. 산천·해호海湖·천정泉井 평야는 지형에서 유래했고, 산곡山谷은 말 그대로 산고개·바위 등지에서 생활하

는 터를 상징한다. 산중 사람들은 산세나 특징에 따라서 단순한 산
악·봉 외에도 산봉우리를 특화하는 경우가 많다. 노고단老姑壇은 산꼭
대기에 제단이 있었으므로 붙여진 이름이며, 제주도에서는 산을 '오
름'이라 하여 올兀·쉬犀자를 쓰고 있다. 산을 나타내는 갈미·부리·수리·
모로·두리·덤·터·대坮·당·암巖·망望 등도 수십 가지에 이른다.

하천도 지명에 영향을 미쳐 하동河東·강서江西·수변水邊·천변川邊의
이름이 붙었다. 전국의 해안에서 가장 흔히 보이는 자연지명은 대부
분 곰熊·검黑·굼穴·감甘·금金 등과 반도나 곶을 나타내는 갑岬·곶串·단端·감
堪·두頭·말末자 등이 많다.

조선 말기까지 지방행정의 경계 지역에 토계土界·지계地界·지경地
境 등의 이름이 보이는데, 인제현과 양양현의 경계를 뜻하는 한계限
界에서 유래한 한계령寒溪嶺이 경계지명의 대표로 꼽힌다. 읍성邑城도
많아서 한성·화성·고성·음성·보성·의성 등 전국 각지에 성 지명이 무
수히 분포하고 있다. 역·원·파발 등의 지명으로는 사리원沙里院·조치원
鳥致院·구파발舊擺撥·파발막擺撥幕 등이 있다. 나루터의 경우에도 벽란도
碧瀾渡·목도牧渡·노량진露梁津·영산포榮山浦 등이 지명으로 남아 있다.

관아·행정지명은 궁궐·내수內需·관아·관직·단묘·능묘·행정 등에 관
련된 지명이다. 소나무·버드나무 등의 수목이나 목벌木伐·판막板幕 등
의 임업에 관한 지명, 금·은·동·철 등의 지하자원과 이를 거래하던 점
店·막幕·소所·장場자 지명도 산간 지역에서 많이 보인다.

요업의 상징인 사기沙器·와동瓦洞 등의 지명도 전국에 널리 분포한다.
여행자를 위해 만든 주막酒幕·떡전餠店·거리트里, 街里 등을 비롯하여 노
路·정정亭程·장승長丞·참站·관館 등의 글자가 붙은 지명도 많다.

교통 상 중요한 분기점에는 사거리·분기分岐·나들이·구口 등의 글자가 붙은 지명이 많고, 고개 밑에는 영하嶺下·현저峴底·대치大峙 등 스스로 자세를 낮춘다.

또한, 당진唐津·왜관倭館 등과 같이 교역 상대국의 국명을 딴 지명이나 탐라耽羅에 대한 탐진耽津: 강진, 한성漢城으로 건너가는 한진漢津: 당진시 신평면 등 상대 지역의 이름을 딴 지명도 있다. 서울의 묵동墨洞·연촌硯村·필암산筆巖山: 지금의 佛巖山은 먹·벼루·붓으로 서로 지기地氣를 보완하려는 것이며, 비봉飛鳳·와룡臥龍 등은 풍수지리 지명이다.

민족종교가 차츰 체계화됨에 따라 당堂·성황城隍·입석·지석 등과 같은 지명이 생겨났고, 불교가 널리 포교됨에 따라 절골·탑골·미륵·관음 등의 불교지명이 많아졌다. 한편 외래어가 지명으로 된 것도 있으며, 혼용·오용·쟁탈지명도 적지 않다.

지명사전

엽기지명

사기리(충남 서산시 고북면)

서산시 사기리는 농촌이어서 농촌이 아니라 진짜 농촌의 얼굴을 지녔다. 서해안고속도로 홍성IC에서 빠져나와 서산A지구 방조제를 끼고 북쪽으로 가다보면 나온다. 인근에 간월호를 품고 있다. 사기리의 봄빛은 진녹색이다. 사방을 둘러봐도 자연의 천연 색감을 띠고 있다. 이곳에서의 라이딩은 속도가 아니다. 천천히, 천천히 들길을 음미하면서 걷다시피 달린다. 그러니 힐링의 장소다. 개안開眼이란 말은 이럴 때 쓰는 것이다. 눈이 뜨이고 눈이 씻긴다. 여행자의 눈 속에 청보리밭 샛길로 열려진 하늘이 보인다. 바이크 라이딩이 좋은 이유는 풍경과 기억을 추억이라는 프리즘으로 담아낼 수 있어서다.

'사기리'라는 지명은 나쁜 꾀로 남을 속인다는 '사기詐欺'의 그악스러움과 절대 배치된다. 어감은 어감일 뿐이다. 대부분 그릇沙器을 굽는 가마터가 있다는 의미에서 붙여졌다. 서산시 고북면 사기리 역시, 고려 시대 백자 가마터가 있었던 것으로 추측되는 사기점沙器店이 있어 사기소沙器所, 사기포沙器浦 사기리沙器里라 칭하게 됐다는 것이 정설이다. 인천시 강화군 화도면 사기리는 고려 말 사기를 만들던 곳이고 경산시 화양읍 사기리는 조선 시대 가마터가 있다고 해서 붙여진 이름이다. 사그막·사기막리로 불리기도 하는 충주시 동량면 사기리의 지명 유래 또한 충주댐 수몰지구 유적발굴조사를 통해 구석기 시대 유물 등이 발견됐다는 점에서 여타 지역과 동일하다.

속는 사람과 속이는 사람들의 요상한 법칙

속이는 사람의 반대편에는 속는 사람이 있다. 그런데 이상하게도 속는 사람이 계속 속는다. 속는 것에도 습관이 생긴 탓이다. 속이는 데는 일종의 기술이 필요하다. 일명 트릭trick이다. 그런데 잘 속이는 사람이 의외로 잘 속는다.

사기꾼들은 욕망의 끝을 건드린다. 감정의 촉수다. 무엇을 원하는지, 무엇이 고민인지를 정확하게 꿰뚫고 있다. 그래서 맞춤형으로 접근한다. 필요하다면 학력을 속이고, 직업을 속이고, 호주머니를 속인다. 여기에 말귀 잘 알아듣는 공범만 있으면 속임수의 절반은 끝난 것이다. 사기꾼의 신뢰도를 높이는 방법으로 '바람잡이 효과'라는 게 있다. 적절한 타이밍에 나타나, 촘촘히 엮은 투망질을 하면 대부분 미끼를 물 수밖에 없다. 더욱이 바람잡이가 여러 명이면 성공할 가능성은 더 높아진다.

여자의 로맨스를 노리는 사기꾼들은 누구나 알 법한 전형적인 수법을 쓴다. 너무 단순한 꼼수여서 누가 그런 것에 당하냐고 떵떵거리다가 속절없이 덫에 걸린다. 사기꾼은 SNS를 통해 그녀에 대한 정보를 얻는다. SNS에 올린 사진과 글, 댓글만 봐도 상대의 취향, 성향을 쉽게 파악할 수 있다. 사기꾼은 같은 취향을 가진 것처럼 거짓말을 하면서 욕구를 자극한다. 잘 속는다는 건 욕망이 크다는 것과 같다. 한마디로 욕심이다. 그 욕망을 채우기 위해 위험을 감수하고라도 뛰어든다. 돈이 없을 때 더 잘 속는 이유다. 돈에 굶주린 사람일수록 돈을 갖고 싶은 욕망에 쉽게 빠진다.

속는 사람과 속이는 사람 간에는 일정한 법칙들이 있다. '3의 법칙'은 알면서도 속는 경우다. 동전 앞면이 연속으로 2번 나오면 그 다음 동전은 뒷면이 나올 것이라고 생각한다. 그러나 앞면이 나올 확률과 뒷면이 나올 확률은 같다. 그럼에도 패턴은 익숙함을 낳고, 익숙함은 참 또는 진실이라고 생각하게 만든다. 사기꾼은 익숙한 패턴으로 속인다. 돈을 빌리고 시기에 맞춰 몇 번 이자만 주면 믿을 만한 사람으로 둔갑하는 것이다. 이렇게 모호한 자극에서 유의미한 어떤 것을 찾아내는 심리를 파레이돌리아(Pareidolia: 일정한 패턴을 유지하면 믿는 경향)라고 한다.

또한 사람은 익숙하면 깊게 생각하지 않는 경향이 있다. 노벨경제학 수상자인 대니얼 카너먼 교수는 이런 상황을 '인지적 편안함(Cognitive ease)'이라고 표현했다. 시식코너도 일종의 신뢰를 쌓기 위한 전략이다. 바자르Bazaar·지붕이 덮인 시장이라는 뜻으로 이슬람 세계 전통시장 상인도 경계심을 풀어주기 위해 물건 매매 전에 항상 차茶부터 대접했다.

아리스토텔레스는 상대방을 설득하는 세 가지 방법으로 에토스Ethos·호의·인간적 측면, 파토스Pathos·감정, 로고스logos·논리를 말했는데, 제일 중요한 것으로 에토스를 꼽았다. 감정이나 논리보다 인간적인 것이 약효가 빠르다는 논거다.

불안한 사람은 미신을 잘 믿듯이 속임수도 잘 믿는다. 사람은 불안할 때 경계심이 풀어진다. 평상시 같으면 무시했을 말도, 불안할 때 오히려 귀를 쫑긋거린다. 사기꾼들은 불안요소가 없다면 불안함을 느끼도록 마음을 흔드는 방법까지 사용한다.

용한 점쟁이는 '바넘효과Barnum Effect:자명한 이치'로 설명된다. 사람들은 자신에 대한 보편적인 묘사들이 정확히 일치한다고 믿는 경향이 있다. 얼핏 보면 상대방을 간파한 것처럼 보이지만 사실 어느 누구한테나 들어맞는 말이다.

"음력 2월에는 봄바람에 내리는 가는 비가 목마름을 적셔 주니 여기저기 좋은 일만 생기네. 신수가 대길하므로 도처에서 구하려 노력하지 않아도 오래 바라던 일이 저절로 이루어지고…. 동쪽이나 서쪽으로 가시게. 그리하면 그곳에는 반드시 좋은 일이 기다리고 있을 걸세. 교만함을 버리면 더욱 좋아지겠고."

딱 맞는 얘기라고 생각할 테지만 뻔한 말이다. 여름에는 물 조심하고 겨울에는 불조심하라는 얘기와 같다. 잘 맞춘다는 건 그만큼 애매하게 말한다는 뜻이다. 콜드 리딩Cold Reading은 어떠한 사전 정보도 없이 상대방의 성격이나 심리를 읽어낼 수 있다고 믿게 만드는 방법이다. 정반대의 방법으로 속이기도 하는데 핫 리딩Hot Reading이다. 상대의 정보를 사전에 몰래 알아내서 맞추는 방법이다.

썩은 애피타이저 흔들기 전략은 고객이 원하는 전세방을 형편없다고 깎아내린다. 원하는 가격대에 나쁜 물건썩은 애피타이저을 보여주며 비싼 물건을 파는 것이다. 반대로 보물 흔들기 전략은 비싼 모델을 쭉 보여주고 그보다 싼 가방을 보여주면서 상대적으로 싸게 느끼게 해서 파는 전략이다.

부수리(충남 당진시 신평면)

별난 지명들을 찾아 나선 여정은 결코 쉽지 않은 일이었다. 라이딩 도중에 희한한 이정표가 나오면 급히 멈춰 서서 사진부터 찍었다. 언젠가 유용하게 쓰일 증빙이기도 했지만 기록의 의미도 있었다. 뜨거운 태양 아래서 연거푸 셔터를 누르다 보니 두 손은 벌겋다 못해 새까맣게 화상을 입었다. 처음엔 장갑을 끼었다 벗었다 하며 촬영했는데 여간 수고롭지 않았다. 그래서 아예 장갑을 벗은 채 1000번의 노동을 감수했다. 사진은 전혀 고급스럽지도, 화려하지도 않은 화소 불량의 데이터로 남았지만 전국의 유별난 지명들은 기록으로 축적됐다. 더욱이 생각지도 못한 곳에서 미증유의 이름들이 발견됐을 땐 희열마저 느껴졌다. 또한 엽기지명이 의외로 많다는 점에도 놀랐다. 대표적인 곳이 충남 당진시 신평면과 충북 보은군 회인면, 경

남 합천군 적중면에 있는 '부수리'다. 지명에서 풍기는 위압감과 중력감은 무채색 공간 속에서 교차되고 중첩되며 가상의 밀도감을 자아냈다. 하지만 이건 선입견이었다. 이들 마을은 한결같이 인심 좋고 산자수려한 고장이다.

당진시 신평면 부수리富壽里는 평지와 구릉성 지형으로 이뤄져 있는 농촌이다. 동쪽으로 서해와 인접해 있으며, 마을 중앙에 밭들이 넓게 펼쳐져 있다. 특이한 것은 마을 북쪽에는 부수리 못지않게 고역 마을고역길, 해물골, 독우물골 등 우악스러운 지명이 분포해 있다는 점이다. 고역 마을은 고려 때 역말驛馬·역마이 있었다는 뜻에서 붙여진 지명이며, 독우물 마을은 밑바닥이 없는 독을 묻어서 만든 우물인 옹정甕井이 있다 해서 이름 붙여지게 됐다.

보은군 회인면 부수리富壽里는 동쪽에 우뚝 솟은 부수봉에서 유래했고, 합천군 적중면 부수리富樹里는 옛날 그곳에 나루가 있었다고 하여 '부진계'라고 부르던 것이 '부진기'로 변했다가 '부수'로 변형됐다고 한다. 마을 동쪽 개울가에는 수령 300년이 넘은 것으로 추정되는 참나무 등 큰 나무들이 있다.

성내리(충남 서천군 비인면)/화내리(전남 해남군 마산면)

여행 중, 딱 2명의 지인知人에게 전화를 했다. 목소리를 확인한 이들은 몹시 반가워했다. 여행하면서 어떠한 상황에도 신세질 일은 하지 말자고 다짐했지만 그날은 괜히 기별하고 싶었다. 여행은 사람을 외롭게 만든다. 외롭지 않으려고 떠나지만 결국엔 외로워진다.

그럴 때 사람을 찾는다. 그럴 때 사랑을 찾는다. 객지에서 만나니 동질감이 더 증폭됐다. 노릇노릇하게 구워진 살코기 위로 무수한 대화가 오갔다. '사람은 늙어가는 것이 아니라 익어가는 것'이라는 결론을 내리면서 소주잔은 밤새 울컥거렸다. 그날 밤, 통음은 강렬했고 사람다웠다.

마을 푯말을 보면 화火를 내는 듯한 곳이 많다. '성내리'란 지명을 갖고 있는 지역은 강원도 양양군 양양읍, 충북 제천시 금성면, 충남 아산시 영인면, 전북 고창군 무장면, 전남 해남군 해남읍과 무안군 무안읍, 진도군 진도읍, 경북 영덕군 영해면과 영주시 풍기읍, 포항시 북구 흥해읍, 경남 창녕군 영산면과 고성군 고성읍, 사천시 곤양면과 창원시 진동면 등이다. 현 서울시 강동구 성내동의 이전 명칭도 성내리였다. 그러나 이들 지역의 대부분은 성곽이 있고, 성곽 내에 있는 마을이라는 의미에서 성내리城內里라는 지명을 사용했다. 전남 해남군 마산면에는 '화내리'가 있다. 원래 옛 지방행정구역의 하나인 '현'이 있었던 곳이다. '화내'는 조선 시대에 말을 먹이던 곳이라 한다.

공포리(공포천)(충남 당진시 우강면)

오토바이는 안전한 이동수단이다. 편한 말로 자전거만 탈 줄 알아도 오토바이는 거저 탄다. 가속 레버를 당기면 나가고, 손 브레이크를 잡으면 멈추는 단순한 구조다물론 스쿠터에 한함. 여행을 계획하고 오토바이를 구입한 후 시운전을 전혀 하지 않은 것도 간단한 조작 때문이었다. 여정 중에 사고는 없었다. 위험하다고 느끼는 순간부터 진짜 위험해진다는 사실을 인지하고 있었기 때문이다. 마음속에 공포가 들어앉는 순간, 오토바이는 인간친화적인 이동수단이 아니라 경계해야 할 기계가 된다. 간혹 가속 레버를 갑자기 잡아당기면 오토바이에 관성이 붙어 사고가 난다. 그냥 '아차'하는 순간이다. 더욱이 오토바이 사고는 가벼운 찰과상으로 끝나지 않는다. 심하면 중상으로 이어진다. 때문에 바이크 라이딩에도 규칙이 있다. 그런 것들을 뭉뚱그려 무시하고 자전거 타듯 간단하게 생각하면 자신도 모르게 공포에 휩싸일 수 있다. 바이크 라이딩의 기본은 육체를 제어하는 정신적인 힘이다.

당진시 우강면 공포리는 무섭게 느껴지는 지명이지만 대부분이 간척 평야지대로 이뤄져 있는 전형적인 미작米作 중심의 농촌 마을이다. 농가는 평야의 한가운데에 괴촌塊村 형태로 모여 있다. 마을 한가운데로 지방도 622호선이 합덕~남원포를 지나 신평 쪽으로 통한다. 지명은 350여 년 전 공 씨孔氏 성을 가진 사람이 갯둑을 막아서 농경지를 간척했다고 하여 공개, 공개원, 공갠 또는 공포리孔浦里라 칭하게 됐다고 한다. 인근에 공포천川도 있다.

이름(지명)은 숙성되고 진화되는 것

이름지명이란 오랜 시간 숙성되며 진화한다. 때로는 우연한 발견에서도 탄생된다.

오래살아, 주당, 카페인, 개구린, 거머린….

생물학은 새로 발견되는 종이나 변종, 아종들이 많아 재미있는 작명 사례가 많다. 애기장대의 돌연변이종 'Oresara'가 있다. 애기장대는 두해살이풀로 냉이나 꽃다지와 같은 십자화과에 속하는 식물이다. 재배가 쉽고 유전체^{Genom} 크기도 작아서 식물 연구에 많이 이용되고 있다. 이 식물 중 평균 수명보다 오래 사는 돌연변이종인 'Oresara'는 노화 연구에서 중요한 역할을 하고 있다. 이름의 의미는 발음 그대로 '오래살아'다. 남홍길 포스텍 교수가 1999년 발견해 '사이언스'지에 발표했다. 논문에서도 'oresara means 'long living' in Korean'이라고 이름의 유래를 밝히고 있다.

개화가 늦은 벚꽃나무에 붙인 이름은 'Zola Anziara'. 발음을 빠르게 읽어보면 무슨 의도로 이런 이름을 붙였는지 금방 알 수 있다. '졸라 안지네' 정도 될까.

알코올 저항을 늘리는 유전자의 이름으로 '주당^{JUDANG}'도 있다. 주당의 영어 표기에서 따와 이 유전자의 약자는 'jud'를 쓴다. 주당 유전자의 이름을 원래는 'SOJU$^{Supressor\ Of\ JUdang}$'로 지으려 했다는 이야기도 있다.

과학에서의 이름은 대상의 특징을 쉽게 유추할 수 있는 것으로 사용한다. 대상의 특징을 명료하게 보여줄 뿐 아니라 기억하기도 쉽기 때문이다. 대표적인 각성성분인 '카페인^{Kaffein}'만 하더라도 커피^{Kaffe}에 들어있는 물질$^{-in}$이라는 너무나도 단순한 이름이다. 옴개구리의 등껍질에서 발견된 '개구린', 한국 살모사의 독극물에서 발견한 '살모신', 거머리에서 추출한 항응고물질인 '거머린' 등도 국제적으로 공인된 이름들이다.

발포리(전남 고흥군 도화면)/나포리(전북 군산시 나포면)

"신에게는 아직 12척의 배가 남아있습니다."

충무공 이순신의 말이다. 이순신은 다음과 같은 말도 남겼다. '죽기로 싸우면 반드시 살고, 살려고 비겁하면 반드시 죽는다', '필사즉생 필생즉사必死則生 必生則死'

전남 고흥군 도화면 발포항은 이순신 장군이 만호종4품의 초급 지휘관란 직책으로 처음 근무한 초임지다. 그곳에는 고려 말부터 왜구가 창궐해 조선조 1439년세종 21년 발포진지금의 해군부대이 설치됐다. 발포만호성은 1490년성종 21년에 만들어져 1894년에 폐지된 산성이다. 전라좌수영 산하의 오관오포 중 수군만호가 다스리던 수군진성으로, 임진왜란과 정유재란 때 좌수영 산하의 수군기지로써 중요한 역할을 했다. 임진왜란 때엔 서남해로 진출하는 일본군을 막아낸 곳도 이곳이다. 거북선도 그곳에서 건조됐다고 전해진다.

총과 대포를 쏜다는 의미의 발포發砲와는 전혀 상관이 없는 발포리鉢浦里는 충무공의 청렴정신이 깃들어 있는 곳이기도 하다. 이순신은 당시 직속상관인 전라좌도 수군절도사전라좌수사가 거문고를 만들기 위해 발포 수군영 객사에 있는 오동나무를 베려 하자, 관아의 오동나무도 국가의 것으로 사사로이 쓸 수 없다며 이를 저지했다고 전해진다. 이 일로 처음으로 관직을 박탈당하는 아픔을 겪기도 했다.

이순신 장군이 왜군을 무찌르기 위해 맹활약했던 고흥군은 조선시대 류몽인이 집필한 〈어우야담於于野譚〉의 배경지이기도 하다. 한국 최초의 야담집野談集인 이 책은 민간에 유포된 음담패설이 아닌 풍자적인 설화와 기지 있는 야담들이 담겨 있어 조선 중기 설화문학을 알 수 있는 귀중한 사료로 평가받고 있다.

군내를 오가는 마을버스가 회차하는 발포마을 입구에는 '이 충무공 머무신 곳'이라는 글이 새겨진 기념비가 서 있다. 가곡 '가고파'와 '고향생각'의 노랫말을 쓴 노산 이은상의 글이다. 1980년 발포만호성 북쪽 경사지에는 충무사가 건립됐다. 이곳에서는 매년 충무공 탄신일인 4월 28일 충남 아산 현충사와 같은 시각에 충무공 탄신제를 지낸다.

원수리(전북 익산시 여산면)

전국 방방곡곡 좌충우돌 방랑길에 만난 전북 익산시 여산면 원수리는 이름만큼이나 힘겨운 여로旅路였다. 여산면 원수리를 갔다가 다음 목적지인 김제를 가기 위해서는 왔던 길을 그대로 되짚어야 했기 때문이다. 또 다른 난관은 내비게이션이 분명히 '원수리'를 안내했는데, 도착한 곳은 진사리였다는 점이다. 지명이 바뀐 탓이다. 동네 어디에서도 '원수'가 들어간 표지나 간판, 이정표를 찾을 수 없었다. 하지만 지성이면 감천이라고 했는가. 포기하려는 순간 눈에 들어온 것은 원수저수지 안내문. 그곳에 분명 '익산시 여산면 원수리'에 소재하고 있다고 적혀 있었다. 오가는 행로도, 지명을 찾는 것도 원수怨讎 같은 여정이었다.

익산시 여산면 원수리源水里는 한자 지명에서 풍기는 것처럼 여상

천 상류지역에 위치해 있는 물이 풍부한 고장이다. 자연마을로는 진사, 독양, 독적, 상양, 연명, 학동, 신막 마을이 있다. 진사마을은 참수동이라고 불리는데 앞 골짜기에서 찬물이 끊임없이 흐른다 하여 붙은 이름이다. 독적은 근처에 도자기를 굽던 가마가 있어서 생긴 이름이고 상양은 분지로 된 안쪽에 있는 남향 마을로, 양지바른 곳이라는 뜻에서 유래한 명칭이다. 학동은 뒷산에 학이 많이 서식한다 하여 불리게 됐다.

당하리(전북 부안군 동진면)

"왜 하필 '당하리'지?"

너무 많이 당해서 체념한 것처럼 들리는 '당하리' 지명은 전북 부안군 동진면과 경기도 화성시 봉담읍에서 쓰고 있다. 경기도 파주시 교하면 당하리는 현재 경기도 파주시 교하동으로 바뀌었다. 평안북도 천마군 천산리의 서북쪽 안산 기슭에 있는 마을과 평안남도 평원군 신송리의 북동쪽에 있는 마을도 당하리堂下里란 지명을 쓴다. 이처럼 당하리란 지명을 쓰는 곳은 모두 마을 뒷산에 서낭당과 같이 신을 모셔 두는 당집이 있기 때문에 붙여진 이름이다. 당상리堂上里는 당집 위에, 당후리堂後里는 당집 뒤쪽에, 당북리堂北里는 당집 북쪽에 위치해 있다고 해서 유래됐다.

흔히 좋지 않은 일을 겪었을 때 '당했다'고 말한다. 성폭행, 성추행도 그렇고, 남이 몰래 뒤통수를 내리칠 때, 사기를 당할 때도 쓰는 말이다. 어른들은 남한테 해코지를 당하면 '그런 일만 없어도 사는

데'라며 끌탕을 한다. 그만큼 인간사 새옹지미塞翁之馬다. 당하는 일은, 당하는 자의 숙명이 아니다. 만약 어쩔 수 없이 당하더라도 부도옹不倒翁처럼 일어서는 건 또다시 당하지 않겠다는 학습효과다.

"그 옛날에도 살아남았어. 그러니 지금도 다시 해낼 수 있을 거야/그렇게 많은 일을 겪었으니 다시 한번 할 수 있어 /폭풍우와 곰, 늑대와 백인들을 물리쳤지 /그러니 늙는 것도 물리칠 수 있을 거야 /아무리 상황이 열악해도 나는 양을 데리고 들판으로 나갔어 /그러니 나이가 아무리 들어도 하던 일을 계속할 거야."

나바호Navajo: Indian 보호구역 인디언의 시다. 이 시는 늙음조차도 이겨내겠다는 결의를 표현한 말이겠지만 '그렇게 많은 일을 겪었다'는 대목이 아리다. 인디언은 아메리카의 '주인'이었지만 정복자들에 의해 '주민'의 명맥만 붙잡고 있는 슬픈 종족이다.

1492년 콜럼버스가 신세계를 발견했을 당시 이곳엔 대략 150만 명의 원주민이 살고 있었다. 자신이 상륙한 바하마의 산살바도르를 인도 아亞인도인·인디언 대륙으로 착각한 콜럼버스는 미국 원주민들을 '인디언'이라고 불렀다. 그런데 정작 이 대륙의 주인이었던 토착민들은 이 말을 싫어한다. 이들은 '인디오인디언'가 아니라 '인디헤나indigena; 원주민'이기 때문이다.

노동리(전북 고창군 고창읍)

우리나라 지명 중엔 '노동리'가 유독 많다. 고창군 고창읍 노동리 蘆洞里는 갈대를 물고 나는 기러기飛雁含蘆 형상의 명당이 있어 날 비飛에 기러기 안雁, 머금을 함含, 갈대 노蘆에서 착안해 붙여진 이름이다. 경기도 연천군 왕징면 노동리蘆洞里의 경우에도 갈대가 우거져 있어 갈울蘆洞이라 이름 하였다고 전해지고, 강원도 강릉시 사천면 노동리 역시 과거에 갈골이라고 불리던 것을 한역한 것이란 해석이다.

전북 순창군 인계면의 노동리蘆童里도 마을의 형상이 갈대밭 사이에 기러기가 새끼를 부화하여 놓은 노안부동蘆雁孵童의 형상을 닮았다고 해서 불렸으며, 이후 노동蘆東으로 표기된 것은 노동리와 동촌리의 폐합으로 바뀌게 된 것이다.

전남 곡성군 삼기면 노동리蘆洞里는 통명산을 등지고 계곡에 자리한 마을로, 산이 갈라지는 곳에 있는 산골짜기 마을이라 하여 '갈'자와 '골'자를 합한 지명에서 갈의골, 가랫골, 가래꼴 순으로 변화하면서 이를 한자로 표기하면서 갈을 갈대蘆로 보고 노동蘆洞이라 표기하게 되었다고 전해진다.

국내 최대 규모의 예당저수지가 있는 충남 예산군 대흥면 노동리 蘆洞里도 갈풀이 많아 노동리라 칭했으며 충북 단양군 단양읍 노동리와 강원도 화천군 상서면 노동리, 전남 나주시 남평읍 노동리도 마을 주변이 갈대숲으로 쌓여 고을을 이루고 있다 하여 노동리라 했다. 반면, 박달봉 중턱에 위치한 산촌마을인 충남 공주시 유구읍 노동리蘆洞里와 경북 경주시 감포읍 노동리魯洞里는 한자가 서로 다르지만, 노 씨가 많이 산다 해서 노동 마을이라 불리게 됐다고 한다. 이 밖에 강원도 평창군 용평면 노동리路洞里와 전남 고흥군 동강면 노동리는 신작로가 많지 않던 옛날 대로大路와 연결됐다고 해서 길 로路를 써서 지명을 만들었다고 전해진다.

모서리(경북 경주시 강동면)

풍광 좋은 길을 라이딩할 때 행복했지만, 사실상 변두리모서리가 더 좋았다. 번잡하지 않고 거칠지 않으며 배척하지 않는 느낌이 푸근했던 것이다. '변두리'라는 단어엔 왠지 모를 비애가 꾹꾹 밟힌다. 메인도 아니고 그 중간치도 아니고 왠지 동떨어진 가장자리. 주류는 절대 아니고, 주류가 될 가능성도 희박해 보이는 끝 중의 끝. 삶의 흠집을 안고 소외와 멸시 속에서 무소의 뿔처럼 걸어갈 수밖에 없는 순명順命 같은 느낌 같은 거 말이다.

변방으로 밀려난 듯한 라이더 형제가 변두리를 달리는 일은 일종의 해방이었다. 고독, 외로움, 무력감을 떨쳐내니 그 어떤 것도 두렵지 않았다. 그 변두리에 서니 그제야 사랑이 그립고 사람이 그리워졌다.

변두리는 끝을 지향하는데 그 끝은 어디인가를 되작거리다가 사라진다. 모든 것은 생겨난 이후 바로 사라짐을 향한다. 소멸하되 죽지 않는 것, 이것을 거스르는 존재는 없다. 결국 변두리는 희로애락을 통해 소멸되어 간다. 어느 변두리 동네 가파른 오르막에서 바라본 석양은 쓸쓸하고 암울한 삶의 각도다. 그 빛은 자식의 눈치를 살펴가며 슬며시 스며들 듯 귀가하던 능력 없는 아버지의 등 굽은 허리를 닮았다. 포용하기 정말 힘든 무거운 희망, 간절한 소망들은 변두리에서 점화되고 변두리에서 증발한다. 저 지독한 가난에서 벗어나고 싶어 무거운 짐을 지고 우회했을 삶의 꼭짓점. 그 끝이 바로 변두리다.

경북 경주시 강동면에 모서리毛西里가 있다. 지명이 풍기는 날 선 느낌과 달리, 평지가 대부분을 차지하고 있는 전형적인 농촌마을이다. 마을 서쪽으로 작은 하천이 흐르고 있으며, 그 너머로 형산강이 흐르고 있다. 동쪽에는 산줄기가 뻗어 나와 마을을 감싸고 있다. 자연마을로는 모서, 서당골, 소귀, 포전, 대촌, 별봉, 양지 마을 등이 있다. 모서마을은 모암산 서쪽 아래에 위치한다는 의미에서 붙여진 지명이다. 특산물로 모서딸기와 부추가 있다.

흙을 벗고 시멘트를 입는 근대풍(近代風) /호박꽃 속에서 /아기가 나던 조상의 밭은 큰 거리로 나가고 /변두리만 남아서 /대머리처럼 외로이 /등성이로 슬슬 기어오른다 /바람이 왔다가도 정 둘 곳 없어 /잡초와 놀다가 홧김에 구름을 몰고 와서 /마구 깎아 낸 기슭 /뼈얼건 황소 엉뎅이에 죽으라고 비를 퍼붓는데 /도심(都心)을 태우는 불은 꺼지지 않고 /거멓게 탄다.

-김광섭 〈변두리〉

모든 창조와 혁신, 새로움은 중심이 아닌 변방에서 시작됐다. 지구상의 가장 큰 제국을 건설한 몽골, 그들의 시작도 중원이 아닌 초원의 변방이었다. 몽골이 세운 원나라를 무너뜨리고 명나라를 세운 주원장 또한 소작농의 아들이었다. 가난과 기근으로 고아가 된 그는 도적의 무리인 홍건적의 두목이 되고 결국 패권을 잡았다. 중국을 통일한 청나라도 만주족이라 불린 여진족이 세웠다. 주변인 거란족에게마저 하등민 취급을 받던 민족이다. 이처럼 나라를 세웠던 세력들은 모두 중심부 엘리트가 아니라 변방의 약체들이었다. 고려 태조 왕건도 신라귀족이 아닌 개성 변두리에 있는 상인 아들이었고 조선을 건국한 이성계도 아주 먼 변방, 여진족과 어울려 사는 함경도 끝자락 출신이다.

모서리는 변두리처럼 외롭지만 창조적이다

모든 사람들은 변두리를 지향하면서 곡진하게 돌아서 간다. 습관이다. 꽃길이 아닌 진흙길로 가면서 새 길을 열어가는 변방의 질김, 그것이 '가장자리'가 주는 힘이다.

'모서리'는 왠지 '변두리' 느낌처럼 외롭지만 창조적이다. 스티브 잡스가 아이폰을 처음 공개한 2007년 1월 9일, 신문들은 '모든 것을 바꿔놓을 혁명'이라는 그의 말을 제목으로 뽑았다. 기술의 새로운 변곡점을 알리는 신호탄이었다. 작은 것과 큰 것, 없는 것과 있는 것의 시적 은유를 '0'과 '1'이라는 디지털 언어와 접목시켰다. 아이폰은 '모서리'를 둥글게 결정함으로써 단순함, 궁극적인 실리를 추구했다.

현대적 손목시계를 상업화한 사람은 '왕실의 보석상' 루이 프랑수아 카르티에였다. 그는 브라질 비행사 산토스 뒤몽이 '조종하면서 회중시계를 꺼내보는 게 불편하다'고 불평하자, 모서리를 살짝 둥글게 처리한 사각형 모양의 손목시계를 만들었다. 지금도 '까르띠에'

브랜드 라인에 있는 '산토스'가 그것이다.

염산리(전남 영광군 염산읍)

서해를 돌고 돌다 저물녘 영광 법성포에 닿았다. 시장기가 돈다. 법성포 하면 굴비 맛을 빼놓을 수 없다. 어느 집을 선택하든 정식을 시키면 보리굴비, 고추장굴비, 굴비 매운탕, 굴비구이, 굴비조림, 굴비전, 굴비젓갈 등 수십 가지의 찬이 죄다 나온다. 법성포 굴비는 천일염을 뿌려 간을 한다. 섶장이다. 소금의 양과 절이는 시간은 조기의 크기에 따라 달라진다. 그래서 시간이 만들어 낸 음식들이다. 고추장굴비는 보리굴비를 찢어 고추장에 버무린 것으로 씹을수록 고소함이 기껍다. 보리굴비는 짭조름하고 구수해 녹차 냉수에 밥을 말아 먹으면 최고의 호사다. 굴비전은 살의 툭툭함이 좋다. 찐 장대양태는 꾸덕꾸덕 간간하다. 병치병어회는 부드럽고 게 씹히다가 그 고소함이 그윽하게 밀려온다.

지역을 라이딩할 때 특산물을 먹는 건 탐닉이자 겸허한 숭배다. 법성포 굴비를 먹는 순간 감칠맛savory taste이 떠올랐다. 혀가 느끼는 다섯 번째 맛이다. 짠맛, 신맛, 단맛, 쓴맛이 아닌 '그 어떤 맛'이다. 일본인이 다시마와 가쓰오부시로 맛국물을 만드는 것, 중국인이 부추와 배추를 닭곰탕스코틀랜드의 닭개장 요리와 유사에 넣는 것, 이탈리아인이 버섯과 토마토 소스, 파르메산 치즈를 조합하는 것도 감칠맛에 근본적인 이유가 있다. 2개의 성분을 조합하면 감칠맛은 개별 성분의 맛보다 좋다.

감칠맛은 순하지만 오래 지속되는 뒷맛이 있다. 감칠맛은 주로 어류, 조개, 절인 고기, 채소버섯, 토마토, 배추, 시금치, 샐러리 또는 녹차 및 발효 숙성 제품치즈, 새우젓, 간장에서 많이 느껴진다. 인간은 모유를 통해 감칠맛을 처음으로 접한다. 모유에는 같은 양의 맛국물과 거의 동일한 양의 감칠맛이 함유돼 있다.

음식을 분해할 때 이용하는 치명적인 유혹 '염산'

음식이란 알면 알수록 복잡하고 미묘하다.

빙초산이라고 하는 합성식초는 석유에서 추출한 아세트산을 99%이상 함유할 뿐 영양소는 가지고 있지 않다. 식재료를 하얗게 표백하는 데 쓰이는 산화표백제 중 과산화수소는 표백과 살균작용을 한꺼번에 해서 생선어묵이나 국수의 부패 방지를 위한 표면처리 약품으로 쓰인다. 식용유 또한 석유에서 추출하는 솔벤트Solvent로 기름을 녹여 분리시킨 후 정제하는 방법도 사용한다. 미네랄 오일은 석유 추출 과정에서 나오는 포화탄화수소인 알칸 종류와 파라핀을 주원료로 삼는다.

흥미로운 사실은 수산화나트륨NaOH에 강한 산성인 염산염화수소·HCl 용액을 섞었을 때 나타나는 중화 반응이다. 염기와 산의 대표 격인 두 독성물질이 섞여 인체에 필수적인 물과 소금으로 바뀌니 신기할 따름이다. 물론 산酸이란 성분 자체가 독성으로만 얘기될 수 없는 부분은 있다. 예를 들어 인간이 먹은 음식물은 식도, 위, 소장, 대장 등 길고 많은 소화기관을 거친다. 이처럼 음식물을 모두 소화시키고 흡수하는 데 꽤 많은 시간이 걸리기 때문에 몸속에서 음식물이 상할 수도 있다. 이러한 결과를 막기 위해서 위산이 나온다. 위산은 pH2 정도의 강한 산성을 띤 환경을 만들어, 음식물이 들어왔을 때 세균을 죽이고, 음식물이 부패하지 않도록 도와주는 역할을 한다. 염산鹽酸은 무색투명하고 부식성이 강한 염화수소수용액이다. '염화수소산'이라고도 하며 워낙 독성이 강하기 때문에 많은 물로 희석한 '묽은 염산'을 이용한다. 주로 공업용으로 사용되며, 금속까지도 녹여 버리기 때문에 이것을 사람에게 쓰면 치명적이다.

한자는 다르지만 '염산'을 지명으로 사용하고 있는 곳이 있다. 전남 영광군 염산읍 염산리다. 그곳에는 염산초등학교도 있고 염산중학교도 있다. 교회도 상점도 염산을 상호 앞자리에 내걸고 있다. 염산이란 지명을 사용하게 된 연유는 일제강점기인 1915년 행정구역 개편에 따라 염소면鹽所面과 원산면元山面을 통합하면서 생겼다고 한다.

망치리(경남 거제시 일운면)

여정이 깊어질수록 지명에 대한 선입견이 사라졌다. 대부분 한자 표기가 달라 오해가 있을 뿐이지 정작 어감과는 상반됐다. 대대손손 살아오면서 부르기 민망하고 흉측스러운 이름을 고집했던 주민은 없었을 것이다. 경남 거제시 일운면 망치리望峙里의 경우에도 그랬다. 망치를 생산하는 고장인지, 아니면 무엇인가 망친 곳이라는 의미인지 굳이 확인을 하지 않아도 알 수 있었다. 이곳은 망티 고개 밑에 있어 '망티'라고 한 것이 한자로 고치는 과정에서 '망치'라는 명칭이 생겼다. 윤돌섬이 해안 가까이에 있고, 휴가철이면 망치리 몽돌해수욕장에 사람이 넘쳐난다. 자연마을로는 뿔당골, 신촌, 양지마을, 양화 등이 있다. 뿔당골은 불당이 있었다 하여 붙여졌고, 신촌은 뿔당골 남쪽에 새로 된 마을이라 하여 붙은 이름이다. 양지마을은 양지에 있는 마을이라 하여, 양화는 버드나무 정자가 있었다 하여 불리게 됐고, 윤돌섬은 윤도령이 살았다 하여 붙은 이름이다. 풍경 좋은 곳은 이미 예쁜 펜션들이 터를 잡고 여행자의 발길을 잡고 있다. 통영에서 신거제대교를 건너 죽림해수욕장, 덕원해수욕장, 명사해변, 여차몽돌해변, 학동 흑진주 몽돌해변, 구조라 해수욕장에 이르기까지 해안길을 따라 라이딩 하면 더할 나위 없이 좋다.

　　망치를 든 사람에겐 모든 문제가 못으로 보인다

　어느 집에나 망치는 하나쯤 갖고 있다. 하지만 그 망치는 어둠속 연장통공구함에 처박혀 있든지, 아니면 집구석 어딘가에 숨어 있다. 한 조사에 따르면 전기드릴을 구입해 사용한 시간이 평균 15분밖에 되지 않았다. 나머지 기나긴 시간은 개점휴업유휴상태이라는 점이다. 아마 망치도 일 년에 많이 쓰면 서너 번에 불과할 것 같다. 우리가 소유하고 있는 다양한 자산들 중에 이처럼 사용하지 않는 것들이 의외로 많다. 그래서 '공유경제'Sharing Economy라는 개념이 나온다. 모든 것을 소유하지 않고 서로 대여해 주고 나눠서 쓰자는 경제모델이다. 망치 하나를 이웃 몇 집과 공유해서 쓰고, 자동차 한 대로 여러 집이 함께 사용하면 조금 불편하겠지만 공익에 부합한다는 논리다.

망치는 사실상 개별성을 갖지 못한다. 못이 있어야 하고, 박힐 대상이 있어야 한다. 그것이 사물이든 벽壁이든 간에…. 망치는 연장의 일부일 뿐이다. 그렇다면 망치가 먼저인가, 못이 먼저인가. 애매한 부분은 있지만 '못이 먼저'다. 못은 다른 도구로도 박힐 수 있다. 망치는 철저하게 조력자다. 상대방 필요에 의해 존재한다. 망치가 가벼우면 못이 솟는다는 속담이 있다. 윗사람이 위엄 없으면 아랫사람이 반항한다는 추경정용椎輕釘聳을 의미한다. 망치는 쓰는 사람 근력筋力의 크기에 따라 그 깊이가 결정된다.

인본주의 심리학의 창시자 아브라함 매슬로Abraham H. Maslow는 "망치를 든 사람에겐 모든 문제가 못으로 보인다"고 했다. 손에 든 것이 망치밖에 없다면 모든 것을 못처럼 다룰 수밖에 없다는 것이다. 사람들은 어떤 문제가 발생하면 자신에게 유리한 수법도구만을 사용하고 싶어 한다. '황금망치의 법칙'이라고도 알려진 이 개념은 익숙한 도구에 과도하게 의존하는 것을 의미한다. 망치는 그저 하나의 도구tool다. 연장을 미리 정해 놓고 아니면 자신이 가지고 있는 하나의 연장으로 모든 문제를 풀려고 하는 것은 문제해결을 위한 잘못된 접근방법이다.

기술에 능통한 사람일수록 기술에 얽매여, 굳이 사용하지 않아도 되는 기술을 써서 간단한 문제를 어렵게 만든다. '망치를 든 사람 신드롬'은 주식시장에서도 쉽게 발견된다. 이미 지나간 데이터를 갖고서 정교한 계산 결과를 생산해 내는 것인데, 이런 추정치에 근거해 주식의 내재가치를 아주 딱 떨어지는 금액으로 내놓는다. 하지만 이런 식으로 무리하게 계량화하다 보면, 더 중요할 수 있는 것들을 무시해 버리기 쉽다. 계량화로 인해 발생하는 더 큰 문제는 미래의 불확실성을 생각하지 않는다는 것이다. 내일 당장 무슨 일이 벌어질지는 아무도 모른다. 불확실성이야말로 가장 확실한 요소인 셈이다.

못 머리가 휘어지는 것은 대상이 단단한 이유도 있지만, 힘의 일정한 분배가 이뤄지지 않았기 때문이다. 정확한 위치에 균등한 타격을 가해야 소기의 목적을 달성할 수 있다. 망치질을 잘못하면 망치 귀로 못을 다시 빼야 한다. 일을 망치지 않으려면, 망치를 잡는 순간부터 녹슨 못을 피해갈 궁리에 빠져서는 안 된다.

세상엔 빛과 어둠이 공존한다. 빛이 강하면 그림자도 짙은 법이다. 그림자가 되지 않기 위해 빛만 따라갈 수는 없다. 그렇다고 그늘에 숨어 적당히 운신할 수도 없다. 어떤 정책이나 계획을 잘못 세우거나 욕심이 지나쳐 일을 그르치는 경우에도 모든 것을 망치게 된다.

망하리(강원도 정선군 정선읍)

대한민국 대표 오지奧地 하면 전북 무진장무주·진안·장수과 경북 BYC봉화·영양·청송를 빼놓지 않는다. 여기에 강원도 영평정영월·평창·정선도 둘째가라면 서러워할 두메산골이다. 이 중 정선은 태백산맥 한가운데 위치해 영평정 중 최고 오지로 꼽힌다. 한 번만 나와도 유명한 장소가 되는 TV프로그램 '1박2일'에 무려 다섯 번이나 등장했고 tvN 예능 프로그램 '삼시세끼'에도 열한 차례 방송됐다. 정선 시외버스터미널, 아우라지, 700년 보호수가 있는 유평2리와 연포분교는 영화촬영 단골이다.

오토바이 라이딩 중 색다른 재미는 TV나 영화에서 나온 촬영지를 직접 가보는 일이다. 브라운관, 스크린에서 낯익게 봐 왔던 장소와 출연진들을 눈앞에서 본다는 건 짜릿한 접선이다. 경북 울진군 후포면 후포리도 그중 하나다. 예능 프로인 '백년손님'으로 유명세를 떨친 곳인데 이제는 후포항보다도 더 뜨고 있다. 후포厚浦라는 명칭은 1914년 행정구역 개편 당시 청구리, 신리, 하율리가 합쳐져서 생겼다. 이는 과거 천년포라는 호수에서 후릿그물후리 망로 고기를 잡은 데서 후리포厚里浦, 후릿골로 불리다 후포리가 됐다. 마을의 남쪽에 동해가 펼쳐져 있다.

오지의 대명사 정선에 있는 망하리望河里는 옆에 강이 흐르는 데도 물을 이용할 수 없다고 해서 생긴 이름이다. 그러나 어감상 자조 섞인 푸념이 지명과 결을 같이하며 묘한 의중意中을 드러낸다. 그러나 '멀리 사방으로 강물을 굽어 살펴볼 수 있는 곳'이라는 뜻이 담겨 있다는 유래가 더 설득력을 얻는다.

꼼수로 흥한 자, 꼼수로 망하는 게 이치

세상엔 이러저러한 이유로 흥하거나 망하는 사례들이 많다. 그리스 도시국가였던 스파르타에선 영아살해라는 악독한 풍습이 있었다. 이는 강인한 전사들만 필요하고 나약한 이들은 필요 없다는 우생학적 관념 때문이었다. 스파르타라는 왕이 나라를 다스렸는데, 나라가 하나의 커다란 군대였다. 남자 아이들은 일곱 살이 되면 가

정을 떠나 함께 모여 살며 엄격한 훈련을 받았다. 그것도 노인이 될 때까지 군사훈련을 받아야 했다. 하지만 원주민헬일로타이들의 계속되는 반란, 엄격한 통제, 무역단절, 외부이민 차단, 그리고 계속된 전쟁으로 인해 결국 패망했다.

수백 년간 나뉘어져 있던 중국을 통일한 진나라는 처음엔 문자와 도량형을 통일하는 등 여러 업적을 쌓았다. 하지만 진시황은 이민족을 막기 위해 무리하게 만리장성을 건설하고 거대 궁궐인 아방궁과 자신의 무덤인 황릉을 짓기 위해 백성들을 동원했다.

불로불사를 위해 불로초만을 찾아다니던 진시황은 결국 급사하고, 나라가 혼란스러운 틈을 타 여러 군웅들이 할거하게 된다. 이렇게 껍데기가 된 진나라는 항우에 의해 함락돼 중국 최초의 통일왕조는 15년 만에 멸망했다.

후한은 어린 황제가 즉위했기 때문에 외척 세력과 환관들이 권력을 차지했다. 더군다나 관리들은 물론 황제까지 나서 매관매직했다. 안에서는 권력다툼, 밖에서는 백성들이 난을 일으켰다. 이때 황건적의 난을 진압하며 세력을 키운 지방 세력들이 군웅으로 성장하기 시작했다. 황제가 붕어하자 십상시+常侍: 조정을 농락한 10명의 환관의 난이 일어났고, 동탁이 권력을 잡았다. 동탁은 황제를 협박해 상국 자리에 오르고, 무리한 화폐개혁을 저질러 후한을 파괴시켰다. 이후 원소가 관도대전에서 모두의 예상을 깨고 조조에게 패배하자, 조조는 최강의 군웅으로 성장했다. 물론 그의 영화榮華도 오래가지 않았다.

중국 삼국시대 서진西晉의 사마염은 1만 궁녀와 함께 막장 통치에 빠져 있었다. 귀족층 사이에는 변질된 청담사상회의적 태도와 염세적 인생관이 유행해서 국사는 돌보지 않고 궤변만 늘어놓기를 즐겼다. 게다가 사마염은 난세는 끝났다며 서진의 군대를 해산시키고, 대신 친족들을 각지의 왕으로 책봉하여 치안을 맡겼다. 황위 계승권을 지닌 사람들이 각자 군대를 거느리고 자신의 지역을 기반으로 세력을 확장했으니 군웅할거의 재림인 셈이었다. 이때 소빙기小氷期가 오면서 가뭄과 홍수가 번갈아 찾아오고 기근이 벌어지며 민생이 파탄 났고 농민들은 굶어죽기 싫으면 귀족들에게 투탁해서 반노예 상태의 객客으로 떨어져야 했다. 이미 널리 초토화한 진나라 수도가 함락되고 장안에 망명정부가 들어섰지만, 3년 만에 망했다.

예나 지금이나 우리의 정치사를 보면 꼼수가 판치고 거짓이 난무한다. 그래서 꼼수로 흥한 자, 꼼수로 망한다고 했다. 실제로도 역사는 그러한 사실을 엄중히 증명하고 있다. 정치는 그래서 신의다. 신의가 바탕이 되지 않는 정치는 패도覇道다. 신의를 잃은 정치는 국민을 한때 속일 수는 있어도 영원히 속이지는 못한다. 그래서 민심은 천심이다. 흔히 개인, 가정, 단체 등이 제 구실을 하지 못하고 끝장이 나는 경우를 '망한다'고 한다. 박근혜 정권이 그러했고 이명박 정권이 그러했다. 한 집안도 질서가 무너지거나 자신의 위치를 망각하게 되면 쑥대밭이 되기 십상이다. 거짓으로 흥한 자 거짓으로 망한다.

다구리(경남 창원시 진동면)

어느 마을도시을 가든 기억에 남는 건 하나라도 있다. 그것이 맛이든 멋이든 경관이든 간에…. 다만 나쁜 기억은 추억으로 남지 않는다.

앙금으로 남는다. 그때의 감정, 그때의 인상은 평생 잊지 못할 흔적이 된다. 창원 다구리를 갔을 때의 느낌도 그랬다. '다구리'라는 말명사에서 느껴지는 폭압적인 행간은 지역의 산과 물을 접하면서 금세 정감으로 바뀌었다. 다구리多求里는 마을 뒤로 봉화봉이 병풍처럼 감싸고 있고, 앞으로는 태봉천이 남해로 흘러드는 전형적인 배산임수형의 마을이다. 다구는 구지꽃가 많아 붙여진 이름으로 하구지라고도 하며, 후에 다구리가 됐다고 한다. 도만은 다구리 안에 있는 마을이다.

'다구리'는 부랑배들의 은어로 '누군가에게 들키는 것'을 이르거나, '몰매', '패싸움'을 뜻한다. 청소년들 사이에서 한 사람에게 가해지는 언어폭력이나 폭행 등을 일컫기도 한다. 단순히 여럿이 싸우는 것보다는 여러 명이 한 사람을 괴롭힐 때 주로 사용되는 단어다. 경상도 일부 지역에선 '모대가리' 또는 '모다구리'라고도 한다. 일본어 '다찌 마와리 나구리둘러싸고 때리기'에서 왔다고도 한다. 혹은 검열삭제를 뜻하는 은어 '빠구리' 에서 여럿을 뜻하는 '다'를 붙여서 생긴 단어라는 해석도 있다. 다구리가 주는 어감은 그래서 유쾌하지 않다. 까칠하기까지 하다.

괴롭힘의 대명사 '다구리'…칡 · 등나무가 주는 교훈

갈등은 칡과 등나무다. 마치 '다구리'처럼 여럿이 하나를 괴롭히는 형세다. 칡葛·갈은 덩굴지면서 다른 나무를 감아 올라간다. 덩굴줄기는 10m가 넘게 뻗어 나가 다른 식물을 타고 올라 완전히 덮어 버린다. 등나무藤·등도 줄기를 길게 뻗어 가지를 치면서 다른 물체를 타고 감아 올라가는데 줄기가 비비 꼬여서 엉키게 된다. 덩굴식물은 종류마다 정해진 방향으로 감는데, 중간에 억지로 뒤바꿔 놓아도 끝내 다시 원래 제방향대로 되감는다. 유전자라는 것이 명령을 내린 탓이다.

칡과 등나무가 같은 나무에 감아 올라가게 되면 칡은 왼쪽으로, 등나무는 오른쪽으로 감아 올라간다. 이러니 덩굴이 교차하며 서로 얽히는 것이다. 덩굴손으로 거머쥐는 것이 아니라 다른 물건을 얽고 두르며 뒤질세라 서둘러 감아 올라간다. 이런 형태를 '전요식물纏繞植物'이라 한다. '전요'란 덩굴 따위가 친친 휘감거나 얼기설기 마구 얽힌다는 의미다. 전요식물은 줄기의 끝이 죽 곧게 자라지 않고 좌우로 회전하며 자란다. 이렇게 감아 올라가는 식물들 중에서 칡, 나팔꽃, 메꽃, 박주가리, 새삼, 마 등은 오른쪽으로 감아 도는 오른돌이고 등나무나 인동, 한삼덩굴 등은 왼돌이다. 물론 더덕처럼 좌우 양방향으로 감는 식물도 있다.

갈등은 좌충우돌이다. 견해, 주장, 이해관계 따위가 서로 달라 적대시하거나 불화를 일으키는 상태다. 고부간姑婦間의 갈등, 세대 간世代間 갈등, 계층 간階層間 갈등은 칡과 등나무처럼 복잡하게 얽혀 있어 실마리 풀기가 쉽지 않다. 갈등은 플롯상 대립과 투쟁 관계다. 〈햄릿〉에서 햄릿과 클로디어스 왕 사이의 갈등, 윤흥길의 〈장마〉에서 할머니와 외할머니 사이의 갈등은 인물 상호간의 갈등이고, 〈오디푸스 왕〉은 주인공과 운명과의 갈등을, 〈노인과 바다〉는 자아와 그들을 둘러싼 자연과의 갈등을, 최인훈의 〈광장〉은 주인공의 내부에서 일어나는 갈등을 그리고 있다. 하나의 이야기는 단일한 갈등구조에만 의존하는 것이 아니고, 내적 갈등과 외적 갈등이 복합될 수도 있다. 칡과 등나무는 서로에게 갈등하지 않고 남에게만 갈등을 일으킨다.

다대포(부산시 사하구 다대동(多大洞)에 있는 小灣)

"총알을 싣고 다니는 총알택시, 식당에서도 부대찌개를 팔 정도로 곳곳에 군부대가 많은 남한, 술에도 폭탄을 넣어 마신다는 폭탄주, 집집마다 '핵'으로 무장한 핵가족. 그리고 막걸리를 파는 선술집에도 대포를 장착하고 있는 대폿집."

북한군이 남침을 하지 못하는 우스꽝스런 이유들이다. 그런 이유라면 부산시 사하구 다대동에 있는 다대포에는 도대체 대포 몇 문이 숨어 있을까.

다대포 지명의 유래는 '큰 포구가 많은 바다'라는 데서 비롯되며, 〈일본서기 日本書紀〉에는 다다라 多多羅로 기록되어 있다. 이곳은 일찍부터 왜구의 출몰이 잦았으며, 따라서 국방상 중요한 요새였다. 조선 세종 때는 이곳에 수군만호영을 설치, 수군 123인과 병선 9척을 배치했으며, 성종 때는 높이 4m, 둘레 560m의 다대포진을 축성한 바 있다.

철새 도래지인 을숙도와 감천동 항구 사이에 위치한 다대포는 몰운대·화손대·해수욕장·낙동강 하구로 이뤄져 있다. 태종대·해운대와 더불어 부산의 3대臺로 알려진 몰운대는 해송을 비롯한 각종 나무들이 울창한 숲을 이루고 있고 다양한 모양의 기암괴석에 둘러싸여 절경을 뽐내고 있다.

다대포 앞바다는 장엄한 서사시다. 실핏줄 같은 개여울이 모여 작은 강을 만들고, 거기에 역사와 애환을 담아 큰 강이 되면서 수채화를 빚어내고 있다. 낙동강 1300여 리의 물길이 유유히 흘러 바다와 만나 하구언을 만들고, 강물을 타고 내려온 퇴적물을 뱉어 내면서 그지없이 아름다운 모래섬을 만든다. 동양 최대의 철새도래지인 을숙도와 인접한 다대포는 새들의 천국이다.

한때 아름다운 다대포 백사장이 통째로 사라질 뻔한 일도 있었다. 1991년 정부에서 목재용 전용부두 건설을 위해 매립계획을 세웠기 때문이다. 주민들의 강렬한 반대에 부딪혀 백지화됐다가 2000년 또 다시 매립계획을 발표하자 주민과 시민단체가 연합해 무산시키기에 이르렀다. 만약 그때 주민들의 반대가 없었다면 다대포 해수욕장은 사라지고 말았을 것이다. 다대포 앞바다는 그래서 치명적인 감동이다.

다대포는 1960년대 말까지 부산 근교의 한적한 어항이었으나, 목재 및 조선업이 유치되면서부터 어촌에서 공업지역으로 변모하였고 택지개발로 대규모 아파트단지가 형성되어 있다.

대변리(대변항)(부산시 기장군 기장읍)

"제발! 우리 학교 이름 좀 바꿔주세요."

부산시 기장군 기장읍에 위치한 대변초등학교 학생과 학부모들의 외침이다. 교명은 학교가 대변리에 위치해 있다 보니 지어진 이름이다. 대변초등학교는 1946년 1월 기장초등학교 대변분교로 설립된 뒤 1963년 대변초등학교로 개교했다.

문제는 대변大邊이 '큰 해변'이라는 뜻인데 사람들이 자꾸만 다른 뜻의 대변을 연상시키면서 발생했다. 수학여행 등을 떠나면 버스 앞 유리에 적힌 '대변초등학교'라는 글귀 때문에 다른 학교 학생들이나 관광객들에게 놀림을 당하는 경우가 많고, 본의 아니게 웃음거리가 되기 일쑤였다. 학교대항 축구대회 등을 열어도 상대편 선수들에게 '便변학교'라는 조롱을 당하는 경우가 많았다.

결국 학교는 교명변경 공청회 등을 거쳐 2018년 3월 1일 이 지역의 옛 이름을 따 용암龍岩초등학교'로 이름을 바꾸었다. 개교 55년 만이다. 분교 설립으로 따지면 72년이 걸렸다. 대변초등학교의 '便학교' 탈출기는 그래서 눈물겹다.

대변리는 조선 시대 공물公物 창고인 대동고大同庫가 있는 포구를 뜻하는 '대동고변포大同庫邊浦'를 줄여 부르게 됐다는 게 정설이다. 당시 김성련이란 선비가 적은 병술일기에 우기이대변포문생원가라는 기술이 있었고, 대동고변포라는 긴 지명을 줄여 대변포라 부르다가 대변리가 되었다는 설명이다.

기장 대변항에서 잡히는 멸치는 몸길이 10~15cm 안팎의 크고 굵은 대멸大蔑이다. 전국 어획량의 60%가량을 차지한다. 벚꽃 피는 4월이면 대변 연안으로 멸치가 몰려든다. 대변항에서 위판하는 생멸치의 연간 생산량도 2000~3000t에 달한다.

지명은 입에서 발성하는 순간 숱한 추측을 낳는다. 별난 지명들은 뜻을 알면 착해진다. 하지만 처음 불렸을 때 조금 얄궂다면 최소한 그 사연에 궁금증이 들게 마련이다. '대가리', '유방동', '신음리' 등 적지 않은 곳이 그런 저런 이유로 놀림을 받거나 상처를 받아왔다. 어쩌면 지명이란 계륵鷄肋 같은 것이다. 이러지도 저러지도바꾸기도, 안 바꾸기도 못하는 난처한 상황 말이다. 대통령 대변인代辯人도 그중 하나다.

돈이 되는 고양이 · 판다곰의 배설물(便)

우리가 알고 있는 배설물은 후각과 시각의 관점에서 불쾌한 대상이다. 하지만 이 세상엔 비싼 배설물들이 의외로 많다. 인도네시아 사향麝香 고양이 배설물에서 나오는 '코피 루왁Kopi Luwak'은 세상에서 가장 비싼 커피다. 자바 섬에 사는 이 고양이는 야자 수액과 커피 열매를 주로 먹고 산다. 커피 열매의 겉껍질은 소화하지만 딱딱한 씨는 배설물과 함께 그대로 내보낸다. 이게 코피 루왁의 원료다. 캐러멜, 초콜릿, 풀냄새가 뒤섞인 향이 나고, 쓴맛과 신맛이 적절하게 조화를 이루며 깊고 중후한 바디Body를 가졌다. 보통 한 잔의 커피를 내리는데 원두를 10g 정도 쓴다고 가정할 때 45잔에 최고 600불, 즉 한 잔 가격은 13불 정도다. 2008년 영화 '버킷리스트' 상영 이후 국내에 알려지기 시작했다. 최근 우리나라에서는 50g에 45만~70만 원 정도로 거래되고 있다. 인도네시아 전체에서 잘해야 연간 650kg 정도 생산되는데 한국에서만 1t씩 찾는다.

고양이 배설물이 명차名茶가 된 데 착안했을까. 중국에서는 판다 배설물로 만든 차茶가 나오고 있다. 판다는 하루 평균 12.5kg의 대나무를 먹는다. 그 중 30%만 소화하고 70%를 배출하는데 이 배설물에 항암성분이 포함됐다는 주장이다. 특이한 향에 견과류 맛이 난다는 판다 차茶의 가격은 1kg에 5만 파운드약 9000만원. g당 9만원이다. 중국에서는 '모기눈알 수프'도 특급 요리로 선보이는데 모기를 주식으로 하는 박쥐의 배설물에서 모기눈알을 채집한다고 한다. 육안으로 식별키 어려운 눈알인데도 이를 소화하지 못해서다. 또한 장쾌삼이라는 산삼은 야생 꿩 등의 조류가 산삼 씨를 먹고 배설해 자생한 것이다.

건달리(건달길)(강원도 고성군 현내면)

"네가 건달이냐? 언제까지 그렇게 놀고먹으며 빈둥거리기만 할 거냐?"

건달乾達의 사전적 의미는 하는 일 없이 빈둥빈둥 놀거나 게으름을 부리는 짓. 또는 그런 사람을 뜻한다. 건달은 원래 불교의 '건달바'에서 온 말이라고 한다. 불교에서는 세계의 중심에 수미산이 있고, 수미산 꼭대기에 불법을 수호하는 제석천이 산다고 한다. 그런데 건달바는 수미산 남쪽의 금강굴에 살면서 제석천의 음악을 맡아보는 신을 지칭한다.

인도에서는 건달바가 음악을 전문으로 하는 악사나 배우를 가리키는 말로 쓰였다고 한다. 우리나라에서도 한동안 같은 뜻으로 쓰였는데 시간이 지나면서 '건달'이라는 말로 줄어들었고, 할 일 없이 먹고 노는 사람을 가리키는 부정적인 뜻으로 변하게 됐다. 여기에서 더 나아가 건달은 폭력을 휘두르며 남을 괴롭힌다는 뜻까지 갖게 되었고, 깡패라는 말과 비슷한 뜻으로 쓰이게 됐다.

강원도 고성군 현내면에 실제 '건달길'이 있다. 이곳은 동해안 최북단 휴전선과 접해 있는 곳이다. 1945년 해방과 함께 1952년까지 북한의 공산치하에 있다가 6·25 동란 때 국군의 북진으로 수복됐다.

38°36′51″을 경계로 휴전선과 접하고 있는 현내면은 동해안 최북단 접적지역으로 통일전망대와 화진포를 소재하고 있어 관광지로도 각광받고 있다. 현내면 대진리 앞바다에 어로한계선이 지나고 있다.

건달리乾達里는 높은 지대에 위치해 있어 하늘이 가깝다고 해서 붙여진 지명이다. 하지만 1915년 행정구역 개편 때 마을의 남쪽에 말이 누워 있는 형태와 같다 하여 붙여진 마직리馬直里와 건달리의 '달達'자를 합해 마달리馬達里로 바뀌었다. 현재는 도로명 주소에 따라 이 지역에 건달길이 조성돼 있다.

뒷골목서 설쳐댄 야인시대 건달들의 '주먹'

건달에 관한 스토리는 옛날 '주먹세계'와 연결된다.

자유당 시절, 그러니까 1951년부터 약 10년간 실정失政과 비리非理로 얼룩진 대한민국은 그야말로 야인시대였다. 종로통 주먹들을 제압하고 오야붕에 오른 김두한을 비롯해, 그의 후계자 조일환, 일명 '오따'로 불린 정종원, '낙화유수' 김태련, 이정재 등이 뒷골목에서 득세했다.

김두한은 일제강점기 말 18세 약관으로 경성의 유력한 건달패의 우두머리로 군림했으며 1943년 경성특별지원청년단반도의용정신대을 조직했다. 제3대·6대 국회의원 땐 이승만 정권, 박정희 정권의 독재를 비판했다. 한국독립당 내란음모사건으로 옥고를 치렀고, 한국 비료 주식회사가 사카린을 밀수하자 국회에서 삼성 이병철 회장과 박정희 정권을 비판하며 국무위원 등에게 오물을 투척하기도 했다.

이정재는 제1공화국 시절 동 카포네동대문의 알카포네, 말렌코프라는 닉네임을 달고 정치 주먹으로 악명을 떨쳤다. 단성사 저격 사건, 야당 정치인들을 향한 테러를 지시한 배후이기도 하다. 그는 힘이 굉장히 세서 씨름대회 상품으로 걸린 황소는 전부 다 이정재의 몫이었다는 일화가 전해진다. 그는 한때 종로·동대문 점포 2900개를 관리하며 승승장구했다. 하지만 1961년 혁명재판에서 사형판결을 받은 이후 '나는 깡패입니다. 국민의 심판을 받겠습니다.'라고 쓴 플래카드를 걸고 백주 대낮 거리에서 조리돌림을 당하기도 했다. 44세에 교수형에 처해졌다.

소림사 쿵푸 뺨치게 무술에 능했던 양익 스님은 출가하기 전까진 건달이었다. 어느 날 강원도 시골마을을 지나가는데 30명 정도의 건달들이 동네사람들을 괴롭히고 있었다. 화가 난 스님은 '입에 걸레를 문' 건달들을 삽시간에 곤죽으로 만들었다.

이들은 '깡패'라는 호칭보다 '건달'을 선호했다. 낭만과 의협을 내세우는 주먹을 포장하기에는 '깡패'보단 협객 느낌이 나는 '건달'이 좋아보였기 때문이다. 깡패란 말이 '갱스터'와 '패거리'가 결합된 어형이라는 설은 전적으로 틀렸다고 하기는 어렵다. '깡패'라는 단어가 '갱gang·무리·일당'과 '패牌·패거리'가 결합된 어형이기 때문이다. '갱패' 즉 '깡패'는 '건달패, 난장패亂場牌, 놀량패, 동패同牌, 왈짜패, 왈패, 주먹패' 등과 같은 '패' 자 돌림이다.

양아치(고개)(강원 원주시 귀래면 귀래리)

강원도 원주시 귀래면 귀래리에는 큰 양아치 마을과 작은 양아치 마을이 있다. 양아치들의 집단 거주지처럼 들리지만 실상은 귀한 사람, 즉 신라의 마지막 임금인 경순왕이 머물렀다는 데서 유래된 명칭이다.

귀래면 운계리에서 흥업면으로 넘어갈 때 흥업 쪽의 큰 고개를 큰 양아치, 귀래 쪽의 작은 고개를 작은 양아치라고 부른다. 고개가 마치 말안장 모양이라고 해서 양안치라고 부른데서 유래됐다고 한다. 1872년 '지방지도'에는 양안치로 표기돼 있다.

오래된 역사를 자랑하는 동네인 만큼 간직한 옛이야기도 많다. 큰 양아치와 작은 양아치 사이에 있는 '곰네미 마을'은 마을 뒷산으로 곰이 넘어 다녔다 해서 붙여진 이름이다. '며느리폐백골'은 그곳에 살던 남편이 게으르고 무지해 멸문 지경에 이르렀는데 착한 아내가 회생시켜 명문으로 만들었다고 하는 이야기가 전해지는 마을이다. 지형이 돼지목처럼 생긴 '돼지목골', 형상이 마귀할멈처럼 생겨 유래한 '마귀할머이바위' 등이 있다.

놀고 먹으며 못된 짓 일삼은 양아치들

'양아치'는 품행이 천박하고 못된 짓을 일삼는 족속이다. 지䤳는 순수 우리말 '치'에서 음차한 것으로 우두머리를 뜻한다. 벼슬아치관원, 구실아치아전, 갖바치가죽장인, 옥바치옥장인, 풀무아치대장장이, 점바치

점쟁이 등등…. '양아치'도 '동냥아치'에서 온 말이다. '동냥아치'의 '동'이 생략되어 '냥아치'가 되고, '냥아치'의 어두음 'ㄴ'이 탈락하여 '양아치'가 된 것이다.

흔히들 코흘리개 돈을 뺏는 동네 건달을 양아치라 부르고, 알량한 돈 몇 푼을 뜯어내기 위해 사기를 치는 모리배도 양아치라고 부른다. 특정 정당이나 권력에 빗대 바르지 못한 기사를 쓰는 기자도 양아치라 부르고, 명절을 앞두고 기자들에게 한우를 사 오라고 으름장을 놓는 신문사 회장도 양아치다. 온갖 수단과 방법을 동원해 정치를 지저분하게 만드는 정치인도 양아치라고 칭하며, 직장 내에서 오너의 눈치만 보며 출세하려고 발버둥치는 이들도 양아치다. 사회의 따가운 시선과 냉소는 아랑곳하지 않고 권력에 기대어 똬리를 트는 자도 양아치다. 이들은 그렇게 얻은 권세를 전가傳家의 보도寶刀처럼 휘두르며 또 다른 협잡을 꾸미기도 한다.

스나이프snipe는 '도요새'를 말한다. 그런데 왜 도요새가 양아치가 되었을까? 도요새는 주로 습지나 강둑에 살아 거터스나이프guttersnipe로 불리기도 했다. 거터gutter는 오늘날엔 주로 '하수도'라는 뜻으로 쓰이지만, 중세 영국에선 시내brook를 뜻하는 단어였다. 도요새는 먹이를 찾기 위해 끊임없이 습지의 진흙탕을 뒤져댔다. 그 모습이 쓰레기더미를 뒤지는 거지와 비슷하다고 해서 guttersnipe는 '거지, 빈민, 떠돌이, 넝마주이, 양아치'란 비유적 의미를 갖게 됐다.

넝마주이는 양아치라고 불리기도 했는데, 일제강점기 이후 현재까지 지속되고 있다. 일제강점기에는 전국 각지에 거지들이 많았는데, 동냥뿐만 아니라 넝마주이 일도 했다. 넝마주이는 사설막대원들을 거

느린 주인인 '조마리'가 관리하는 막, '자작'개인 또는 가족단위로 만든 막 방식의 조직을 갖추고 망태기와 집게를 사용하여 폐품을 수집하여 판매했다. 보부상褓짐장수·등짐장수들이 장돌뱅이가 되지 않은 건 상도의를 지켰기에 가능했다. 객주客主는 어느 한쪽에서 물건 값을 지불하지 못하면 자기 돈으로 대신 냈다. 또한 흉년이 들면 쌀을 나누는 등 신뢰를 최고 덕목으로 삼았다. 대행수지도자는 이 같은 상거래 관습을 토대로 유통질서를 확립했다. 이른바 불완전판매나 사기거래를 줄이려는 것이었다.

대가리(전북 순창군 풍산면)

인간에게 '대가리'라 부르는 것은 욕을 하거나 상대를 비하할 때나 사용한다. 속담에 '대가리에 쉬슨 놈'은 어리석고 아둔한 사람을 일컫는다. 동의어로는 대갈머리, 대갈빠기, 대갈빼기, 대갈통이 있다.

해머hammer 대가리처럼 주로 길쭉하게 생긴 물건의 앞머리나 윗부분도 대가리라고 부른다. 두목, 보스를 가리키는 말로도 쓰인다. 경상도 지방에서도 '느그너의 대가리 오라캐라'라는 말이 있는데 이 말은 '너희 보스를 오라고 하라'는 뜻이다.

전북 순창군 풍산면에는 대가리라는 마을이 실제 존재한다. 500여 년 전 마을 형국이 자라형이어서 '자라뫼'라고 불리던 것이 일제 강점기 행정 구역 개편 후 '크게 아름답다'는 의미에서 '아름다울 가佳'자를 써서 대가리大佳里라 부르게 됐다고 한다. 그동안 여러 차례 지명 변경을 위한 논의가 이뤄졌으나, 그냥 쓰기로 했다는 전언이다.

대가리 경로당에서 만난 한 촌로는 이렇게 말했다.

"크게 아름답다는 뜻잉께, 나쁘지 않치라. 딱 한 번 들으면 안 잊어불고...."

충북 단양군 적성면에도 대가리大加里가 있다. 지명의 유래는 지형이 큰 가락처럼 생겼다고 하여 '한가래기'로 불리워 오다 한자로 표현하면서 크다의 의미인 '한'을 큰 대大자로 바꾸고, 크기를 더한다는 의미에서 더할 '가加'를 붙여 대가리로 불리게 됐다는 설명이다. 매스컴을 통해 연예인 장근석과 축구선수 송종국의 고향으로 소개된 바 있다.

새들은 머리가 나쁜 게 아니라 머리가 작을 뿐

흔히 우둔한 행동을 하는 사람을 '새대가리'라고 지칭하며 놀린다. 서양에서도 '버드브레인birdbrain: 새대가리·멍청이'이라는 말을 쓴다. 그런데 진짜 새조류들의 머리가 나쁠까. 여러 학자들, 전문가들이 조사한 결과를 보면 '새대가리'라는 비웃음은 틀렸다.

닭의 울음소리는 24가지로 분류할 수 있는데, 이 울음소리로 서로 소통할 수 있다. 닭을 잡아먹는 포식자를 발견한 수탉은 즉각 경고음을 낸다. 하지만 주변에 수탉만 있을 경우는 경고음을 내지 않는다. 다른 수탉, 즉 라이벌이 잡아먹히면 오히려 이득이기 때문이다.

까마귀의 IQ는 보통 40에서 50, 교육시킨 까마귀는 85에서 90정도라고 한다. 까마귀가 물병에 든 물에 부리가 닿지 않자 돌을 집어넣어 수면을 높여 물을 마셨다는 이야기는 너무나 유명하다. 이들은 말을 따라 하고 숨겨져 있는 먹이 찾기에도 능하다.

굴파기올빼미는 땅에 굴을 파서 둥지로 사용하는데, 둥지에 말과 개, 고양이와 같은 포유류의 배설물便·변을 수집한다. 이 배설물이 쇠똥구리와 같이 변을 먹고 사는 곤충을 유인하기 때문이다.

앵무새의 평균 IQ는 30이지만 학습에 따라 아이큐가 달라진다. 주인을 알아볼 수 있으며 인지능력과 언어 습득능력이 빠르다. 학습능력만 깨우쳐 주면 약 100개 이상의 단어를 암기할 수 있을 정도로 언어능력도 뛰어나다. 간단한 대화 정도는 우습다.

까치는 6살 정도의 영아 지능을 가지고 있다. 학습 및 모방도 잘한다. 거울을 인식하며 퍼즐을 맞출 수 있고 기억력 또한 좋다. 사람의 얼굴과 목소리를 구분해서 인식하는데, 동네에 낯선 얼굴이 나타나면 울기 때문에 '까치가 울면 손님이 온다'라고 했던 것이다.

1964년 샌프란시스코 지역의 흰정수리북미멧새의 노래에 지역 사투리가 있다는 사실이 밝혀졌다. 새의 노래가 문화적으로 전승된다는 것을 말한다. 카리브해찌르레기는 먹이를 물에 씻어 먹는다. 먹이에 묻은 흙이나 독성물질을 제거하고 삼키기 힘든 먹이의 털이나 깃털을 부드럽게 만들기 위해서다. 그러나 사료를 물에 불려서 줄 때는 물에 다시 담그지 않는다. 주변에 먹이를 훔쳐 갈 경쟁자가 있을 때도 물에 넣지 않는다. 자신들이 무슨 일을 하는지 알고 행동한다는 의미다.

이제 '새대가리 같다' 또는 '까마귀고기를 삶아 먹었냐'라는 표현은 다른 말로 바꿔야 할 것 같다. 그들은 머리가 나쁜 것이 아니라 머리가 작을 뿐이다.

늘노리(경기도 파주시 파평면)/백수읍(전남 영광군)

노세노세 젊어서 놀아 늙어지며는 못노나니/ 화무는 십일홍이요 달도 차면 기우나니라 /얼시구절시구 차차차(차차차) /지화자 좋구나 차차차(차차차) /화란춘성 만화방창 아니노지는 못하리라 /차차차(차차차)차차차(차차차)
　　　　　　　　　　-김영일 작사 김성근 작곡 '노랫가락 차차차'

누구나 한 번쯤 들어봤을 법한 곡이다. 노랫말처럼 온갖 생물이 좋은 계절을 맞아 활짝 피어나는 만화방창萬化方暢의 모습을 띠는 양춘가절陽春佳節을 맞으면 누구나 놀고 싶은 것은 당연지사. 특히 건달처럼 건들건들 놀면서 지내는 사람을 가리키는 '노라리'에게는 이보다 더 좋은 일이 없다. 육아에 지친 주부, 직장 일에 치인 직장인에게 '논다'는 것은 단순한 쉼의 가치가 아니라 완전한 휴식이자 삶의 방전을 막는 재충전이다.

기자로 살다가 백수가 된 이후 달라진 것이 있다면 '시간'이다. 일에 파묻혀 시간이 어떻게 가는지도 모르고 살았는데, 이제 그 시간이 보인다. 놀고먹는다는 의미가 아니라, 놀고먹으니 시간의 쓸모가 보이는 것이다. 백수는 일이 없다뿐이지 나머지 삶은 너무나 온전하다. 바이크 라이딩도 '놀고 먹는' 행위가 아니었다. 그것을 통해서 얻을 수 있는 가치, 행복의 원천, 무한한 자유, 다시 시작하려는 꿈의 여정이었다.

백수라면 누구나 시詩를 쓴다. 생각을 쉬면 시인이 되는 까닭이다. 봄, 여름, 가을, 겨울, 그리고 24시간, 365일은 시의 밑천이다.

시도 익고 사람도 익고 세월도 익는다. 삶은 영원할 것 같지만 찰나다. 소년이었는데 금세 청년이고 돌아보면 금세 중년, 노년이다. 봄인 듯하다가 금세 여름이고 가을이고 겨울이다. 계절도 늙고 사람도 늙는다. 마음은 봄인데 몸은 겨울인 것이다.

그런 의미에서 경기도 파주시 파평면 '늘노리'가 주는 여운은 남다르다. 아름다운 삶을 사는 것 중의 하나는 열심히 사는 삶이고, 열심히 살았다면 재미있게 노는 것도 중요하다. 천지간 만발한 꽃은 찰나지만, 인생도 그보다도 더 짧기에 즐기지 않으면 안 된다는 '靑春極樂人生至樂청춘극락 인생지락'은 그래서 더욱 달콤하다.

파주시 파평면 늘노리의 유래는 정확히 알려진 게 없다. 자연마을로는 개석동, 관곡, 구장터, 백석말, 서원말, 어의골, 용연말 등이 있다. 개석동은 마을에 흐르는 늘노천 지류인 개석천에 갯돌이 많아 붙여진 이름이다. 백석말은 은행나무가 있어 행촌동이라고도 한다. 서원말은 무정산 남쪽의 파산서원 옆에 있는 마을이다. 우계서당과 청송보가 있는 마을이다. 용연말은 용연 위쪽에 있던 마을로, 파평 윤씨尹의 시조 윤신달이 나왔다는 용연 옆에 있어 붙여진 이름이다.

백수놀음…넘어진 김에 쉬어갑시다

전남 영광군 백수읍이 갖는 지명은 유래와는 달리, 풍기는 단어만으로 아리다. 원래 구수九岫·영마靈馬·봉산면鳳山面이었는데 1931년 통합하면서 백수면이라 칭하였다가 1980년 12월 1일 읍으로 승격했다고 한다. 백수라는 지명이 붙은 연유조차 명확하지 않다. 백수읍의 상당 면적을 차지하고 있는 구수산이 아흔 아홉 산봉우리와 아흔 아홉 골짜기가 있다고 해서 백百에서 일一을 뺀 백수白岫라고 했다는 이야기가 있다. 영광읍과 해안을 잇는 도로가 동서로 지나 교통이 편리하다. 다만, 지명만 보면 눈칫밥을 먹고 있는 백수들에겐 다소 불편함을 주는 매나니반찬 없는 맨밥 같다.

(......) 봄을 꽃잎에 재우면 향기 나는 여름이 되려나/여름을 꽃그늘에 묻어 두면 달콤한 가을이 되려나/가을을 술독에 삭히면, 걸쭉한 겨울이 되려나/겨울을 눈바람에 녹이면 투명한 봄이 되려나//숙성의 사계절, 내키는 대로 그냥 봄 여름 가을 겨울/중년을 닮은 계절은 한 다발의 잘 익은 꿈, 잘 익은 시(詩).//

모든 청춘은 지루하고 모든 중년은 초조하다. 내일이 불확실한 젊은 사람들에게 시간은 마냥 길고, 앞날이 빤한 중년들에게 시간은 총알 같다. 시간은 늙어간다. 소년 같은 봄바람이 불지만, 바람은 이미 중년이고 노년이다. 하지만 조급해할 필요는 없다.

'열심히 일한 당신, 떠나라'고 했다. 떠남은 비움이고 비움은 버리는 것이다. 버리면 채워지고 낮추면 높아지는 이치와도 같다. 채우려면 비워야 하고 가지려면 내려놓아야 한다. 오르막과 내리막이 주는 인생사 새옹지마의 교훈처럼....

아저씨 하면, 얼굴에 우수憂愁라도 잔뜩 끼어 있어야 제멋이다. 봄 같은 소년, 여름 닮은 청년, 가을 같은 중년, 겨울 닮은 노년. 우리는 추억 속에서 살다가 망각 속에서 죽어 간다. 매화꽃과 살구꽃이 흐드러지게 피어나는 봄이면, 중년은 한바탕 몸살을 앓는다. 마치 감기증세 같다. 목구멍으로 봄이 넘어오면서 오한이 나고 알레르기가 돋는다. 그래서 봄은 앓고 있는 사람에게 먼저 온다. 온몸에 처녀의 푸른 치맛자락처럼 파릇한 나물 빛이 난장을 친다. 이때 자칫 쪽빛 하늘이라도 발견하면 푸른 눈물이 흐른다. 중년은 몸과 마음이 모두 신산辛酸한 인생의 정오다. 앞만 보고 달리다가 중간에 딱 멈춰버린 제2의 사춘기다.

논다고 해서 그냥 놀아서는 안 되고 '건강'하게 놀아야 한다. 조선 태조는 중년에 과음과 육식을 삼가고 고기반찬을 끊었다. 영조도 중년 이후 술 대신 생강차를 마시고 쇠고기를 먹지 않았다. 태조와 영조는 73세, 82세로 장수했다. 반면 세종은 밥상머리에서까지 책을 읽고 고기반찬을 즐겼다. 그는 100가지 병을 앓았고 48세에 세상을 떴다. 정조 또한 나이가 든 후 과편식을 하고 식후 담배까지 피웠다. 그는 53세까지밖에 살지 못했다.

객사리(경기도 평택시 팽성읍)

여행은 객지客地를 떠돌아다니는 행위다. 모르는 곳에서 모르는 사람들을 만나가며 하나둘씩 알아갈 뿐이다. 아는 사람도 없고, 아는 것도 없으니 모든 게 무無다. 그 하얀 여백은 때론 두렵다. 언제 무슨 일이 벌어질지 모르기 때문에 항상 뒤가 켕긴다. 평택에 있는 객사리에 당도했을 때 객사客死가 오버랩 된 것은 어쩌면 당연한 유추다. 여행 내내 불안하고 초조했던 상황을 감안하면 '객사'의 의미가 전전긍긍의 감정으로 이입될 수밖에 없다.

이 세상에 혼자 남은 심정, 물도 불도 아닌 애매한 매개그릇에 무엇을 담을지도 모르는 여정은 외롭다. 물은 물이고 불은 불이다. 불은 불로써의 개별성만 가진다. 사람도 물과 불의 이중성을 가지고 있다. 때문에 자기 자신에게는 관대할지 몰라도 낯선 이방인에게는 불친절하다. 여행 중 길바닥에 놓인 비애를 가슴으로 안으면, 길바닥의 죽음일 뿐이다. 길바닥의 개는 어제 꼬리 친 걸 후회하지 않는다. 밥을 먹을 때는 마치 이 밥만 죽을 것처럼 먹고, 잘 때는 자는 것 외엔 아무 것도 할 수 없는 듯이 잔다. 순간의 쾌락이 아니라 순간의 집중이다. 어제 일어난 일은 어제 일이고, 내일 일어날 일은 내일 일이라는 식이다. 자신에게 중요한 것은 오늘, 이 순간에 일어난 일이다. 객지에서의 삶 또한 어제를, 오늘을 복기하면 내일부터의 여정이 힘들어진다.

객사, 거리의 죽음

객사客舍는 고려·조선 시대에 각 고을에 둔 관사館舍를 일컫는다. 객관客館이라고도 한다. 주로 외국 사신이나 중앙에서 내려오는 관리들의 숙소로 사용됐다. 관찰사가 일을 보는 동헌보다 외려 격이 높았으며, 관리는 이곳에 머물면서 임금의 교지敎旨를 전했다고 한다. 일제 때 조선 시대의 관청들을 없애버린다는 식민지정책에 따라 많은 객사가 없어지고, 현재 강릉의 객사문客舍門·국보 51호, 전주객사보물 583호, 고령의 가야관伽倻館 등이 남아 있다.

반면 객사客死, 누상에서 맞는 죽음은 헛헛하고 덧없다. 알아주는 이도 없으니 더없이 가량하고 처연하다. 객사客舍에서의 하룻밤이 아니어도, 하늘의 도리를 다하며 살아가는 안빈낙도安貧樂道의 삶이 아니어도, 최소한 길바닥만은 피해야 한다.

평택시 팽성읍 객사리客舍里는 객사가 있던 마을에서 지명이 유래했다. 자연마을로는 동촌東村, 주막거리, 서촌西村, 대정리, 향교말校村 등이 있다. 동촌은 객사리의 동쪽, 서촌은 서쪽에 있어서 붙은 이름이다. 주막거리가 있는 것을 보면 꽤 성업했던 것으로 보인다. 전남 담양군 담양읍에도 객사리가 있다. 평택의 객사리와 마찬가지로 객사가 있던 마을이다.

복수동(대전시 서구)

"아…."

사도세자는 외마디 비명도 없이 뒤주에서 눈을 감았다. 11살 이산은 천둥처럼 울었다. 14년 후, 정조가 조선 22대 왕에 오르자 사도세자를 죽음으로 내몰았던 '노론老論' 세력들은 벌벌 떨기 시작했다. 보나마나 숙청의 피바람이 불 게 뻔했기 때문이다. 그러나 정조는 복수하지 않았다. 그는 조정의 문신 중 자질 있는 자들을 뽑아 규장각에서 밤새도록 경연經筵·토론하는 걸 즐겼다. 더욱이 어느 쪽에도 치우치지 않고 탕탕평평하게 인재를 썼으며 서얼출신도 등용했다. 백성의 민원을 직접 듣는 여론정치는 물론 박해받던 천주교에도 관대했다. 끝내 뜻을 이루지는 못했지만 노비제를 없애려 한 것도 당시로선 생각할 수조차 없는 혁신이었다.

정조는 새벽닭이 울고 푸른 햇살이 첫낯을 비출 때까지 책을 읽었다. 조강아침 주강낮 석강저녁을 거르지 않다 보니 시력이 나빠졌고 결국 안경쟁이가 됐다. 역사가 정조를 가리켜 백성을 끔찍이 사랑한 명군으로 부르는 것은 그가 아버지의 불행을 뛰어넘은 까닭이다. 만약 복수에만 천착했다면 그는 성군이 아니라 폭군이 될 운명이었다. 조선 최고의 문예부흥을 일으키고 태평성대를 연 것은 개혁가였기에 가능했다.

미국의 사형수에게는 집행 당일 몇 가지 '특전'이 주어진다. 우선 죽는 방법을 본인이 선택할 수 있다. 총살당할 것인지, 교수형에 처해질 것인지, 독극물을 주입받고 죽을지를 결정한다. 총살형을 선택한 사형수는 의자에 가지런히 묶인다. 5명의 사수射手가 총을 겨눈다. 총알은 4정의 총에만 장전이 되고 다른 한 정에는 공포탄이 들어 있다. 사형 집행수들끼리도 누구의 총에서 죽음의 총탄이 발사됐는지 서로 알지 못한다. 일종의 살인면죄부다. 살인자를 죽이는 또 다른 살인자가 되기 싫어서다.

사형제는 복수를 하기 위한 것이 아니라 다른 사람들의 생명을 지키기 위해서다. 사형수는 '죽어 마땅한 놈'이지만 생명을 박탈당할 순간엔 '죽어 불쌍한 놈'이 된다. 어떤 사형수의 마지막 부탁은 "우리 어머니를 가끔 들여다봐줘요"였다. 누군가의 가족을 죽여 놓고도 최후의 순간에는 자신의 가족을 부탁할 수밖에 없는 것이 죽음이다.

사형수가 죽어 복수가 된 것인지, 복수를 하려고 사형을 한 것인지는 법의 잣대다.

복을 누리며 오래 사는 동네

　대전시 서구 복수동福守洞은 복을 누리는 곳이라는 의미를 간직하고 있는 고장이다. 대전 서남부권의 교통 요충지에 위치해 있으며, 21세기 대전 서구에서 가장 살고 싶은 지역으로 꼽힐 만큼 주변 환경이 잘 갖춰져 있다. 충남 금산군에는 복수면福壽面이 있다. 복을 누리고 오래 살라는 땅 이름의 미학이다. 1914년의 행정구역 통폐합 과정에서, 새롭게 합쳐지면서 태어난 땅 이름이다. 면 소재지에 해당하는 다복多福과 수영壽永의 이름을 하나씩 따 합성된 것이 복수다. 결국, 복수는 합성어이지만 그 의미와 추구하는 바에서 '복을 누리면서 오래 사는 데' 있으므로 수복을 뒤집은 것과 마찬가지다. 미식가들이 최고로 치는 복수한우를 판매하는 식당들이 즐비하다.

갈구리(경북 예천군 예천읍)

　"빨리 먹어, 빨리 입어, 빨리 뛰어. 빨리 싸. 빨리, 빨리, 빨리.... 박아, 뻗어, 기어, 벌려...." 예전 군대에서 횡행하던 짤막한 문맹어文盲語는 비겁했고 야비했다. 회식시켜준 뒤 괴롭혔고 칭찬한 뒤 폭력을 휘둘렀다. 군복은 마치 핏기 없는 수의처럼 눈물에 젖고 또 젖었다. 하얀 밥 먹고 국방색 배설을 하고 검게 생각하는 군상들. 봄여름가을겨울, 다시 봄여름가을겨울.... 갇힌 젊은 날, 그 3년을 살면 입에선 비루먹을 '軍소리'만 나왔다. 군대란 아무리 좋아봤자 군대다.
　흔히 검불이나 곡식 따위를 긁어모으는 데 쓰는 갈퀴를 경상도에서는 '갈구리'라고 부른다. '갈구다'는 사람을 교묘하게 괴롭히거나 못살게 구는 것에 대한 비어卑語다. "부장이 허구한 날 갈궈서 못 살겠다 am stressed out by the manager's constant nagging"는 말은 (목구멍이 포도청이라 쉽게 쓰지는 못하고 있지만) 사표를 쓰고 싶다는 얘기다. 갈퀴질하듯 아랫사람이나 후임을 갈구는 행위는 '몸'을 괴롭히는 것이 아니라 '혼'을 괴롭히는 것이다. 군기를 잡기 위해 신참을 갈구는 것도, 시어머니가 표독스럽게 며느리를 갈구는 것은 물려주지 말아야 할 악행의 전승이다. 고참도 처음엔 신참이었고, 시어머니도 며느리였던 때를 망각하는 데 대한 일침이기도 하다.

누구나 인생의 어느 한 지점을 지날 때 만난 길을 잊지 못하고 가슴에 평생 품고 산다. 어릴 적 학교를 오가던 비포장 길, 가족 여행 중에 만난 길, 이역만리에서 만난 이국의 길까지 모두가 낯설지만 새로운 도전이고 새로운 만남이다. 그래서 많은 이들은 평범한 일상을 갈구渴求한다. 그리고 소소한 행복을 좇는다. 울면서도 웃음을 찾고 슬퍼하면서도 미소를 떠올린다. 힘듦 속에서도 희망을 노래하고 괴로운 시간에도 꿈을 얘기하는 것은 기분 좋은 계측이다. 인생에서 만난 아름다웠던 일들은, 짧게 스쳐가는 추억이 아니라 오래도록 가슴을 데워줄 기억이기 때문이다.

시범케이스는 '여럿'을 잡기 위해 '하나'만 족치는 전술이다. 그럴듯해 보이지만 실은 야비한 폭력에 지나지 않는다. '모범'적인 것을 '시범' 보이는 것이 아니라, 모범적이지 않은 시범이기 때문이다. 장점은 조직 관리에 있어서 리스크도 적고, 후폭풍도 약하다는 점이다. 시범케이스를 내세우면 공포가 전이되며 삽시간에 기강을 잡을 수 있다. 타깃이 된 사람은 아주 죽을 맛이지만, 살아남은 자들은 속으로 웃는다. 그런데 시범은 시범으로만 끝난다. '나만 아니면 된다'는 비열함이 조직을 들쑤셔 조직이 물렁해지기도 한다. 군기의 유효기간은 짧다. 잠시 납작 엎드려 있을 뿐 스멀스멀 원점으로 되돌아온다. 기막힌 관성이다.

의리(경북 김천시 아포읍)

살면서, 까맣게 잊고 살았던 짝패들이 보고 싶을 때가 있다. 교복 호크와 단추를 풀어헤치고, 모자는 삐뚜름하게, 가방은 투깔스럽게 옆구리에 끼던 벗님들이다. 의리 하나로 똘똘 뭉쳤던 똘마니들, 뽕밭 멜로에도 화들짝 놀라던 순수시대 탕아들, 객기를 참지 못해 사소한 일에도 욱하던 왈패들, 돈도 빽도 없으면서 허세만 가득 찼던 꺼벙이들…. 이들과 동락했던 그때가 그리운 건 배고픔과 슬픔을 나눴기 때문이다. 그들은 이제 하얀 세월의 더께를 머리에 잔뜩 뒤집어쓰고 주변에서 서성거린다. 어느 주말엔 고교동창이, 어느 주말엔 대학동창이 술통을 들고 주변을 기웃거린다.

친구란, 식구처럼 부대끼며 엄혹한 시절을 함께 견딘 사이다. 발 닿는 대로 돌아다니며 꺼이꺼이 질펀하게 우는 사이다. 시절이 거칠어졌을 때, 고난이 찾아와 세상이 하수상할 때 곁에 있어 주는 사람이 친구다.

위당 정인보와 육당 최남선은 절친한 친구였다. 하지만 최남선이 노골적으로 친일행각을 벌이자 정인보는 상복을 차려입고 육당의 집을 찾아가 '내 친구 육당이 죽었다'며 통곡했다. 정부수립 후 최남선이 반민특위에 걸리자 정인보는 증인으로 나서 육당을 변호했다. 그러나 그가 석방되자 죽을 때까지 상종하지 않았다.

백이와 숙제는 두 임금을 섬길 수 없다는 '의리' 때문에 굶어 죽었다. '한 날 한 시에 태어나지는 않았으나, 한 날 한 시에 죽게 해 달라'고 맹세한 유비·관우·장비의 의리는 혼백의 결합이다.

의리는 모자람을 보태는 '우산' 같은 것

맑은 날에 우산은 그냥 우산이다. 더더구나 우산처럼 흔해 빠진 것도 없어서 아무 데나 두었다가 잃어버리기 일쑤다. 급할 때 찾으면 없는데, 평소엔 헌신짝 다루듯 한다. 잃어버릴 것을 알면서도, 잃어버리도록 방치하는 것이다. 하지만 우산은 다음 비 오는 날까지 제자리에서 현신한다. 비가 오는데 우산이 없으면, 헌신짝처럼 다뤘던 우산의 행방이 그립다. 우산은 주인이 비를 맞지 않도록 제 온몸으로 비를 맞아 왔다. 우산의 소중함은 온몸이 비에 다 젖었을 때 생긴다. 친구의 우산 속으로 들어가 잠시 비를 피하는 건 궁색한 도피다. 같이 우산을 쓰면 둘 다 비를 맞게 돼 있다. 왼쪽에 있는 친구는 왼쪽 어깨가, 오른쪽에 있는 친구는 오른쪽 어깨가 젖는다. 차라리 비를 맞고 가는 친구가 있으면 다가가서 같이 비를 맞는 게 우정이다.

어둠은 본디 쓰지만 뱉을 수 없는 쓴맛이다. 그런데 맛 문제의 본질은 보다 근원적이다. 우리가 단맛 중독에 빠진 것은 돌아가는 꼴이 온통 쓴맛이기 때문이다. 이럴 땐 '우산 같은 사람'이 필요하다.

설령 왼쪽 어깨가 젖을지언정 함께 갈 사람이 절실한 것이다. 평소엔 외따로 있다가도 외로울 땐 기꺼이 동행할 수 있는 '우산' 같은 사람이 너무도 그리운 세상이다.

의리는 힘도, 돈도 아니다. 등짝에 새겨진 문신은 더더욱 아니다. 의리는 모자람을 보태는 것이고, 돈을 따지지 않는 것이다. 명맥이나 계보를 잇기 위한 발악이 아니라 그저 한곳을 같이 응시하는 것이다.

경북 김천시 아포읍 의리義里는 고려 말 국운이 다함을 한탄하며 아포로 낙향한 이사경李思敬이 서당을 열고 후학을 양성했다 하여 일대 마을의 지명을 인·의·예·지·신으로 칭하면서 그 첫 자를 따서 유래했다는 이야기가 전해온다.

자연 마을로 신촌·공쌍이 있다. 신촌은 1700년 경 현풍 곽 씨가 처음 정착한 뒤 살꼬지·양산·봉주골에서 이주해 온 세 사람이 힘을 합하여 새로운 마을을 이뤘다 하여 붙인 이름이다. 공쌍은 옛날 중국에서 장 씨와 곽 씨 성을 가진 두 선비가 이주해 와 정착한 뒤 두 사람이 동시에 과거에 급제한 데서 유래한다. 경주 이씨·김해 김씨 집성촌이다. 유적으로는 김해 허씨 재실인 경지재敬止齋와 동제를 지내던 제단 터가 있다.

구라리(대구시 달성군 화원읍)

여행 중 '구라리'라는 이정표를 보자 웃음부터 나왔다. 결단코 비웃음은 아니었다. 그냥 코에서 바람 빠지듯 '피식' 웃었다. '구라'는

어감 때문인지 일본어가 어원이라는 설이 있다. 그렇게 생각하는 이유는 'くらます쿠라마스'에서 나왔을 것이란 추측에 기인한다. 쿠라마스는 '행방을 감추다, 남의 눈을 속이다'라는 뜻인데 도박판에서 타짜들이 속임수를 써서 승부조작을 한다는 뜻의 은어였으나 이것이 확장되면서 거짓말, 속임수라는 뜻이 되었기 때문이다. 야구의 뜬 공, 즉 플라이옛날 발음으로는 후라이가 구라로 변했다는 얘기도 있다. 그래서 구라를 '친다' 또는 '깐다'고 표현한다는 주장이다.

대구시 달성군 화원읍 구라리九羅里의 지명은 물낙동강이 좋고 기름진 구레고래실들이 있다 하여 구레, 구라로 불리게 됐다고 한다. 일설에는 신라 애장왕이 꽃들이 만발한 화원읍 구라리에 감탄해 아홉 번이나 들러 이름이 붙게 됐다는 주장도 있다.

경북 청도군 이서면에도 구라리九羅里가 있다. 청도천이 흐르고 있으며 크고 작은 저수지가 매우 많은 지역으로, 마을의 안산인 구라리의 이름을 딴 것이라고 전해진다.

'구라'는 걸쭉한 재담이 아니라 갈등의 언어

건달들은 대체로 '구라거짓말'가 세다. 처음엔 구라로 상대방 기를 죽이고, 그것이 안 되면 떼로 덤빈다. 구라는 허약함의 표출로서 주먹 대신 '말의 흉기'를 드는 것이다.

구라가 남을 흠집 내고 욕보이는 양상은 결코 단순하지 않다. 욕하는 사람이 욕하는 자기 자신을 욕되게 하는 것까지 고려한다면 욕의 흠집 내기 양상은 더욱더 복잡해진다. 가령, 김삿갓이 수다한 욕시辱詩와 탈춤판 말뚝이나 취바리가 내뱉는 욕은 대체로 한恨에 그친다. 허물없는 농판농지거리판에서 흥을 돋우는가 하면, 준엄하게 벌 내리는 꾸중 판에서 서릿기운을 돋울 수도 있다. 이와는 달리 아수라장 같은 싸움판에서는 독을 뿜고, 장거리의 흥정판에서는 저울대 구실을 한다.

구라와 욕의 독성毒性은 대부분 남녀 성기를 들먹이는 데 있다. 제기랄, 우라질, 빌어먹을, 젠장 등은 무심코 내뱉는 감탄사로 전용된 욕이다. 하지만 굳이 피해나 상처를 주기 위해서 인간 본질의 가려진 부분을 대상代償으로 하면 쌍욕이 된다. 일종의 리비도libido: 프로이트가 규정한, 모든 행위의 숨은 동기를 이루는 근원적인 잠재의식하의 욕망. 곧 성욕의 본체다. 'X 빨아라, ○먹어라, X대가리 같은 놈, ○구멍 같은 X' 등은 남녀성기를 극단적으로 비하하면서 리비도의 발산을 촉진시킨다.

구라를 별난 재담 혹은 사나운 재담 또는 걸쭉한 재담 정도로 생각하면 오산이다. 욕은 민중의 희극이 아니다. 갈등의 언어가 아니다. 적개심, 증오, 대립이다. 욕은 갈등의 언어이면서 동시에 반란의 언어다. 그래서 욕은 체면이고, 염치고, 모든 걸 내던진 인격적 알몸 상태다. 여기에 스스로 '구라'라는 별칭을 부여한다고 해서 면피免避가 되지는 않는다. 혀의 생리학은 극단적이다. 가장 위험한 것이자, 가장 모험적인 수단이기 때문이다.

생리(충북 음성군 생극면)

조금 민망하지만, 여성들의 생리와 발음이 같은 지명을 갖고 있는 동네가 두 군데 있다. 충북 음성군 생극면 생리笙里와 경북 고령군 개진면에 있는 생리省里가 그곳이다. 전남 곡성군 삼기면에는 월경리도 있다.

음성군 생극면 생리는 면소재지에서 동으로 3㎞ 지점에 위치하며 수레의산 밑에 자리 잡은 농촌마을로 마을 앞에 솔배기들이 있다. 생리소류지와 중생천이 흐른다. 본래 충주군 생동면에 속한 지역으로 좋은 샘이 있어서 샘골, 생골로 불리거나 지형이 옥녀생여허무형이라 하여 생동이라 했다. 1914년 행정구역 개편에 따라 생동면省洞面을 폐지하고 중생리中笙里, 하생리下笙里를 병합하여 생리가 됐다. 자연마을로는 안터, 주막거리, 중생, 만태동이 있고 특산물로는 생극 참외가 유명하다.

고령군 개진면 생리는 깊은 산속에 자리 잡고 있고, 들어가는 길이 좁은 골짜기여서 송골 또는 송곡이라 했다. 송골의 '송'은 '솔다좁다'는 뜻이다. 1600년경 화전민이 들어와서 화전을 일구고 토기를 구웠다고 전해지고 있다. 또 마을 뒷산인 삼베등麻布嶝의 모양이 마치 삼베 실을 풀칠할 때 사용하던 솔省처럼 생겼다 하여 한자로 생곡省谷으로 부르다 생리로 바뀌었다고도 한다.

전남 곡성군 삼기면 월경리月境里는 대명산 끝자락에 있는 산골마을이다. 옛날에 이곳이 곡성현과 옥과현의 경계에 있었다 하여 경리境理라 불렀던 것을, 후에 월경리月境理란 지명으로 바꿨다고 한다.

바이크 라이딩 스토리

여행이란 집으로 돌아가기 위한 구실을 만드는 일

은퇴한 저널리스트인 베르나르 올리비에는 1999년 5월 장장 4년에 걸친 도보여행에 뛰어든다. 그는 이스탄불에서 중국의 시단까지 1만 2000km의 실크로드를 횡단한다. 베르나르는 아내와 사별해 홀로 남은 노인이다. 그는 삶을 계속 이어갈 욕망을 잃고 존재의 기로에 서 있음을 느꼈다. 그런 그에게 걷기는 세상과 타협할 명분이었다. 그는 석 달에서 넉 달씩 세 단계에 걸쳐 매번 2500km에서 3000km 정도씩 나누어 걸었다. 그는 말했다. "나에게 힘든 일은 걷는 것이 아니라, 멈추는 일이다. 나는 걷고 또 걷는 꿈을 꾼다."

인권운동가 벤저민 메이스도 한마디 거들었다. "인생의 비극은 주로 실패가 아닌 현실 안주에서, 너무 많은 일을 하는 것이 아닌 너무 적은 일을 하는 것에서, 능력 이상으로 사는 것이 아닌 능력 이하로 사는 것에서 비롯된다. 여행은 필연이다."

홀로 여행하는 것은 대체로 오르막이다. 의지할 사람이 없어 그만큼의 에너지, 수고가 필요하다. 더구나 적대적이거나 불운한 정령이 깃든 곳을 가게 됐을 땐 더욱 힘들다. 도저히 헤아릴 수 없는 이유들로 당혹해하는 경우가 많다. 그럼, 자신의 세계를 닫아걸고 칩거할 도리밖에 없다.

그래서 여행은 동반자가 중요하다. 누구와 떠나느냐가 여행의

질을 결정한다. 특히 장기 레이스의 경우엔 더욱 그렇다. 어느 유명 산악인들이 남극에서 극한의 상황을 맞게 됐을 때, 얼굴을 마주 보고 이 세상에 존재하는 모든 욕을 퍼부어 대며 싸웠다는 일화를 들은 적이 있다. 둘에겐 아무 문제가 없었고, 악다구니를 퍼부을 만한 일도 없었다. 그런데도 욕 배틀battle을 한 것은 그만큼 지쳤다는 뜻이다.

애인, 부부, 친구끼리의 여행은 흔하다. 이 여행자 구조는 익명성과 거리가 멀다. 하지만 여행기간이 길어지면 길어질수록 마음의 밑천이 드러나게 돼 있다. 착한 심성은 여행에서 단순한 배려일 뿐이다. 오랜 시간 동행하려면 고도의 숙련된 혜안이 필요하다. 그만큼 여행은 배려와 배려가 뒤섞여 감정의 화학반응을 일으키는 고난도 과정이다.

그런 면에서 형제는 혈맹이거나 혹은 길드Guild다. 일종의 커뮤니티 시스템을 갖춘 동업자인 셈이다. 피붙이는 친해 보이나 친하지 않은, 어쩌면 친해질 수 없는 태생적 한계를 지니고 있다. 이유야 여러 가지겠지만 '서로를 너무 잘 알기에 지나치게 배려하는 조심성操心性'이 그러하다. 일부러 침묵하고 일부러 모른 체하는 역설적인 회피는 은원恩怨의 경계를 비켜 간다. 성장기에 같은 밥을 먹고, 같은 이불을 덮고, 같은 처마 밑에서 살았던 과거는 현재의 거울일 뿐이다.

형제가 생전 처음, 한 달이라는 시간을 함께 여행했다. 결론적으로 말하면 우린 단 한 번도 다투지 않았다. 다툴 일이 없었다. 다투기 전에 이미 싸울 수 없는 절박한 상황을 간파해 버렸는지도 모르지만, 떠났던 곳으로 다시 돌아올 때까지 내내 평화로웠다. 왜 떠나야만 했는지 둘의 명분이 같았으므로 서로에게 관대해질 수 있었던 것이다. 여행은 흔적만 남을 뿐, 시간이 조금 지나면 기억은 소멸되고 추억만 덩그러니 잔존한다. 추억은 사람들과 공유하는 것이고, 기억은 홀로 조용히 저장간직하는 것이다. 여행이란 결국 집으로 돌아가기 위한 구실을 만드는 일이다. 어디서 돌아가느냐 하는 것이 문제일 뿐이다.

사실, 여행은 두려운 것일 수도 있다. 정신분석의 창시자 프로이트도 여행 공포증이 있었다. 그는 꿈속에서 여행하는 것을 죽음의 상징으로 해석했고, 이따금 기차를 놓칠까 봐 두 시간 일찍 역으로 나가곤 했다. 그러나 막상 기차가 나타나면 공황상태에 빠졌다.

어둠에 휩싸인 밤이 되면 집에 돌아가고 싶다는 생각이 무시로 들었다. 떠나올 때는 질풍 같았지만, 낡은 방랑벽은 시시때때로 포기를 강요했다. 청년과 중년의 고뇌가 없었다면 고요와 정적, 은둔을 걷어차 버렸을지도 모른다.

여행은 고독과의 싸움이다. 예상치 못한 난관에 직면하면 하루에도 몇 번씩 부정적 감정투쟁-도피모드에 빠지기 쉽다. 짜증이 나고 마음이 급해지거나 불안과 염려가 엄습한다. 투쟁-도피상태에서는 깊고 명료하고 논리적인 생각이 불가능하다. 그래서 같은 곳을 다니는 것이 중요한 것이 아니라 같은 곳을 바라보는 것이 중요하다. 공감이다. 틀림이 아닌 다름, 다름이 아닌 같음, 그런 감정들이 여행을 착하게 만든다. 마치 오르막과 내리막처럼 여행과 동행은 안주安住·편안함와의 싸움이다. 오르막은 에너지, 결심, 수고가 필요하지만 내리막은 그냥 내버려둬도 내려온다. 한마디로 '선택'이다. 스스로 알을 깨면 한 마리의 병아리가 되지만, 남이 깨주면 계란프라이가 된다.

오토바이 라이딩의 매력은 '길' 찾기다. '길'이라는 화두를 던지고 그 물음에 답하는 과정이다. 그 긴 여정이 끝나면 '길'에 대한 철학적 사유가 생긴다. 길은 허름한 여백의 시간, 잠시 쉼표를 찍게 하는 삶의 휴지기 끝에 매달리는 습성이 있다. 제 스스로 바위를 깨고, 산을 옮기고, 써레질을 한 것이 아니다. 세월의 축적이다. 길의 겉모습은 세상을 구성하는 무수한 퇴적층을 감추고 있는 초입에 지나지 않는다. 모든 목적지는 다시 길을 떠나기에 적당할 뿐, 모든 길은 돌아가지 않을 만한 가치가 있다. 더러는 나무와 숲에 가려 보일 듯 말 듯한 길이 있고, 한 사람이 지나가기에도 힘든 좁고 가파른 길이 있다. 소멸과 탄생, 삶과 죽음이 명멸하는 새 길과 옛길 또한 있다. 옛길, 그것은 단순한 직선이 아닌 그 시대 사람들의 삶의 모습이 담겨 있는 곡진한 길이다. 길은 과거였고 현재이고 오래된 미래다. 그래서 여행자는 여행지보다 먼저 도착하는 법이 없다. 늘 지나갈 뿐이다. 여행지 목표는 시간을 따라잡는 것이 아니라 시간에 무심해지는 것이다.

'사내 걸음'으로 치면 한 시간에 4km 정도를 간다. 지구의 둘레가 4만 74km라는 점에서 지구 한 바퀴를 돌기 위해서는 1만일27.4년이 걸린다. 그러나 오토바이는 시속 50∼60km로 달릴 수 있으니 이보다 훨씬 적은 시간 내에 더 먼 길을 다닐 수 있을 것이다. 속도와 거리는 여행에서 중요한 키워드다. 먼 거리를 조금 빠르게 가면 더 많은 풍경들을 경험할 수 있어서다. 길 위에서 알지 못할 방향 때문에 시간을 쓰는 것만큼 바보스러운 일은 없다. 길 위에 시간이 펼쳐지고, 시간 속으로 길들이 이어진다. 길에는 본래 주인이 없어 그 길을 가는 사람이 주인이다. 길은 산을 피하면서 결국은 산으로 달려든다. 길들은 산허리의 가장 착하고 완만한 자리들을 골라서 이리저리 굽이친다. 이 길들은 어떠한 산봉우리도 정면으로 마주하지 않는다. 어떠한 바다도 새롭게 길을 내지 않는다. 고갯마루에 이르러서야 지나왔던 길, 지나왔던 바다의 높이를 눈 아래 둘 뿐이다.

길에서 배우는 것은 속도가 아니라 방향성이다

길은 휘어져 거대한 활을 닮았다. 그리고 유목민을 닮았다. 고개를 오를 수 있는 것은 고개 너머를 상상할 수 있으니 가능한 일이다. 갑자기 회오리가 불어도 웃을 수 있는 것도 모퉁이를 돌면 편안해질 것이라는 희망이 있기 때문이다. 휘어진 옛길과 모퉁이는 그 궤적을 충분히 가늠할 수가 있다.

길은 시작과 끝이 분명히 있고, 구비의 끝에 가면 다시 돌아올 구비가 또 있게 마련이다. 흔히 사람들은 유랑자를 떠올리면 자유에 대해서만 그린다. 고개를 꼿꼿이 세우고 곧장 앞으로 나갈 것이라고 상상한다. 하지만 쉬고 싶은 욕구를 억지로 참으며 자신의 길을 갈 뿐이다. 수도승이 그러하듯 자신에게 엄격하지 않으면 여행자는 금세 지친다. 아주 사소한 계책들이라도 머릿속에 정리돼 있어야 다음 날이 온다.

길은 이어지는 데 가치가 있다. 차안此岸과 피안彼岸을 연결하는 것은 길뿐이다. 그래서 길은 가급적 순환하지 않는다. 순환은 돌고 돌아 다시 제자리다. 어디론가 가고 있는데 돌아보면 늘 그 자리다.

길은 세포 사이에 퍼지는 피처럼 새로 태어나거나, 소멸하면서 사람들 사이로 흘러 다닌다. 길은 모든 마을 사람들이 함께 사용하는 집 밖의 큰 마당일 뿐이다. 공용의 장소, 공공성을 띤 길은 사람의 죽음까지도 관통한다. 영혼이 없는 길은 영혼이 없는 사람처럼 죽어간다.

길은 서로 다른 언어를 갖고 있다. 빛과 어둠이 공존하는 새벽의 박명 속을 거닐며 무엇인가 꾸준히 말한다. 길은 한 겹, 두 겹, 제 몸의 부피를 늘리면서 땅과 교유한다. 그리고 욕심을 던다. 소금배로 돈을 모으면 욕심이 생겨 조금 더 싣다가 침몰하게 되는 이치를 꿰뚫는다. 그래서 길은 비우고, 비우면서 사람들을 채운다.

발길과 발길, 통행과 통행이 이어지며 새로운 길들이 끊임없이 생겨난다. 길은 앞으로 계속 나아가려는 사람들의 집요함이다. 모든 길은 오로지 바다나 산에 의해서 단절되지 않는다. 단지 또 다른 길을 연결하는 통로일 뿐이다. 나그네가 길의 종점에서 항상 이상향을 그리워하는 건 새로움에 대한 갈망이다.

길 끝에서 만난 청신한 수죽, 댓잎에 떨어진 햇살은 바람에 날려 바스러지듯 사라진다. 소슬바람이 불어 댓잎끼리 스치는 소리는 영혼을 깨우는 목탁이다. 대나무는 좀처럼 꽃이 피지 않지만 꽃이 필 경우에는 모든 대나무 밭에서 일제히 피어 대나무 스스로의 영양분을 모두 고갈시켜 말라죽어 간다. 이별의 길 냄새를 아는 까닭이다. 여행은 탈출인 동시에 은둔, 도피다. 죽림칠현竹林七賢이 세속과 교제를 끊고 술잔을 나누며 청담淸談에 열중했던 것도 피안彼岸의 가르침이다.

길은 언제나 풍경과 밀애 한다. 냄새와 소리, 촉감의 층層 사이로 침잠하며 후광 또는 아우라Aura를 펼친다. 우주, 태양, 하늘, 나무,

바람, 풀, 지평선, 어둠, 여명, 침묵까지 뒤엉켜 영원한 덧없음에 대한 자각을 상쇄한다. 단순한 시각적 골조가 아니다. 각각의 감각이 뒤섞여 하나의 피조물이 되는 것이다. 풍경은 적당한 두께로 퇴적하며 완벽한 경지에 도달하게 하는 연금술이다. 가던 길이 좁아진다고 해서 생각의 양이 적어지지는 않는다. 넓은 길을 오고가며 이 생각 저 생각 들던 것이 길의 깔때기, 좁은 길에 접어들면서 가장 긴박하게 압축되는 것이다.

여행자가 길을 떠나는 것은 떠날 때가 됐기 때문이다. 길은 길에서 시작해 길에서 끝난다. 한 걸음, 한 걸음 길을 나서는 것도 '두 발'이고, 바이크 엔진도 '두 발'이다. 그 어느 것도 결국 두 발에서 시작되고 두 발에서 끝난다. 때문에 두 발은 유목遊牧의 피다. 우리 민족의 문화적 유전자 또한 농경과 유목에서 나왔듯, 많은 여행자들은 걷고 달리면서 땅의 이정표를 만들어 낸다.

길의 끝은 시원始原이고 하류의 끝은 소멸이다. 길에서 인생을 배우는 것은 속도가 아니라 방향이다. 길다운 곧음, 길다운 느림, 길다운 격식은, 답을 찾기 위한 시간이라기보다는 오히려 질문을 던지는 시간에 가깝다. 때문에 길은 대면해야 할 상대가 아니라 대화해야 할 상대다.

달팽이는 느리지만 뒤로는 가지 않는다.

여행 중 운동은 충전, 운동하지 않으면 방전

여행을 할 때 운동을 따로 하는 사람은 많지 않다. 여행 그 자체가 운동이기 때문이다. 온종일 걷거나 움직이면 자연스럽게 일정량의 칼로리가 소모된다. 여기에 스케줄을 맞추는 데도 정신적인 에너지가 쓰인다. 하지만 경험에 비춰볼 때 여행은 여행이고, 운동은 운동이다. 여행으로 인해 살이 크게 빠지거나 근육 붙는 일은 없다. 본전치기면 다행이고 오히려 살찌는 쪽이 더 많다.

체력은 사용할수록 방전되는 게 상식이다. 그러나 운동을 하지 않으면 체력은 자동으로 충전되지 않는다. 특히 긴 레이스의 여행이라면 오히려 적당량의 운동이 필요하다. 하루 일과가 끝난 뒤 활동량을 가늠해 보고 그에 맞춰 몸을 움직여 줘야 한다. 피곤하다고 해서 바로 술자리와 잠자리로 이어지면 다음날 오히려 악몽의 시간을 맞게 된다. 오토바이 라이딩을 할 때도 그날그날 자투리 시간을 이용해 운동했다.

하루 1만보는 기본이고, 평소보다 과하게 먹었다고 생각되는 날엔 야간산책이라도 나갔다. 여기엔 분명한 철칙이 있었다. 천둥이 쳐도, 폭우가 내려도 걷고 뛰기로. 생각날 때만 하는 운동은 '유지보수'에 지나지 않는다. 칼로리도 빠지지 않고 뱃살도 그대로다. 그리고 '내가 나를 속이는 운동법'을 실천했다. 몸이란 원체 영리한 관성을 타고 났다. 뇌가 몸을 움직이지만 달리 해석하면 몸도 뇌를 움직일 수 있다. 가령, 계속 걷거나 계속 뛰면 몸은 금세 익숙해져서 운동효과가 없다. 오르막, 내리막 한쪽만 계속 가거나 매일 같은 곳을 뛰어도 마찬가지다. 몸은 변칙적인 강약에 반응하도록 설계돼 있다. 때문에 뛰다가 걷고, 걷다가 세차게 달려야 한다. 뇌가 몸에게 지시를 내릴 틈을 주지 않는 것이다. 고로 내가 나의 뇌를 조종하게 만든다.

뛰라고 명령을 하면 걷고, 걸으라고 신호를 보내면 뛰는 식이다.

자기 몸은 자신이 가장 잘 안다. 즐기지 않으면 금세 지친다. 먹을 거 참으면서 하는 운동은, 운동이 아니라 노동이다. 허리띠 조른다고 허리 살이 빠지진 않는다. 먹는 것은 맘껏 먹고, 양껏 운동하면 된다.

목표와 계획을 세울 때 가장 중요한 것은 변명의 여지를 없애는 일이다. '뭣 때문에 운동을 못했어'라는 단서가 붙는 순간 몸은 먹을 궁리를 하기 시작한다. 때문에 '그 뭔가'를 결행하려면 일단 습관을 들이는 게 중요하다. 몸은 퇴행성 게으름에 익숙해져 있다. 주인이 나태하면 그냥 드러눕게 되고, 주인이 부지런을 떨면 세포 하나하나가 긴장한다. 살은 극도로 긴장할 때 신호가 온다. 작은 차이가 반복되면 큰 결과로 이어진다. 잠들기 전 팔굽혀펴기 1회도 우습게 보면 안 된다. 달랑 '하나'가 아니라 엄청난 결과를 가져올 대단한 '하나'다. 몸은 몸주인의 생각과 다르다. 팔굽혀펴기 한 개를 했을 때는 대수롭지 않게 생각하다가 한 달 동안 지속하면 '어라, 요것 봐라'라며 놀란다. 그 놀람 자체가 에너지 소비다. 습관은 관습을 이긴다.

결과적으로, 오토바이 여행 중 적지 않게 먹고 마셨지만 살은 찌지 않았다.

별이 쏟아지는 밤을 즐기는 '소확행'

여행은 편안함과 불편함 사이에서 절규하는 행위다. 편안함을 버리는 것, 소확행小確幸:일상에서 작지만 확실한 행복의 의미도 여행이 주는 교훈이다. 소확행은 일본 소설가 무라카미 하루키村上春樹의 에세이 '랑겔한스섬의 오후ランゲルハンス島の午後'1986에서 쓰인 말로, 갓 구운 빵을 손으로 찢어 먹을 때, 정결한 면 냄새가 풍기는 하얀 셔츠를 머리에서부터 뒤집어쓸 때의 기분처럼 소소한 즐거움을 말한다.

여행에서 가장 치명적인 유혹은 '편안함'에 대한 갈구다. 여행 초기부터 가족편안함이 그리워지고 안방 구들장안락함이 그리워지면 사실상 완주하기 힘들다. 편안했던 것은 여행전의 일상이었고, 일단 짐을 꾸리고 떠났으면 공상空想을 버려야 한다. 그래서 여행이란 뻔한 일상에 대해 그동안 몰랐던 감사함을 배워 가는 시간이다. 따뜻한 밥 한 끼가 왜 중요하고, 목석처럼 지냈던 아내가 왜 소중한지를 깨닫게 된다. 여명黎明이 왜 그토록 차가운 습기를 머금고 오는지, 별이 쏟아지는 밤은 왜 그리 지루하고 외로워지는지, 길은 왜 설레지 않고 항상 민낯으로 다가오는지, 그 속뜻을 알지 못하면 여행은 끝이다.

여행이란 낯섦에 대한 두려움을 극복하는 일, 새로운 세상에 대해 도전하는 일이어서 웬만한 끈기와 참을성이 없으면 중도에 포기할 수밖에 없다. 그래서 비도 두려움의 대상이 아니라 극복의 대상이다.

오 비雨여, 오 비悲여.

산다는 건 결절…여행은 고통을 껴안는 일

여행이 처음부터 고상하고 낭만적인 단어였던 것은 아니다. 여행을 뜻하는 'travel'의 어원은 'travail고통·고난'이다. 고문拷問의 도구였던 'three poles3개의 몽둥이'를 뜻하는 라틴어 trepalium에서 travail진통·고생·노고·노동과 더불어 travel이 나왔다. travel이라는 단어가 쓰인 건 14세기부터인데, 교통수단이 발달하지 않았던 그 시절엔 여행이 고난의 행군이었다. 결국 여행은 '교통'을 매개로 '고통'의 경계를 관통한다.

19세기 후반부터 본격화된 서구인들의 해외여행은 자본주의, 세계화와 맞물려 4Ssun, sea, sand, sex에 초점을 두었다. 태양과 바다, 모래, 그리고 성性적 유희들…. 유목遊牧의 시대를 끝내고 정착의 삶을 살았던 인간들이 다시 유목nomad의 시대로 회귀하고 있다. 그렇다면 여행을 할 것인가, 관광을 할 것인가. 여행자traveler는 적극적으로 모험, 경험, 사람들을 찾아나서는 사람이고, 관광객tourist은 즐거움을 찾는 사람이다. 관광sight-seeing은 흥미로운 것들을 보기 위해 그냥 안락하게 가는 것이다. 그래서 어디에 갔고, 어디에 머물렀고, 어떤 레스토랑에서 식사를 했고, 무엇을 구경했는가가 중요하다. 이처럼 여행은 '편함'과 '불편함' 사이에서 서로의 취향에 따라 방향성이 달라진다.

산다는 것은 결절이다. 성공과 실패, 확신과 후회, 행복과 불행, 사람과 사랑이 결합돼 있는 듯 하나 사실은 서로 끊어져 있다. 모두의 삶은 다른 듯 같다. 삶이란 나쁜 짓만 안하면 일정한 틀 속에서 비슷하게 돌아간다. 한마디로 그게 그거다. 저 사람 일상이 곧 본인의 일상이다. 삶의 문법이 닮았다는 얘기다. 가족을 건사하고 남은 생을 행복하게 살고 싶은 것이 인간 본연의 원형질이지만, 사실 그때가 되면 늦다. 걸어 다닐 기력조차 없는데 여행이 호사일 리 없다.

삶과 죽음, 탄생과 소멸 사이에서 우린 '익숙한 것'들과 작별을 고해야 한다. 추억의 말소 작업이다. 없어졌기에 차마 잊을 수 없는 것, 사라져버렸기에 오히려 더 사무치는 것에 대해 악다구니를 퍼붓는 일은 어리석은 짓이다. 인생의 모든 '불편한 것'들에도 분명 존재의 이유가 있다.

〈보물섬〉과 〈지킬 박사와 하이드 씨〉의 저자 로버트 루이스 스티븐슨Robert Louis Stevenson은 "나는 어디론가 가기 위해서가 아니라 떠나기 위해 여행한다. 나는 여행 그 자체를 목적으로 여행한다. 가장 큰 일은 움직이는 것"이라고 말했다.

'했더라면'은 후회다. 후회하지 않는 삶은, 보통의 일상에서 후회할 일을 만들지 않는 게 문제해결의 단초다. '했더라면'이 아니라 그렇게 '했으니까' 그나마 행복한 것이다.

인생에 언젠가는 없다. 언젠가는 훌쩍 떠난다고 해놓고 10년이 흐르고 20년이 훌쩍 흐른다. 그리고 머리가 희끗희끗해져서야 비로소 깨닫는다. '언젠가'라는 말은, 언제라도 하지 않겠다는 말과 같다. 그 언젠가를 지금 이 순간으로 바꾸면 삶이 즐거워진다. '바로 지금 떠나라. now now now....'

한 달간 소주 100병…외로움에 취하다

외로움이란 돌려 말하면 두렵다는 말이다. 사람들은 외롭지 않기 위해 좋든 싫든 서로 엮인다. 외로운 척 하지 않으려고 스스로 밝은 척 한다. 여행이란 자신을 알아가는 동시에 자신을 버리는 퍼포먼스다. 마치 아무 것도 몰랐다는 듯이 시치미 뚝 떼고 그냥 묻어가려는 속성도 알고 보면 '나, 아프니까 봐 달라'는 얘기다. 외로움을 떨치기 위해 여행하지만 외로움은 심화된다. 마음에 바람이 드니 육신이 흔들린다.

외로움도 골병이다. 바람결에 실려 오는 그리운 사람들의 정령은 때론 처절하게 사무친다. 보통의 일상에서 느끼지 못했던 보통의 감정선感情線이 일순간에 폭발하는 것이다.

여행은 일상의 소소했던 행복들을 하나둘 끄집어내며 복기시킨다. 가벼이 먹었던 한 끼의 식사, 가벼이 생각했던 아내남편·연인·가족, 가벼이 느꼈던 잠자리, 가벼이 먹을 수 있는 부엌시스템, 따따부따 가시버시의 잔소리, 추위와 비를 막아주는 따뜻한 처마가 행복 그 자체임을 깨닫는다.

저편에 서성거리는 어둠이 싫어서, 득달같이 달려드는 외로움이 싫어서, 여행 중 계속 술을 마셨다. 소주 세 병을 1.5병씩 나눠 마셨다. 여행 한 달간 마신 것이 100병이었다. 비박도, 숙박도 온전한 잠을 주지 않았기에 술은 일종의 수면제였다. 고뿌컵로 세 잔씩 나누면 거의 기절하다시피해서 잘 수 있었다. 술은 하루의 활력을 불어넣는

짧은 휴가이자 하루의 마침표였다. 소주 한 잔에, 몸은 수랭식 내연기관이 되어 추위를 달래고, 어둠을 삭혀 주었다. 그런데 신기한 일은 폭음을 해도 아침 6시가 되면 반사적으로 기상했다. 근육에 기억력이 생긴 결과 다른 생각에 빠져 있어도 몸이 저절로 움직인 것이다.

안주는 즉흥적으로 만들어졌다. 어떤 날은 찌개를 놓고 마셨고, 어떤 날은 탕湯을 안주 삼았다. 냄비 삼겹살 구이는 일품이었다. 삼겹살을 먹고 싶었는데 불판이나 프라이팬이 없었다. 궁여지책으로 양은냄비 안에 삼겹살을 구웠다. 유레카~ 탄성이 터져 나왔다. 고기에서 나온 육즙과 육향이 냄비 안에 고스란히 남아서 삼겹살의 고소한 맛을 배가시켰다. 보통 기름을 뺀다고 불판 밑에 종이컵을 받치곤 하는데, 냄비 삼겹살은 기름조차도 육즙과 절묘한 앙상블을 이뤘다. 그랬다. 우린 호모사피엔스사피엔스였다. 불을 다룰 줄 알고, 도구를 활용할 줄 알며, 맛의 3차원을 찾아갈 줄 알았다. 절묘한 변통으로 야영의 요리는 때론 찬란했다.

미역 라면도 신의 한 수였다. 라이딩 도중 먹는 간식은 되도록 여행지에서 쉽게 구할 수 있는 지역특산품을 활용하는 것이 좋다. 부산 기장의 한 포구에서 미역 라면을 끓였는데 바다 맛이 났다. 그럴 듯한 풍미였다. 미역의 싱싱한 내음이 면발의 식감을 쫄깃하게 살렸다. 반찬이 필요 없었다. 고추장을 젓가락으로 살짝 찍어 밑간 삼아 먹었다. 마치 테킬라 마시는 주법酒法과 비슷했다. (테킬라는 용설란의 즙으로 만든 멕시코 원산의 독한 술로 알코올 농도는 29~40%다. 엄지와 검지 사이의 손등 부분을 혀로 살짝 핥아 주고, 이 부분에 소금을 살짝 흔들어 주면 소금이 붙는다. 테킬라 잔과 라임 한 조각을 손에 들고 손 등의 소금을 혀로 핥아 준 후 테킬라 한 잔을 들이마신다. 취하는 것이 목적이기 때문에 테킬라는 한 번에 입 안에 턴다. 그리고 체이서chaser 역할을 하도록 라임 한 조각을 빨아 마신다. 알코올을 마신 후이기 때문에 라임의 산 성분이 그리 시게 느껴지지 않는다.)

애호박 고추장찌개는 밥과 안주로 만족할 만한 요리였다. 애호박을 숭덩숭덩 썰고 거기에 버섯과 청양고추를 넣는다. 고추장 두 스푼, 새우젓, 매운 고춧가루와 마늘을 조금 넣어 약간 걸쭉해질 때까지 조리면 끝이다. 돼지고기 전지살^{앞 다릿살}을 넣지 않았는데도 국물에서 고기 맛이 났다. 착한 가격에 달달한 맛을 본다는 건 호사였다.

우린 종종 전통시장에서 간단한 식재료를 구해 닭볶음탕, 뼈다귀감자탕, 참치찌개, 만둣국, 홍게 찜을 만들어 먹었다. 최소한의 비용, 최소한의 식재료, 최소한의 양념으로 만든 야영 음식들은 거칠었지만 나름의 깊은 맛이 있었다. 특히 새우젓이 음식의 풍미를 살려 주는 특급 게스트였다. 삼치 꽁치 갈치 준치 등 '치'자가 들어가는 생선을 굽고, 김치 웃짐 얹어서 소주에 곁들이는 주먹 쌈도 좋았다.

가급적이면 호화스럽거나 배부르게 먹으려고 하지 않았다. 오히려 그 반대였다. 서글프게 들리겠지만, 자고로 야영 음식이란 목숨만 이어갈 정도면 된다. 이는 일찍이 다산茶山 정약용 선생도 한 말씀 했다. "아무리 맛있는 고기나 생선이라도 입 안으로 들어가면 더러운 물건이 되어 버린다. 삼키기 전에 벌써 사람들은 싫어한다. 인간이 이 세상에서 귀하다고 하는 것은 정성 때문이니, 전혀 속임이 있어서는 안 된다. 하늘을 속이면 제일 나쁜 일이고, 임금이나 어버이를 속이는 것도 나쁘다. 농부가 농부를 속이고, 상인이 동업자를 속이면 모두 죄를 짓는 일이다. 단 한 가지 속일 수 있는 일이 있다면 그건 자기의 입과 입술이다. 아무리 맛없는 음식도 맛있게 생각하여 입과 입술을 속이면 배고픔이 가셔 주림을 면할 수 있을 것이니, 이러해야만 가난을 이기는 방법이 된다."

결국 다산이 입을 속이라고 하는 것은 근勤과 검儉이다. 한마디로 모든 정력을 항문肛門에 바치지 말라는 얘기다. 맛있고 기름진 음식은 변便·배설물만 양산할 뿐이라는 다산의 음식론論이 큰 울림이 됐다.

여행 거리가 1600㎞에 이를 즈음, 강원도 양양에서 군 생활을 하고 있는 아들 면회를 했다. 자가용을 타고 와서 만나는 상봉보다 더 뜨겁고 눈물겨웠다. 그날 먹은 탕수육과 간짜장, 홍게는 아들의 미소처럼 달디 달았다.

'오감이 괴로워' 오토바이 여행의 잔혹사

도시에서의 라이딩은 전쟁터다. 동남아에 온 듯 사방이 교통지옥이다. 자전거와 자동차 사이에서 버림받은 오토바이는 생존하기 위해 달릴 뿐이다. 도로의 어느 부분에도 오토바이의 영역은 없다. 자동차가 먼저 차지하고 사람인도과 자전거자전거길가 배치된다. 오토바이는 모두가 사용하고 남은 자투리 공간을 조심스럽게 빌려 쓴다.

사실 대한민국에서 오토바이 라이딩은 욕먹을 각오가 없으면 못 탄다. 언제부터인가 오토바이만 탔다 하면 폭주족 취급을 받는다.

이는 무단횡단, 과속, 헬멧 미착용, 안전수칙 미준수 등으로 낙인이 찍힌 배달족과 하레이족^{할리 데이비슨}, 혼다족 영향이 클 것이다. 하지만 모든 모터사이클 이용자들이 범법자는 아니다.

한국엔 자동차 전용도로도 있고, 자전거 전용도로도 있다. 그러나 오토바이는 국도나 지방도, 도시의 변두리 땅만 이용할 수 있다. 당연히 안전사각이다. 특히 고갯길이나 암흑의 터널을 지날 때엔 목숨을 담보로 곡예운전을 해야 한다. 아무도 양보해 주지 않는다. 그런데 알고 보면 '오양^{오토바이 양아치}'보다 '양카^{양아치 자동차 car}'들이 훨씬 더 많다.

국도, 지방도는 생각보다 더 심하게 구불거린다. 인생의 요철과 닮았다. 오토바이 여행은 결코 호사가 아니다. 차를 피해야 하고 사람을 피해야 하며, 사람의 시선을 피해야 한다. 좁은 길은 좁은 대로, 넓은 길은 넓은 대로 위험이 도사린다. 도로의 상황이 질주자의 위험상황인 것이다. 그래서 속도를 내거나 줄이는 스킬이 중요하다. 그 간단한 조작에 실패하면 사고가 난다. 곳곳에 숨어있는 공격적인 장애물들을 피해 안전하게 앞으로 나아가는 일, 그것은 궁극적인 삶의 포물선과 흡사하다. 왜 인생을 여정이라고 명명하는지, 그 이유가 분명해진다. 속도를 줄이고 사이드에 비켜서서 순한 양처럼 달릴 수밖에 없다.

오토바이를 타면서 가장 곤혹스러운 것 중의 하나가 후각이다. 자동차 매연은 둘째치고라도 세상의 모든 냄새를 직접 맡아야 하는 비강^{콧구멍}은 괴로움 이상이다. 후각의 세기는 냄새를 발산하는 물질의 농도와 후상피 위를 흐르는 속도에 비례한다. 후각은 자극이

오랫동안 계속되면 쉽게 소실되지만, 다른 종류의 냄새에 대해서는 다시 반응할 수 있다. 축사 분뇨 냄새는 비강의 아래쪽으로 흘러 몸속에서 녹는다. 휘발성이 강해 다행이지만 마을 한 곳을 지나는 내내 라이더를 괴롭힌다. 인간이 인지하고 기억할 수 있는 냄새는 2000~4000가지나 된다.

촉각觸覺도 심대한 도전을 받는다. 장시간 라이딩을 하면 도로의 모든 질감이 온몸에 전해진다. 아스팔트 포트 홀pot hole, 요철, 자갈, 굵은 모래가 닿는 순간 압각눌리는 감각과 통각아픈 감각이 다리, 엉덩이, 척추를 타고 머리끝까지 올라온다. 그 진동은 통점을 건드려 통증으로 치환된다. 하루 6시간 넘게 라이딩을 하면 무릎, 종아리, 팔, 어깨 결림이 심하고 등짝이 아리다. 경·소형일 경우엔 쿠션도 좋지 않아 엉덩이에 내려앉는 하중통증이 심하다. 촉각이 초속 70m로 전달되는 데에 비해 통각은 초속 0.5~30m 정도다.

청각도 하루 종일 괴롭다. 자동차 소리와 오토바이 엔진소리, 그리고 바람 소리는 외이外耳로부터 들어와 고막과 달팽이관內耳을 진동시킨다. 박동 에너지 없이는 어떤 움직임도 일어날 수 없다. 3cm의 달팽이관은 달팽이와 비슷한 모양을 하고 있기 때문에 붙여진 이름이다. 사람은 두 바퀴 반, 곧 2.5회전을 하는데 기저, 중간, 첨단 회전부로 구분된다. 튜바tuba의 낮은 음에서부터 날카로운 호각의 높은 음까지 식별할 수 있으니 귀의 수난사를 가히 짐작할 것이다.

마지막으로 미각 잔혹사다. 라이딩을 하면 공기 중에 부유하고 있는 여러 가지 물질들이 미뢰味觀에 와 닿는다. 짠맛, 단맛, 신맛, 쓴맛을 모두 느끼는 것은 아니지만 연구개, 뺨의 안쪽 벽, 인두, 후두

개의 미뢰는 바람의 맛까지도 철저하게 잡아낸다. 단맛은 혀의 끝부분에서, 신맛은 혀의 옆쪽에서, 짠맛은 혀끝과 주변에서, 쓴맛은 혀뿌리 부분에서 민감하게 느낀다. 보통 혀에 1만 개의 미뢰가 있으니 금속성 맛이 빠져나갈 틈이 없다.

라이딩을 하면서 느끼는 모든 오감은 봄, 여름, 가을, 겨울 사계절 내내 자극 받은 쪽으로 휘어지는 슬픈 굴성屈性이다.

오토바이는 하루 종일 타지 못한다. 봄에도 아침저녁으로는 춥고 오후 4시만 되면 한겨울 바람이 옷깃에 스민다. 오토바이는 대부분 차체 스타일이나 멋을 위해 존재할 뿐, 라이더의 신장이나 몸무게, 체형 등을 고려해서 다양하게 만들어지지 않는다. 전문가들에 따르면 오토바이가 자동차보다 38배나 위험하다고 한다. 콘크리트와 같은 고정된 물체와 부딪히는 사고가 나거나, 달리던 차량이 들이받았을 경우 중상이나 사망에 이르는 경우도 부지기수다.

오토바이 여행이 힘든 것은 관리가 쉽지 않다는 점이다. 오토바이는 보통 500km를 타면 엔진오일을 교체해 줘야 한다. 보통 자동차가 5000~1만km카센터는 4000~5000km 교체 주장, 자동차업체는 1만km 교체 주장에 교체해도 되니 오토바이의 교환주기는 아주 빠른 편이다. 웬만한 장거리 여행자는 사흘에 한 번꼴로 오토바이 밑창을 들어야 한다. (우리도 한 달 새 여섯 번이나 갈았다.)

시골길을 달리다 타이어 펑크가 나거나 배터리가 나가도 속수무책이다. 배터리의 경우 언제 교체해야 할지 타이밍 잡기가 힘들다. 하지만 오토바이도 옷처럼, 길을 달리면서 길이 든다. 타는 사람의 움직임에 적응되어 그의 필요와 취향에 맞춰지는 까닭이다.

다만 연료비 가성비價性比: 가격 대비 성능는 뛰어나다. 휘발유를 가득 채워도 7000원 정도면 된다. 5000원 어치만 넣으면 150km 이상 거뜬히 달린다. 스쿠터는 보통 리터당 연비가 30~40㎞에 이른다. 주로 배달용으로 사용되는 비즈니스 바이크인 'CT에이스'와 '슈퍼커브'는 리터당 60㎞ 넘게 달릴 정도로 경제적이다. 슈퍼커브는 엔진 오일 대신 식당에서 쓰다 버린 기름을 넣고도 문제없이 달린다.(우린 한 달 기름 값으로 45만 8700원을 썼다)

지명사전

코믹지명

고도리(충남 예산군 봉산면)

모든 시작은 끝에서 비롯된다. 길은 걸으면서 만들어진다. 우리에게 가장 두려운 일은 우리가 두려움을 가지기 시작한다는 것에 있다. 여행을 하다 보면 막연한 두려움과 함께 습관대로 하려는 본능적 욕망에 사로잡힌다. 이 세상에서 바뀌지 않는 것이 딱 하나 있다. 아이러니하게도 그것은 바로 '바뀐다'는 것이다. 화가들이 화구를 들고 들판을 나왔을 때 비로소 서민의 시대가 열렸듯 여행자도 안에서 밖으로 나왔을 때 진정으로 자신만의 여정이 열린다.

오토바이 여행은 결코 쉬운 일이 아니다. 3000㎞를 단번에 돌아다니는 일은 인생에 한 번 있을까 말까한 굉장한 일이다. 물론 오토바이를 타다가 마음대로 내릴 수 있고, 마음대로 쉴 수 있는 것은 무한의 자유다. 하지만 여기까지다.

바이크 라이딩은 바람에서 시작해 바람으로 끝난다. 바람이 가장 큰 복병이다. 계절과 상관없다. 섭씨 27℃에도 바람은 냉골이다. 특히 해안선 바람은 위력적이다. 습기 머금은 해질녘에는 칼바람으로 돌변한다. 바다와 바람은 분명 인척관계다. 내륙에서 느끼는 촉감과는 차원이 다르다. 비 온 후 부는 바람은 북쪽에서 내려온 찬 공기 때문에 살갗에 닿는 순간 솜털을 얼리고 혈관을 냉기류로 바꾼다. 이쯤 되면 마음속에 풍랑주의보가 발효된다. 그래서 라이더들은 바람 때문에 몸에 골병이 든다고 한다. 바람이 심하게 불던 날 만난 예산 고도리는 그래서 풍경이 더욱 명징하다.

Go냐, Stop이냐, 화투 '고도리'의 애환

충남 예산군 봉산면 고도리古道里는 홍성으로 가는 길목에 자리한 수정봉, 수창봉으로 둘러싸인 산촌마을이다. 높은 골짜기에 있어 고도실 또는 고도촌이라 불리던 것이 고도리로 불리게 됐다.

경북 영천시 고경면 고도리古道里는 곧은 골짜기란 뜻에서 고도곡이라 불리다 이후 고도실에서 고도리로 개명됐다고 한다. 전남 해남군 해남읍 고도리古道里는 본래 해남군 군일면의 고도지리古道旨里 지역으로, 고만이터 또는 고둣물이라 불리던 것에서 고도리란 지명이 유래했다고 한다.

고도리는 다섯 마리 새五鳥를 일컫는 일본어로, '고ご'는 숫자 5를,

'도리とり는 새鳥'를 뜻한다. 새끼고등어古道魚를 일컫는 말이기도 하다. 고스톱을 칠 때 화투짝 세 개를 모아 새가 다섯 마리가 되면 그것이 '고도리'가 된다. 화투의 일본말은 하나후다花札다. 고스톱은 'Go'를 할 것이냐 'Stop'을 할 것이냐를 묻기 때문에 붙여진 이름이다. 48장의 화투(새로 생긴 보너스 패는 제외)에는 인생의 만휘군상처럼 예측할 수 없는 묘수가 다 들어 있다. 정말 형편없는 패를 손에 쥐고도 이기는가 하면 오광을 모두 쥐고도 질 수 있기 때문이다. 지금은 고스톱 문화가 많이 사라져 가고 있지만 아직도 시골 경로당에 가면 카키색 담요 위에서 10원짜리 고스톱을 치는 노인들을 심심찮게 만날 수 있다.

19세기 말 일본에서 시들해진 화투가 대마도對馬島 상인을 통해 부산에 전파되면서 가정집, 초상집, 술집을 넘어 직장에서도 활화산 같은 인기를 얻었다.

문제는 오락이나 심심풀이를 넘어 가산을 탕진하는 도박으로 변질됐다는 점이다. '오락'에 그치면 다행인데, 돈이 오고가는 '도박'으로 변질되면서 급기야 '고스톱 망국론'까지 나왔다. '화투'는 그 방식에 따라 여러 종류가 있다. 대충 꼽아도 '고스톱, 도리짓고땡, 민화투, 삼봉, 섰다, 육백' 등 예닐곱 가지가 된다.

사는 것은 일단 즐거워야 한다. 그런 면에서 인생은 일종의 '노름'이다. 대박을 위한 도박賭博의 의미가 아니다. '도 아니면 모'라는 생각도 더더욱 아니다. 행복한 삶을 위한 열정의 총량을 말한다. 확률은 '그것이 일어날 수 있는 경우의 수'다. 일상적 권태감과 무력감에서 탈출하려는 의지, 그 정도正道의 삶을 살 수 있는 패牌 정도는 읽고

써야 한다는 얘기다. 800년을 살았다는 '팽조'지만 평생 마흔아홉 번이나 상처喪妻했고, 54명의 자식이 먼저 죽었다. 므두셀라는 969세까지 살았다지만, 사람은 필멸必滅한다. 세상에 불멸은 없다. 죽음이란 결국 비움이고, 비움은 죽음을 위한 채움이다. 사람이 죽으면 몸무게가 생전보다 21g이 가벼워진다고 한다. 그걸 빠져나간 '영혼'의 무게라고 말한다. 대다수의 사람은 마지막까지 살려고 버틴다. 그러면서 갖고 가지 못하는 것들에 집착한다. 인간의 유전정보DNA는 죽음에 대해 저항하도록 돼 있다. 어떤 의미에서 죽음은 잘 받아들여도 폭력暴力이다. 되레 삶이 고달프고 힘들었던 사람이 편안하게 간다. 자식을 앞세운 사람도 그렇다. 이런 사람들은 '내 인생을 괜히 헛된 데다 보냈구나', '회사 일에 미쳐서 정작 소중한 가정을 소홀히 했구나' 후회하지 않는다. 죽음을 배우면 사는 것生 또한 달라진다.

다사리(충남 서천군 비인면)

우리 지명 중에는 역사성, 유래, 마을의 특성과 달리 발음만으로는 재미와 웃음을 주는 지명이 적지 않다. 충남 서천군 비인면에 있는 다사리는 돈 많은 만석꾼이나 쇼핑광이 살 것 같은 뉘앙스를 풍긴다. 무엇이든 다 사 줄 것 같기 때문이다.

그러나 다사리多沙里는 모래가 많다 하여 붙여진 이름이다. 다사리에는 팽나무에 얽힌 전설이 전해지고 있다. 어느 날 마을에서 아침 일찍 밭에 나가던 사람들이 서로 마주서서 근심스럽게 팽나무가 어젯밤에 울었다는 이야기를 주고받으며 수심에 잠겼다. 나무가 울었다면 바람에 마주쳐서 웽웽하는 바람 소리를 냈을 거라고 생각하겠지만, 여기 당산에서 팽나무가 울었다면 대대로 전해 내려오기를 꼭 난리가 난다 해서 모두가 걱정을 하는 것이었다. 조선 말 한일합방이 이루어질 때는 몇날 며칠을 두고 팽나무에서 소리가 나서 마을사람들이 불안해했더니 왜구가 밀려왔고, 동학란 때도 그랬다고 한다. 또한 6·25전쟁이 일어나던 며칠 전에는 궂은비가 내리는데 팽나무 밖으로 큰 구렁이가 나와서 한 바퀴 나무를 돌고 나무속으로 들어가더니 나무에서 울음소리가 들렸다고 한다. 백성들에게 기쁨을 알리는 소리는 크고 우렁차게 들렸으나, 6·25전쟁 같은 비극이 닥쳐올 것 같으면 그 소리가 구슬프게 멀리까지 들렸다. 그래서 마을 사람들은 이 나무를 보호하며 제사를 지냈으며, 칠월칠석날에는 아낙네들이 모여 더욱 성대히 제사를 지냈다고 전해진다. 경남도 의령군 대의면에도 정확한 지명유래는 전해지지 않지만 다사리多士里가 있다. '선비 사士'자를 쓰는 것으로 봐서 선비를 많이 배출한 고장이 아니냐는 관측이 있다.

　설핏 보면 모든 것을 다 사 주겠다는 마을도 있다. 경남 사천시 사천읍 사주리로, 그 동네를 찾아가면 장사하는 사람들은 대박을 터뜨릴 법하다. 하지만 그곳 사주리泗州里는 '물 이름 사泗'자를 쓰는 것으로 미뤄 마을 앞을 흐르는 사천천에서 지명이 유래된 것으로 보인다. 근처에 항공산업단지가 위치해 있으며, 그곳의 자연마을인 소둠벙 거리에는 양반이 되고 싶었던 백정에 얽힌 전설이 내려온다.

더함보다는 나눔, 채움보다는 비움이 미덕

세계 최고의 쿵푸 배우인 성룡成龍·청룽은 1954년 홍콩의 빈가貧家에서 태어났다. 그의 부모는 출산 병원비 26달러가 없어 성룡을 의사에게 팔 생각까지 했다. 성룡은 곡예와 무술, 연기를 가르치는 오페라단에 들어가 혹독한 훈련을 받았다. 비를 피할 수 있는 잠자리와 풀떼기를 얻기 위해서였다. 그는 이소룡의 '정무문'에 스턴트맨으로 참여했고 이소룡이 갑자기 죽자 주연 대타로 떴다. 코미디와 정극을 결합한 '취권'으로 스타덤에 오른 그는 몸을 사리지 않는 연기를 통해 감독과 제작자로 성장했고 세계 액션영화계를 평정했다. 성룡은 '인생은 빈손으로 왔다가 빈손으로 가는 것이다'며 30여 년간 모은 20억 위안약 4000억 원을 사회에 환원키로 했다. '공수래공수거空手來空手去', 죽기 전 통장을 깨끗이 비우겠다는 그의 거룩한 뜻이 세계를 감동시키고 있다.

깍정이깍쟁이란 조선 시대 구걸하던 사람들을 일컫는데 현대 들어 인색한 사람이란 뜻으로 통칭된다. 서울깍쟁이는 도·농이 혼재하던 1960~1980년 격동기에 탄생한 '서울 똑순이'의 상징적인 이름표다. 장삼이사들이 '공순이·공돌이'라며 폄훼할 때 그들은 공장 굴뚝의 매캐한 그을음을 마시며 돈을 벌었다. 힘들게 번 돈을 고향의 동생에게 부치고, 부뚜막에 앉아 외로움을 곱씹던 '누님'들이 바로 첨단 서울을 일궈낸 화수분이다. 서울은 그야말로 생선처럼 뛴다. 한쪽은 프라다, 샤넬, 루이비통, 버버리, 구찌의 명품 부티크가 요란하지만 한쪽에선 땀으로 얼룩진 티셔츠를 입고 거리에서 토스트로 끼니를 때운다. 부자와 노동자가 지하철에서 머리를 맞대고 조는 '인간정글'이 바로 서울이다. 뛰지 않으면 버텨낼 수 없는 인조인간 도시이기에 그들은 수많은 세월을 '자린고비'로 살 수밖에 없었다.

장독에 빠진 파리 다리에 묻은 간장이 아까워 십 리를 쫓아가고, 며느리의 생선 만진 손을 씻어 국을 끓이게 하고, 천장에 굴비를 달아 놓고 밥 한 그릇 비웠다는 얘기는 구두쇠의 얘기가 아니다. 평생을 부지런하게 일하고 절약해 만석꾼이 된 '자린고비' 조륵 선생의 얘기다. 그는 충북 음성 삼봉리 사람인데 전라경상도에 심한 가뭄이 들자 그동안 모은 재산을 아낌없이 내놓았다. 뭐 하나 허투루 쓰는 법이 없고 마른 수건도 다시 쥐어짜는 그였지만 굶주린 이웃을 위해선 곳간을 풀고 재물을 털었다. 선생의 도움을 받은 백성들은 그 고마운 뜻을 기려 자인고비慈仁考碑라는 송덕비를 세웠다. 자린고비는 구두쇠와 다르다. 자린고비는 인색하지만 남에게 베풀고, 구두쇠는 남에게 무조건 인색한 사람을 가리킨다. 애옥살이 살림에 몸부림치는 세상, 조륵 선생의 자린고비 정신이 새삼 돈의 노예守錢奴가 된 우리를 돌아보게 한다.

'신新자린고비'도 있다. 1980년대 풍요롭게 자란 20~30대 젊은 이들이 아낄 땐 아끼고, 쓸 땐 현명하게 쓴다는 데서 나온 말이다. 그들은 '우수리'를 모으고 절약해 자신을 경영하고, 그 돈을 봉사하는 데 쓴다. 요즘 웬만한 커피숍에서 아메리카노 한 잔 값은 싼 곳이 2000원, 비싼 곳은 4000원이 넘는데 연탄 한 장 값은 대략 750원이다. 하지만 커피는 마시는 5분간 행복하고 연탄은 5시간 동안 행복하다. 한 잔의 커피 값이면 서민들의 구들장이 이틀 동안 행복해진다. 한 잔의 커피는 아깝지 않게 사지만 한 장의 연탄 값은 아까워하는 이 시대의 씁쓸이는 가볍다.

달이 떠오르는 동네에 가서 문 빌리지moon village를 보라. 집들이 살갗을 부비며 골목길 사이로 극빈을 안고 사는 곳이다. '한국의 마추픽추' 달동네엔 막다른 길이 없다. 가짐보다 더함이 중요하고, 더함보다는 나눔이 중요하며, 채움보다는 비움이 중요하다는 걸 깨우치는 곳이 달동네다. 내 영역을 적당히 내주고 적당히 침범하는 곳. 아랫집의 지붕이 윗집의 마당이 되는 곳. 마음의 빗장을 걸고 철옹성처럼 자신의 영역을 지키는 현대사회에 달동네의 넉넉한 마음은 하나의 보루다. 돈은 없어도, 불도저식 재개발에 담이 헐려도 그들에겐 돈보다 더한 가치가 있다.

금사리(세종특별자치시 전의면)

예로부터 동서고금을 불문하고 모든 인간의 마음을 매료시키는 보석이 '금Gold'이다. 그런데 실제로 금金을 사겠다고 공개 선언하는 듯한 '금사리'라는 지명이 있다.

세종특별자치시 전의면 금사리金沙里는 국사봉, 국수봉이 에워싸고 있는 산촌마을로 금사저수지가 자리하며 마을 남쪽으로 조천천이 흐른다. 자연마을로는 사기소, 위사기소, 아래사기소, 주막뜸마을 등이 있다. 사기소마을은 금사리에서 가장 큰 마을로, 고려 초부터 조선 때까지 사기소沙器所를 두고 사기를 만들었다 하여 붙여진 마을 이름이다.

충남 부여군 구룡면에도 금사리金寺里가 있다. 이곳은 1914년 군 폐합으로 금동리와 소사동, 대사동, 신기리, 용암리의 일부를 병합하여 금동과 대사동의 이름을 따서 금사리라 했다.

경기도 여주시 금사면 금사리金沙里는 지형이 새처럼 생겨서 금새, 금계동 또는 금사라 불리던 것에서 유래했다. 옛날 금사천에서 사금이 많이 나왔다 하여 붙여진 이름이기도 하다. 경기 광주시 남종면 금사리金沙里는 사기그릇을 굽던 터라 하여 구터, 구대라 불리다 이것이 변하여 붙여진 지명이며, 전남 강진군 군동면 금사리金沙里는 마을에 금사저수지라는 큰 저수지가 있으며, 마을에 금빛 모래가 많아서 붙여진 이름이라고 한다.

사고 싶어도 살 수 없는 워킹푸어의 역설

밥만 먹고는 살 수 없다. '밥'만을 위해서 어떻게 사는가. 때로는 진눈깨비 같은 여행길에 소나기도 피하고, 그럴싸한 레스토랑에 앉아 '칼질'도 해야 하지 않는가. 탕탕한 세상길에 말동무라도 만들어 질탕하게 마셔 봐야 하지 않는가. 별빛도 차가운 유곽 같은 방안에 처박혀 노동의 핏빛 영가詠歌 부르며 진한 사랑 한번 해봐야 하지 않는가. 그러나 가난은 진드기처럼 몸에 달라붙어 비루먹을 유충을 낳고, 허구한 날 몸속을 짐승처럼 유영한다. 겨울엔 더 춥고, 여름엔 더 덥다. '가난이 죄'임을 일찍이 알았다지만, 가난을 떨칠 수 없음은 진즉에 깨우치지 못했다. 지금 대한민국에서 '밥'을 벌어먹고 산다는 것은 하나의 고행이다.

워킹푸어Working Poor는 절대빈곤층을 말한다. 밤낮없이 부지런히 일해도 소득이 최저생계비에 못 미친다. 저축은 상상도 못하거니와 일자리를 잃거나 몸이 아프면 곧바로 절대빈곤으로 떨어지는 계층을 뜻한다. 알뜰살뜰 아껴 봤자 식비, 방세, 자녀들 학비를 내고 나면 통장 잔고는 '0원' 내지 '마이너스'가 된다. 억척스레 일하면 잘살 수 있다는 믿음, 없는 집 자식도 본인만 똑똑하면 명문대에 간다던 희망도 없다. 중산층으로 간신히 살고 있지만, 가족 중 한 사람이 실직하면 언제든지 워킹푸어로 추락하는 '빈곤층 예비군'도 있다. '인생역전' 보다는 '인생유전遺傳'이 바로 이들이다. 대한민국 워킹푸어는 300만 명에 이른다.

전국에서 한 해 7만 명 가량의 학생들이 학교를 중퇴한다. 이들 대부분은 '가난'이라는 공통의 아픔을 갖고 있다. 소득의 차이가 성적의 차이다. 요즘엔 개천에서 용이 나지 않는다. 공부 잘하는 학생 뒤에는 사교육비를 댈 수 있는 '부자 아빠'가 있고, 끼니를 걱정하는 학생 뒤엔 '가난한 아빠'의 눈물만 있다. 공부로 인생역전 하는 세상은 갔다. 고용불안과 박봉에 시달리는 워킹푸어 시대에 고달픈 밑바닥 인생은 대물림마저 된다. 가난은 가난을 낳는다.

바람 숭숭 새는 초겨울 이부자리를 걷어차고, 새벽녘 타다 남은 구공탄의 시뻘건 절망을 보며 맨밥에 물 말아 먹는 서민들. 그들은 오늘도 철전鐵錢까지 받아야 하는 박봉을 위해 일터로 나간다. 눈물로 밤을 삼켜도 겨우내 아랫목을 달굴 십구공탄 360개는 거저 생기지 않는다. 겨울은 그렇게 빈사상태로 만주벌판 삭풍을 가득 품고 남진하고 있다.

차사리(전남 광양시 진월면)

한적한 시골길에서 바이크 라이딩을 하는데 자동차 클랙슨이 울린다. '뭘 꾸물거려. 피하지 않고'라며 소리 지르듯 표독스럽다. 이럴 땐 도로 한쪽으로 재빨리 물러서는 게 상책이다. 어차피 약자는 오토바이다. 자동차가 양보할 가능성은 거의 제로다. 한 달 동안 라이딩을 하면서 자동차가 꼬리 내린 걸 본적이 없다. 대부분 오토바이를 밀어 버리려는 태세로 달려든다.

사람은 대체로 비양심적이다. 걷고 있을 땐 오토바이나 자동차 운전자가 무례하다며 욕을 한다. 본인이 오토바이를 타고 있으면 보행자나 자동차를 향해 쌍심지를 켠다. 물론 자동차 운전자들은 보행자나 바이크 라이더에게 삿대질한다. 모든 게 자기중심적이다. 서로의 입장을 알면서도 모른 척 한다. 그게 편하니까. 우리도 자동차를 몰고 다닐 때 앞에서 오토바이가 얼쩡거리면 자동반사적으로 화가 났었다. 하지만 바이크 라이더가 돼보니 보행자의 배짱, 드라이버driver의 오만함에 분노가 치밀었다.

인구 2.3명당 1대꼴로 보유한 자동차천국은 교통지옥의 가해자로 전환 중이다. 1980년대 통계가 잡히기 시작할 때 국내 자동차 등록대수는 53만대였다. 그때는 자동차를 타고 다니는 것만으로도 부러움의 대상이었고 부富의 상징이었다. 1985년 113만대, 1997년 1047만대, 2014년 2011만대, 2007년말 2253만대로 폭발적인 증가세를 나타냈다. 급기야 현행 12가 3456의 형식을 갖춘 번호판이 한계에 달해 앞자리가 세 자리인 123가 4567의 형식의 번호판 도입을 서두르고 있다.

자동차 등록대수가 2200만대를 넘어서면서 생활이 그만큼 편리해진 것은 사실이나 이에 못지않은 부작용도 생겨났다. 대도시의 교통체증은 이미 한계에 이르렀고 대기오염은 매우 심각한 지경이다. 무엇보다 심각한 것은 교통사고다. 또한 많은 사람들이 그 필요성에 상관없이 자동차를 반드시 가져야 하는 것으로 인식하고, 심지어 자동차가 사회적 신분이나 경제력을 나타내는 지표로 여겨지고 있다는 점도 자동차 보급이 가져온 또 하나의 부작용이라고 볼 수 있다.

전남 광양시 진월면 차사리車蛇里는 간절히 차를 사겠다는 의지가 표출된 것처럼 읽힌다. 하지만 차사리의 지명은 일제강점기 鄕-所-部曲향·소·부곡으로 구성된 행정구역 상 차의포소車衣浦所가 설치된 지역에서 유래됐다는 것이 정설이다. 차사리에는 사동, 싶밑마을이란 자연마을이 있는데, 사동마을은 뱀이 기어가는 형국으로 꾸불꾸불한 뱀고개가 있는 마을이라 하여 지어진 지명이다. 싶밑은 사동 남쪽에 있는 마을로, 숲 밑에 자리한다 하여 붙여졌다고 한다.

車보다는 한 끼를 더 걱정하는 서민들

우리나라 국민은 34억 원은 있어야 부자富者라고 생각한다. 하지만 '자신이 부자가 될 수 있다'고 믿는 사람은 40%밖에 되지 않는다. 10명중 2명은 부자를 존경하지도 않는다. 부자가 되기 위해 뭔가 '투기投機'한다는 선입관 때문이다. 하지만 34억 원의 꿈은 둘째 치고 34만 원도 없어 빚잔치 하는 게 국민이다.

부자나라일수록 국민들은 불행하다고 한다. 상대적 박탈감이 커 행복 총합이 감소하기에 그렇다. 돈을 벌수록 사람들은 부유층을 흉내 낸다. 하지만 진짜 부자는 있는 척을 안 하는 법이다. 미국 내 백만장자들은 머리 손질에 16달러를 지불하고, 열 명 중 네 명은 10달러 미만의 와인을 즐기는 짠돌이다. 여성 백만장자들이 가장 선호하는 구두는 명품이 아닌 대중적 브랜드 '나인웨스트'고, 가장 좋아하는 의류 역시 중저가의 '앤테일러'다. 성경 잠언에도 '부자인 척 행동하는 사람은 가진 것이 없고 가난하게 행동하는 사람이 부자다'라는 말이 있다. 진정한 부자들은 으리으리한 집과 고가의 자동차에 관심이 없다. 금융위기 이후 수많은 가정이 집을 잃고 파산한 이유도 '부자인 척 하는' 습관 때문이었다.

부자와 가난한 사람이 함께 점심을 먹는다면 누가 밥값을 낼까? 정답은 가난한 사람이다. 부자는 가난한 사람을 만나 밥을 같이 먹어야 할 필요를 느끼지 않는다. 그러나 가난한 사람은 부자에게 밥을 사면서 노하우를 배운다.

누구는 한 끼를 때우기 위해 '풀'을 뜯고 누구는 한 끼를 누리기 위해 '고기'를 뜯는다. 그러나 인생의 성공은 통장잔고가 아니라 자신을 사랑하는 사람들의 숫자라고 했다. 아무리 돈이 많아도 사람이 없으면 가난하다. 가난한 사람은 희망을 꿈꾸며 살고, 부자는 절망하지 않기 위해 산다. 내일을 담보로 한 자신들의 인위적인 생존법이다. 가난은 인생의 담금질이다. 매달 월급통장에 찍히는 숫자를 보며 희망의 풀무질을 하는 것은 부자가 될 수 있다는 희망 때문이다.

목욕리(전북 정읍시 산외면)

라이딩 할 때 불편한 것 중 하나는 씻지 못하는 거다. 숙박비를 아끼기 위해 비박을 하는 경우가 대부분이어서 청결이 문제다. 취사 시설이 있는 무료 캠핑장에서 씻는 건 호사에 속하고, 거의 태반 공동화장실이나 공원 수도를 이용할 수밖에 없다. 당연히 얼굴만 대강 닦는다. 온몸이 땀에 젖어도 씻을 곳이 없으면 있는 그대로 텐트에 구겨 넣는다. 땀 냄새에 취하고, 몸 냄새에 취하는 슬픈 후각동물의 밤이었다.

그러던 중 만난 정읍의 목욕리沐浴里는 이상하게도 반가움 그 자체였다. 아예 마을 전체가 목욕탕으로 조성된 것 같은 지명이니 몸에 청신함이 돌았다. 목욕리는 자연마을인 마시동, 목욕소, 밧먹수, 새터, 안먹수, 영하동 등이 있는데 목욕소는 물이 맑고 좋아서 선녀들이 내려와 목욕을 했다는 데서 유래된 이름이다. 그런 지명 탓에 목욕리는 한 때 온천이 개발된다고 하여 난리법석을 떨었던 적이 있다고 한다. 하지만 온천을 개발하기에는 수량이 부족해 개발이 흐지부지 됐다. 목욕리는 원래 외목마을과 내목마을로 나뉘어 있다. 외목마을은 선녀가 물을 뜨러 온다는 약수터가 유명하다. 반면 내목마을은 화경산의 불기운을 막아준다는 솟대 당산이 있어 외목은 물기운, 내목은 불기운이 강하다고 전해져 내려온다.

인간은 씻고 나가서 씻으러 돌아온다

목욕의 역사는 매우 길다. 한국 문헌에 기록된 최고最古의 목욕은 신라의 시조 박혁거세와 왕비인 알영부인으로 거슬러 올라간다. 그 시대에 즈음해 목욕재계를 계율로 삼는 불교가 전래되자, 절에는 대형 공중목욕탕이 설치되고 가정에도 목욕시설이 마련됐다. 조선 시대에 접어들면서 목욕은 대중화되기 시작됐다. 대가에서는 목욕시설인 정방淨房을 집안에 설치하여 난탕·창포탕·복숭아잎탕·쌀겨탕 등을 즐겼다. 오늘날은 모든 가정에 욕실이 없어서는 안 될 필수요소다. 1999년엔 찜질방이 등장했고 개인주택이나 별장에도 한증막을 설치할 정도로 목욕탕과 사우나가 대중화됐다.

인간들은 집에서 씻고 나간 뒤, 돌아와 다시 씻는다. 씻는 것이 일과의 시작이자 끝이다. 도시는 오로지 사람을 위한, 사람에 의한, 사람의 공간으로 만들어졌지만 결국 사람을 익명의 존재로 만든다. 때문에 아침이 되면 두꺼운 분장을 하고, 저녁이 되면 두꺼운 분장을 벗겨낸다. 지저분한 작업복을 입고 땀 냄새가 나도록 일하지만 삶은 여전히 악취로 혼곤하다. 세계적으로 가장 비싼 술을 마시고 잘 먹고 잘 입고 잘 바르는 것에 유난 떠는 곳이 대한민국이다. 하지만 집 없는 사람이 더 많은 나라다. 전국 10가구자가 보유자 포함 중 2가구가 월세로 산다. 온전히 자신의 집에서 씻을 수 없는 사람도 많다. 아파트는 '콘크리트 감옥'이다. 그 감옥을 사기 위해 우리는 평생 몸을 바친다. 우리는 그곳에 살면서 매일같이 입원하듯 귀가하고 다시 퇴원한다. 두께 30㎝의 윗집과 아랫집에 프라이버시는 없다. 30㎝

의 분리공간에서 배설하고, 옷을 벗고, 씻는다. 그리고 낡고 처진 삶을 원망하며 징징거린다. 마음껏 씻을 수 있는 곳을 달라고....

하품리(명품리)(경기 여주군 산북면)

하품리下品里는 원래 경기도 여주군 산북면에 속했던 마을이다. 주민들의 원성에 따라 2013년 9월 23일 여주군이 시市로 승격하면서 폐지됐다. 산북면에는 원래 윗동네인 상품上品리와 아랫동네인 하품리가 있었으나, 하품리 주민들이 '우리가 품질이 낮은 사람들이냐'며 마을 명칭을 바꾸자는 여론을 형성해 여주시 승격에 맞춰 개명에 성공했다. 대신, 종전의 하품리 일원에 명품리와 주어리가 신설됐다. 하품 취급을 받다 명품으로 도약하게 된 마을 주민들도 개명에 매우 흡족해한다는 설명이다.

이와 비슷한 예로 충주시 이류면利柳面을 꼽을 수 있다. 이류면은 원래 1914년 일제강점기 때 행정구역 통폐합이 이뤄지면서 이안면과 유등면의 앞 글자를 따 만들어졌다고 한다. 그러나 이류가 '일류'에 비해 뒤처지는 '두 번째二流·이류'라는 오해를 산다는 마을 주민들의 개명 요구에 2012년 개명했다. 이곳은 조선 시대 지방을 돌아다니는 관리에게 역마와 숙식 등을 제공했던 역원이 생기면서 불렸던 옛 지명을 살려 '대소원면'이 됐다.

충북 음성군 감곡면 '원통산'도 원래 한자 지명인 '怨慟山'에서 발음은 같지만, 뜻은 전혀 다른 '圓通山'으로 개칭했다. 종전의 원통산怨慟山의 한자 지명이 원망할 '원怨'에 서럽게 운다는 의미의 '통慟'으로 일제가 바꾼 것을 강점기 이전의 명칭을 되찾은 것이다.

충북 증평군 증평읍 죽리는 대나무가 많다는 뜻에서 작명됐고, 행정구역상 '죽 1리'와 '죽 2리'로 나뉘어 있었다. 하지만 발음이 좋지 않아 웃음거리가 돼 왔고, 주민들은 오랜 고민 끝에 개명을 요청, 2006년 '원평리'로 바꾸었다.

경기도 파주시 조리면현 조리읍 '죽원리'도 '죽었니'로 읽혀 발음이 매우 거북하다는 이유로 조선 시대 때 이름인 '대원리'로 지명을 바꿨다.

'명품' 같던 고향 시골집과 女工의 '하품'

고향의 외딴집은 둔덕 위에 있었다. 붉은 기와로 이어 붙인 지붕은 햇볕과 비를 막기에 충분했다. 방 3개, 부엌, 창고가 한 틀에 포치됐다. 앞마당엔 장독대가 있고, 그 옆엔 토마토와 간단한 채소류를 길러 먹을 수 있는 텃밭이 있었다. 집 뒤로는 소나무 숲이 있어 한풍을 막아주었고 비탈엔 사과나무가 홍조 띤 얼굴로 하늘을 떠받쳤다. 밤이 되면 등잔불을 밝혔고 작두펌프로 길어 올린 물은 달콤한 자리끼였다. 상추가 먹고 싶으면 열 보만 걸으면 뜯을 수 있었고 고추와 파, 마늘도 지근거리에 있었다. 집 앞 채소밭이 '야채가게'였던 셈이다. 아궁이에 장작 열 토막만 넣어도 등짝이 뜨끈뜨끈해 몸살기가 녹았고, 살문만 열어놔도 시원한 통풍에 더위가 달아났다. 지금도 어느 봄날, 마당에 돗자리를 펴고 푸성귀 가득한 녹색밥상을 먹던 기억과 달콤한 오수를 즐기던 때가 그리워진다.

1960~1970년대 '한국의 기적'은 중졸과 고졸 여공女工들의 손에

서 시작됐다. 어두컴컴하고 날 선 소음, 먼지에 찌들어 숨이 턱턱 막히는 공장에서 하루해가 저물었는데도 공작기계는 쌩쌩했다. 컨베이어에 실려 끝도 없이 나오는 부품들을 조립하다 보면 여공들은 화장실 갈 틈조차, 하품할 시간조차 없었다. 일하고 또 일하고, 일하다 다시 일하고, 잠시 잠을 자고 와서는 다시 일하고 또 일하고…. 잔업을 해서 한 푼이라도 더 받기 위해서였다. 천근만근의 몸을 이끌고 뚜벅거리다가 만난 붕어빵 리어카. 입에 침이 고이지만 '붕어'를 살 수는 없었다. 그 붕어빵 값이면 동생의 주린 배를 조금은 채울 수 있었기 때문이다. 똑바로 설 수조차 없는 2층 다락방. 온통 절뚝거리는 어둠뿐인 그곳에서 그녀들은 책을 읽으며 희망을 꿈꿨다. '열심히 일해서 가족들과 함께 모여 사는 것' 그것이 꿈의 끝이었다.

천당리(충남 부여군 충화면)

우리는 언제나 하고 싶은 일들을 팽개치며 산다. 시간 때문에, 일 때문에, 돈 때문에, 아이들 때문에 안 된다는 핑계를 대며 시간을 허투루 쓴다. 그렇게 살다 보니 사는 재미가 없다. 그러나 우리에게 남아 있는 시간은 생각보다 그리 많지 않다. 핑계 타령을 하는 와중에도 시간은 늙어가고 있다. 늘그막까지 세월만 갉아먹는다면 억울한 일이다. 지금이 천국이다. 지금 이 시각이 그토록 찾고자 하는 천당이다.

충남 부여군 충화면 천당리天堂里는 그래서 지명이 주는 느낌이 남다르다. 모든 이가 아무런 사심이나 잡념, 번뇌나 망상 없이 맑고 깨끗한 생활을 영위하는 마을로 읽힌다. 천당리는 조선 고종 32년 행정구역 개편 때 상천리와 중천리, 하천리, 당동리, 하지석리 일부가 병합돼 하천과 당동의 이름에서 가져왔다는 기록이 있다. 이 마을은 교촌과 당골, 넘어말, 천등골, 추원골, 표뜸이라는 옛 지명이 전해지고 있다. 당골은 마을에 신당이 있다 해서 생긴 이름이고, 돌창이는 조선 시대 때 사창이 있었다 해서 붙여진 지명이다. 천등골은 천등산 밑에 있는 마을이라 하여 생긴 것이고, 추원골은 전에 추자나무가 있었다 해서 생긴 이름이다. 표뜸은 전에 표 씨가 많이 살았다고 해서, 백충티 또는 백충재는 백제의 충신들이 넘나들던 고개라 이름이 붙여진 것으로 전해진다.

아무튼 충남 금산에는 성당리聖堂里가 있고, 경남 사천에는 예수리禮樹里, 거기다가 충남 부여에는 천당리天堂里까지 있으니 종교관이나 색채를 떠나 지명으로 떠나는 '성지순례'도 색다른 재미를 선사해 준다.

여보게, 산에 오르면 절이 있고 절에 가면 부처가 있다고 생각하는가/ 절에 가면 인간이 만들 불상만 자네를 내려다보고 있지 않던가 /부처는 절에 없다네 /부처는 세상에 내려가야만 천지에 널려 있다네 /내 주위 가난한 이웃이 부처고 /병들어 누워 있는 자가 부처라네 /그 많은 부처를 보지도 못하고 /어찌 사람이 만든 불상에만 허리가 아프도록 절만 하는가// 천당과 지옥은 죽어서 가는 곳이라고 생각하는가 /살아있는 지금이 천당이고 지옥이라네 /내 마음이 천당이고 지옥이라네// 여보시게 죽어서 천당 가려 하지 말고 /사는 동안 천당에서 같이 살지 않으려나 /자네가 부처라는 것을 잊지 마시게 /그리고 부처답게 살길 바라네. 부처답게….
—법정스님의 〈무소유〉에 나오는 '내 마음이 천당이고 지옥이라네'

천당은 불교에서 파생된 용어로, 궁극적으로 죽어서 가는 복된 세계를 말한다. 기독교에서 말하는 천국과 같은 의미다. 불교에서는 극락세계인 정토를, 기독교에서는 천상에 있는 하나님의 집을 일컫는 말이기도 하다. 그러나 법정 스님의 말씀이 가슴에 와닿는 것은 죽어서 가기보다, 사는 동안 인간답게 사는 것이 더 중요하다는 사실을 믿고 싶기 때문이다.

욕심 없이, 사심 없이 사는 게 천국

우리는 얼마나 잘 사는가. 아니, 얼마나 재밌게 사는가. '마지막 강의'로 유명한 랜디 포시 미국 카네기 멜런 대학교 교수는 어린 세 자녀를 둔 아버지였다. 말기 췌장암으로 시한부 인생이었던 그는 이 사실을 아이들에게 알리지 않았다. 눈을 마주치는 매 순간 작별인사를 하고 있다는 사실 또한 숨겼다. 어느 날 포시 교수는 식료품 상점에서 직접 계산을 하다가 16달러 55센트짜리 영수증 두 개를 받았다. 기계가 잘못돼 두 번 계산된 것이다. 그러나 포시 교수는 환불받지 않고 그냥 상점을 나왔다. 살날도 많지 않은데 환불을 받기 위해 15분의 귀중한 시간을 낭비하고 싶지 않았기 때문이다.

그는 고별강연에서 자신의 간肝 사진을 보여주며 앞으로 살날이 3~6개월 정도 남았다고 말했다. 그리고 연단에서 내려와 팔굽혀펴기를 10번 하고는 "나는 죽어 가고 있지만 즐겁게 삽니다"라고 말했다. 샤워하면서도 남겨 둘 가족 때문에 몰래 울음을 터트렸다며 "스스로의 힘으로 세상을 떠날 수 있게 허락해 준 운명에 감사한다. 만약 심장마비나 교통사고였다면 가족과 작별할 기회조차 주어지지 않았다"며 웃었다. 우리에게 3개월이 남아 있다면 어찌 살 것인가. 포시 교수는 안타깝게도 2008년 48세의 일기로 세상을 떠났다.

박경리 선생은 '일 잘하는 사내'라는 시에서 다시 태어나면 건장한 사내를 만나 깊고 깊은 산골에서 농사를 지으며 살고 싶다고 했다. 세상 풍파와 싸우며 글을 쓰고, 물질문명의 틀 안에 갇혀 산 것에 대한 항거처럼 들린다. 그저 평범한 농투성이의 아내로, 글 짓는 것보다 농사나 짓고 싶었던 모양이다. 그런가 하면 소설가 박완서도 깊고 깊은 산골에서 혼자 먹고살 만큼의 농사를 지으며 살고 싶다 했다. 세금 걱정도 안 하고 대통령이 누군지 얼굴도 이름도 모르며 살고 싶다고 했다. 소설가 신달자는 '마흔에 생의 걸음마를 배웠다'라는 시집에서 인생에 대한 비애를 고백했다. 24년간 뇌졸중에 걸린 남편을 뒷바라지하면서 남편의 마지막 시간이 언제인지 하느님께 몇 번이고 물으려 했다고 한다. 그녀는 베스트셀러작가로 살았지만 삶은 베스트가 아니었던 모양이다. 그러나 그녀가 정작 증오했던 것은 남편이 아니었을지도 모른다. 그녀는 고뇌와 고단함이 뒤범벅된 '평범한 일상'들을 끝내고 싶었을 것이다. 넉넉하지는 않아도 '평범한 행복'을 원했던 작가들이다.

고사리(강원 삼척시 도계읍)

고사리는 오래전부터 빈부귀천을 가리지 않고 즐겨 먹는 산나물의 대명사다. 고사리는 중국 춘추시대 사람인 백이·숙제가 산으로 들어가 고사리로 연명했다는 일화가 문헌으로 전해질 정도로 오래전부터 먹었던 산나물이다.

고사리에 대해 전해지는 설화가 있다. 고려 시대에 한 여인이 반야산에서 고사리를 캐다가 아이의 울음소리를 듣고 그곳으로 가보니 아이는 없고 땅속에서 큰 바위가 솟아나며 거기에서 울음소리가 들려왔다고 한다. 나라조정에서는 그것을 신성하다고 여겨 혜명 스님에게 그 바위로 불상을 만들어 세우도록 했다. 그것이 지금의 충남 논산시 관촉사에 있는 '은진미륵'이다.

고사리를 두고, 마음에 없으면 보아도 보이지 않고, 들어도 들리지 않으며, 먹어도 그 맛을 모른다고 했다. 고사리가 지천으로 널려 있어도 얼핏 딴생각하면 모르고 지나칠 수 있어서다. 고사리가 정력을 떨어뜨린다고 하는 사람도 있지만, 사실은 '산에서 나는 소고기'라고 불릴 만큼 영양소가 풍부하다. 단백질이 많고 면역력을 높여주며, 식이섬유가 많아 배변에도 좋다. 일설에 따르면 고사리가 안 좋다는 말은 산중 스님들이 지어낸 것으로, 동네 사람들이 봄만 되면 고사리 씨를 말리려 들기에 헛소문을 퍼뜨렸다고 한다.

강원도 삼척시 도계읍 고사리古士里는 실제로 고사리가 많이 나는 곳으로 원래 권리라 하였는데, 후에 고사리로 부르게 됐다고 전해진다. 일설에는 마을 안산이 험악하여 옛날에 많은 사람이 죽었다 하여 고살故殺이라 한 데서 유래된 이름이라고도 한다.

강원도 인제군 인제읍 고사리古沙里는 점봉산자락이 동쪽으로 펼쳐져 있는 산간마을이며 굿바웃골, 다래버덩, 방골, 삼마치 등의 자연마을이 있다. 고사리는 고새울, 고사촌古沙村, 고사동古沙洞 등으로 불리던 지명이다.

전북 김제시 진봉면 고사리古沙里는 왕봉산 국사봉 밑에 자리 잡은 마을로, 옛날 왕봉산에 오래된 절이 있어 고사古寺로 불리다가 절 사寺를 모래 사沙로 바꾸어 고사古沙로 고쳐진 것이라고 한다. 이 밖에도 전북 군산시 회현면, 전남 광양시 다압면, 경남 창원시 진전면에도 고사리가 있다.

각서리(경북 문경시 문경읍)

일하고 있든, 놀고 있든 인생의 화두는 '먹고 사는 문제'다. 특히 절박한 상황에 놓이게 되면 더더욱 그렇다. 오토바이 라이딩을 할 때도 생각이 참 많았다. '앞으로 뭘 해서 먹고 살지.' 혼자서 묻고 혼자서 답했다. '요리사 자격증을 따서 라면집을 차릴까. 아니면 푸드트럭으로 장사를 해볼까? 아니면 제대로 된 온라인신문사를 창간하는 건 어때?' 하며 만리장성을 쌓았다가 부셨다 했다. 아이템은 대략 10가지 정도가 나왔다. 그러나 당장 시작할 수 있는 일들은 아니었다. 생각의 양이 많아지자 근심의 양도 많아졌다. 시시때때로 화가 나기도 했다. 앞을 향해 달려가는데도 자꾸 옆에서 따라오는 그림자의 존재가 불편했다. 문경새재에서 연풍 방면으로 가는 언저리에서 오토바이를 세우고 담뱃불을 댕겼다. 저 멀리 보이는 이화령은 충북 괴산군 연풍면 주진리와 경북 문경시 문경읍 각서리를 잇는 백두대간의 본줄기 고개다. 해발 548m로 고개 주위에 배나무가 많아 이화령梨花嶺으로 불렸다. 1925년 일제가 만든 도로는 1998년 국도 3호선 이화령터널과 2004년 중부내륙고속도로가 개통되기 전까지만 해도 통행량이 꽤 많았다. 새재조령는 경상도의 세곡 수송로이자 서울과 부산을 연결하는 영남대로의 일부였다. 험준한 산세를 지녀 왜적이 쳐들어오면 계립령보다 군사적으로 방어하기가 쉬웠다. 인근 각서리 마을에 당도해 각설이를 떠올린 건 인지상정이었다.

경북 문경시 문경읍 각서리各西里는 산간마을로 대부분의 면적이 임야로 이뤄져 있는 고을이다. 자연마을로는 각섯골, 샛터, 이우릿골, 풍덕골 등이 있다. 각섯골은 산의 모습이 흡사 뿔과 같다 하여 붙여진 이름이며 그 후 각각 다른 성을 가진 사람들이 모여 살았다고 하여 각싯골이라 불려 왔다. 지금은 그와 같은 뜻과 달리 각서골, 또는 각서로 명명하고 있다. 샛터 마을은 새로운 터에 마을을 개척하였다고 하여 불린 촌명으로, 황 씨를 중심으로 한 화전민들이 임진왜란 때 피난 와서 정착한 곳이라 한다. 이우릿골은 이화령 정상 가까이에 있는 마을이다. 예로부터 이화령을 이우릿재고개라고 불렀으므로 이 마을도 이웃릿골이라고 부르게 됐다. 풍덕골은 마을 형상이 굴뚝과 같이 생겼다고 하여 굴뚝매기로 불리던 곳이다. 1800년경에 김만덕이 이곳에 정착하게 되자 연풍의 풍자와 자기 이름의 덕자를 따서 풍덕골이라고 부르게 됐다고 전해진다.

'시전서전을 읽었는지 유식하게도 잘한다. 논어맹자를 읽었는지 대문대문 잘한다. 냉수동이나 먹었는지 시연시연 잘한다. 뜨물통이나 먹었는지 걸직걸직 잘한다. 기름통이나 먹었는지 미끈미끈 잘한다.'

야시장 각설이가 장타령場打令에 흠뻑 젖는다. 각설이타령은 입방구인 반복 구句를 각 장 사이에 되풀이하면서 일1에서 장10자까지의 뒤풀이로 구성된다. 작년에 왔던 각설이가 죽지도 않고 또 와서, 한바탕 품바를 외친다. 민초들의 마음 깊숙한 곳에 쌓였던 울분과 멸시, 학대, 회한이 한숨으로 발산된다. 그 비등점은 사람들의 육체와 마음까지도 까맣게 태워버린다. 몸에서 화가 나는 건 그냥 본능인데 맘에서 화가 나는 건 불능이다. 담벼락에 대고 욕이라도 하고 싶은 건 마음에 박힌 '못' 탓이다. 버럭 성을 낼 수도, 그냥 꾹 참고 삭일 수도 없는 불편한 나날들, 그래서 각설이가 신명 나다.

술산리(전북 군산시 임피면)/술상리(경남 하동군 진교면)

"잡으시오, 잡으시오 이 술잔(盞) 잡으시오. 이 술 한 잔 잡으시면 천만년(千萬年)이나 사오리다."

19세기 후반 진주교방晉州敎坊에서 연주된 '권주가'의 한 대목이다. 술 한 잔 드시면 만년 장수하는 만큼, 이 술 한 잔 들고 놀아보자는 권주가는 호탕하고 호기롭다. 우리 민족은 예로부터 음주·가무를 즐기고 그만큼 흥이 많았다. 특히 술 인심, 담배 인심이 좋고, 지나가는 나그네에게도 시원한 물 한 대접을 권할 만큼, 인정이 많았다. 오죽하면 한양에 과거 보러 가던 선비가 소곡주를 얻어 마시다가 일어나지 못해 시험을 놓쳤다는 '앉은뱅이' 술에 대한 일화까지 나왔겠는가.

전북 군산시 임피면 술산리戌山里는 '술'자가 들어간 데다, 술을 산 사람처럼 느끼는 지형으로 전국 특이지명으로 손꼽히는 마을 중의 하나다. 하지만 지형이 어미 개가 새끼 강아지를 품에 안고 젖을 먹이는 지형이라 하여 개를 뜻하는 술戌자를 써서 '술산'이라 칭했다고 한다. 자연마을로는 뒷산이 닭같이 생겼다고 해서 지어진 닭메鷄山라는 마을이 있다. 장항선이 지나는 술산리에는 시간이 멈춘 듯 아름다운 간이역이 있다. 일제 강점기부터 오랜 기간 소임을 다하고 은퇴한 임피역이다. 임피역은 일제가 쌀을 수탈하기 위해 만든 아픈 역사를 지닌 곳이기도 하다.

경남 하동군 진교명 술상리述上里의 명칭은 술포의 위쪽에 있다 하여 붙여진 술상에서 유래했다고 한다. 술상은 연산군 때 무오사화와 갑자사화의 화를 피해 입향한 이억윤李億胤이 정착한 이래 후손들이 세거하면서 이뤄진 마을이다. 술하는 남해에 접한 마을로 예전에는 웃술포와 아랫술포로 구분했으나 지금은 웃술상양지몰, 음지몰과 아랫술상구렁몰, 대밭몰으로 나뉘었다. 청정 해역에서 나는 수산물이 풍부하고 술상 전어 축제로 유명하다.

마시리(경북 군위군 효령면)

술의 기원은 깊은 산속에 살던 원숭이가 과실이 떨어져 발효된

물을 마시고 기분이 좋은 듯 비틀거리는 모습을 보고 빚게 됐다는 예화例話로 대치된다. 인류의 발달사를 보면, 수렵시대에는 과실주가 만들어지고 농경시대부터 곡류를 원료로 한 곡주가 빚어지기 시작했으며, 청주나 맥주와 같이 곡류로 빚은 양조주는 정착 농경이 시작되면서 만들어졌다.

우리나라 술의 역사는 정확하게 추정하기 어렵고, 어떤 방법으로 술이 처음 제조됐는지 그 기원을 파악하지는 못하고 있다. 다만, 한국의 문화가 중국의 문화권에서 파생 전래돼 왔음을 상기하면, 술의 유래도 중국에서 연유한 것으로 추정할 뿐이다. 특히 고구려의 역사가 중국과의 투쟁사로 이뤄지므로 그 가운데에서 술에 대한 이야기와 양조법이 전래한 것으로 보고 있다.

최초로 한국 역사에 술에 관한 이야기가 기록된 것은 '고삼국사기古三國史記'로, 고구려를 세운 주몽동명왕의 건국담 중에 술에 대한 얘기가 나온다. 천제天帝의 아들 해모수가 능신연못가에서 하백의 세 자매를 취하려 할 때 미리 술을 마련해 놓고 먹여서 취하게 했다. 큰 딸 유화柳花는 수궁으로 돌아가지 못하고 해모수와 인연을 맺어 주몽을 낳았다.

떡은 '떡떡' 걸리고, 밥은 '밥바서바빠서' 거르는데, 술은 '술술' 넘어가서 마신다고 했던가. 그래서인지 술과 관련한 지명을 보면 미소가 절로 나온다. 마시리를 비롯해 안주가 생각나는 파전리와 계란리, 술상이 늘 차려져 있을 것 같은 술상리는 물론 이미 술값을 계산하고 나온 사람들만 있을 것 같은 술산리 등 천태만상이다.

경북 군위군 효령면 마시리馬是里라는 지명은 주야장천 술을 마시

리라는 즐거운 상상과 달리, '笔兮'모혜라는 중국어 발음에서 유래됐을 것이라는 해석이 정설이다. '마시리'는 동네가 있는 효령현孝靈縣이 본래 모혜현笔兮縣이었는데, '笔兮'의 중국어 발음이 마시mao his에 가깝기 때문이다.

마시리에는 마시, 괴야들, 덕동, 못안골, 대사동마을 등의 자연마을이 있다. 마시마을은 본 리里가 시작된 마을이고, 괴야들마을은 괴목이 많이 있었다 하여 붙여진 이름이다. 덕동마을은 큰 골짜기에 있는 마을이라 하여 불리게 된 동네다. 못안골마을은 앞에 못이 있다 하여 칭해진 고을이며, 대사동마을은 큰 절이 있었다 하여 붙여진 고장이라고 한다.

소주리(전북 부안군 주산면)

소주燒酎라는 명칭은 어떻게 붙여졌을까. 대부분은 한문으로 소주燒酒라고 생각하는 사람들이 많은데 소주의 상표를 잘 살펴보면 '술 주酒'자를 쓰지 않고 '진한 술 주酎'자를 쓴다. 원래 조선 시대 후기까지는 소주燒酒를 썼으나 일제강점기에 소주燒酎가 됐다고 한다. 일제강점기 시절 일본인들이 소주는 세 번 빚은 술이니 알코올 농도가 높다는 뜻에서 주酒 대신 주酎를 썼다고 한다. 한마디로 소주燒酎는 일본식 조어다. 소주는 예전에도 그랬지만, 지금도 서민을 대표하는 술이자 고단한 삶을 달래주는 친구였다.

지난 800여 년간 이 땅을 호령했던 소주를 지명으로 쓰는 동네가 있다. 전북 부안군 주산면에 있는 소주리다. '작은 배가 닿았다'는 뜻에서 '소주小舟'라는 지명이 생겨났다고 한다. 마을을 따라 하천이 흐르며 들이 넓게 펼쳐져 있는 마을이다. 자연마을로는 건너뜸, 구담, 밤개, 솔무랭이, 왜멀 등이 있다. 건너뜸은 왜멀 서북쪽 들 건너에 있는 마을이다. 구담은 마을 가운데 있는 못에 거북이가 살았다 하여 이름 붙여졌다. 밤개는 밤나무가 많았다 하여, 솔무랭이는 소나무가 많았다 하여 붙은 이름이다. 왜멀은 기와집이 많았던 동네에서 유래됐다.

경남 양산시에는 소주동召周洞도 있다. 2007년 웅상읍이 4개 동으로 분할될 때 주남동·소주동·주진동 등 3개 동을 관할하는 법정동이 됐다. 양산시에는 소주동은 물론, 양주동도 있다. 소주와 양주, 기막힌 조합이다. 경기 양주시에도 양주동이 있다.

파전리(경북 군위군 의흥면)

우린 그리워해야 할 것과 그리워해도 소용없는 절박한 갈림길에서 자주 절망한다. 절망은 술을 부른다. 비가 오는 날이면, 여지없이 막걸리와 파전을 떠올리는 것은 그 발원지가 향수鄕愁에 있다. 평상에 둘러앉아 낙수 소리에 막걸리 한 잔, 파전 한 조각 먹던 정서가 전승돼온 탓이다. 파전은 큰 품 들이지 않고 뚝딱 만들 수 있고, 찌푸린 날씨에 부르는 안주로도 제격이다. 쪽파 위에 홍합·조갯살·굴·오징어·새우 등 각종 제철 해산물까지 곁들이면 입을 즐겁게 하는 그런 호사도 드물다. 청양고추 송송 다져 계란까지 둘러 바삭바삭하게 구워 내는 파전이야말로 어디 내놓아도 손색이 없고, 누구에게나 인기를 끄는 일품요리다. 함께 먹으면 맛있고, 비오는 날에 먹으면 더 맛있는 파전은 그래서 별나다.

"막걸리야 너를 누가 만들었더냐. 너로 인해 천 가지 근심을 잊는다."

생모인 폐비 윤 씨의 한을 풀어주려 갑자사화를 일으킨 연산군은 막걸리로 시름을 달랬다. 강화도에서 농사를 짓다 임금이 된 철종도 궁중에는 왜 막걸리가 없느냐고 타박을 했다. '서민의 술'이자 '임금의 술'이었던 막걸리가 요즘엔 '대통령의 술'이 됐다. 박정희·노무현은 시시때때로 농민들과 마주 앉아 막걸릿잔을 기울였고 이명박과 오바마도 '농주農酒 외교'를 했다. 중국 국주國酒 마오타이가 세계적 명주가 된 것도 1972년 마오쩌둥과 닉슨의 미중 수교 정상회담 때 건배주로 쓰이면서였다. 막걸리는 술이자 밥이요, 친구를 만드는 화합주다.

일제강점기부터 시행된 '주세법' 때문에 일반 가정에서는 술을 빚지 못했다. 그 때문에 세무서의 눈을 피해 누룩과 술을 숨기는 일이 잦았다. '술 조사 떴다'는 소문이 돌면 술 항아리를 들고 산으로 줄행랑치거나, 독을 깨서 증거를 없앴다. 그러나 용케도 고을마다 술 익는 냄새가 그윽했고, 누룩의 '발정'이 끊이질 않았다. 막걸리 한 사발이면 시름이 녹았다. 단내 나는 노동의 고단함이 사라졌다. 주막에 앉아 다들 거나하게 몇 순배씩 하다 보면 노을도 익고 사람도 익었다. 배고픈 이는 지게미를 먹어 몸도 취하고 주린 배도 취하게 했다. 논두렁 새참 때는 농부의 갈증과 허기를 달래주었다. 어린 시절 술도가에서 막걸리를 받아오다 주전자 부리에 입을 대고 시금털털한 맛을 보지 않은 이가 어디 있는가. 막걸리는 고향이다. 한국인의 몸과 마음에 깊이 육화肉化된 쌀의 취선醉仙이다.

경북 군위군 의흥면 파전리芭田里는 구릉성 평지에 자리한 마을로, 낙동강의 지류가 흐르고 논농사를 주로 짓는 곳이다. 파전리라는 지명은 구한말 당시 고치동高致洞, 중동中洞, 하동下洞 등을 합쳐서 의흥군義興郡 파립면 파전동芭田洞이란 행정 명칭을 가졌지만, 행정 구역을 개편하면서 파전동芭田洞이라 개명했다고 한다. 자연마을로는 고치골, 보리밭, 중동, 하동, 무덤골마을 등이 있다. 고치골마을은 고 씨와 최 씨가 살았다 하여 붙여진 이름이다. 보리밭마을은 보리가 잘 되는 곳이라 하여, 중동마을은 파전리의 중앙에 있는 마을이라 하여 칭해진 이름이다. 하동마을은 중동 아래에 있는 마을이라 하여 붙여졌으며, 무덤골마을은 무덤이 많은 곳이라 하여 불리게 된 이름이라 한다.

속상한 세상 풀어주는 속풀이 안주들

잠시, 안주 얘기를 한 순배 돌려본다. 술을 마시며 멀미가 나는 것은 술 때문이 아니다. 바람에 실려 온 멍게 향 때문이다. 멍게 굵은 놈의 배를 갈라 위새강과 아가미 주머니를 술과 함께 입에 털어 넣는다. 입에서 바다가 출렁인다. 입수공으로 들어간 바다 향이 출수공으로 빠져나오며 향기에 무게를 싣는다. 쌉싸래한 향미가 술이 깰 때까지 입안을 감돈다. 여드름 자국 같은 돌기는 울퉁불퉁한 바다 조류를 견딘 '멍'이다. 물을 뿜어대는 모양이 남성의 생식기를 닮았다고 해서 우멍거지로도 불린다. 멍게 안주로 술을 마시면 다음 날 머리가 '멍' 하지 않다.

바다의 우유, 바위에 붙은 꽃石花으로 불리는 굴도 안주로 좋다. 무라카미 하루키는 굴튀김을 술안주로 즐겼고, 카사노바는 하루에 50개씩 생굴을 먹었다. 미네랄 성분이 성적 에너지를 자극하기 때문에 '사랑의 묘약'이다. 뽀얀 국물에 구수하면서도 진한 맛을 내는 대구탕도 괜찮다. 여타의 첨가물을 넣지 않고 소금으로만 간을 하면 그 맛이 깊고 그윽하다. 일명 싱건탕지리이다.

해풍에 꼬들꼬들 말린 과메기말린 청어도 별미다. 청정한 동해와 차가운 하늬바람이 어우러져 만든 검푸른 보석 안주다. 햇김, 물미역, 파, 마늘, 고추와 함께 먹으면, 입안에서 해풍이 분다. 맛대가리 없어 보여서 더 맛있는 홍어의 발효된 맛은 제대로 된 '똥맛'이다. 그 퀴퀴한 냄새 자체가 맛이다. 후각이 미각을 이끄는 몇 안 되는 안줏거리다.

해장으로는 물곰물메기탕이 괜찮다. 바닷바람에 빨갛게 언 볼처럼 불그레한 국물이 얼큰하면서도 달콤하다. 흐물흐물 못생긴 생선에서 그만한 국물이 나오는 건 복이다. 신 김치를 넣고 끓여 먹는 물잠뱅이탕은 가성비가격 대비 성능까지 갖췄다.

무와 감자, 시래기를 깔고 양념장을 넣어 조린 참마자잉엇과 민물고기는 원기를 돋우고 숙취 해소에 좋다. 하지만 도다리쑥국을 따라갈 해장은 드물다. 도다리에서 우러나오는 뽀얀 국물과 연초록 해쑥의 향미는 바람난 봄 처녀처럼 상큼하고, 은은하며, 여운마저 길다.

우리가 뜨거운 국물을 마시면서 '시원하다'고 말하는 건 역설이 아니다. 인간을 얼어붙게 만드는 빙점이 온점으로 가는 것이다. 그 안에 사랑, 원망, 증오, 복수, 용서 등이 녹아 있다. 고춧가루탕를 벌컥벌컥 들이켜는 뜨거움과 아랫배를 관통하는 냉소적 차가움은 이율배반적이지만, 온랭의 친교다.

그렇다면 이 시대 가장 맛있는 안줏거리는 뭘까. 어중이떠중이와 떠버리들이 모여 암투를 벌이는 정치와 정치인들 얘기다. 이 안줏거리는 씹어도, 씹어도 질리지 않는다. 낡아가며 새로워지고, 새로워지며 낡아가는 술자리의 비애이기도 하다.

계란리(충북 제천시 수산면)

동네마다 풍경은 크게 다르지 않다. 어촌은 어촌의 정경이 있고, 농촌·산촌도 그들만의 표정이 있다. 때문에 동네의 모습을 하나하나 개별적으로 설명하기란 쉽지 않다. 마을은 개별성을 띠고 있지만 전체의 느낌은 전혀 개별적이지 못하다. 단지 마을의 특징, 특수성이 두드러질 땐 풍광의 스케치가 가능해진다. 가령 충북 제천시 수산면 계란리鷄卵里는 그 지형에 차별성이 있다. 단양군 단성면 장회리로 넘어가는 계란재일명 계란티 밑에 터를 잡은 이 마을은 풍수상 금빛 닭이 알을 품고 있는 금계포란형金鷄抱卵形이다. 청풍면에서 장연~평창 간 지방도 597호선을 타고 수산면 삼거리에 이르러 보령~울진 간 국도 36호선을 따라 동쪽으로 가면 골짜기 사이에 자리 잡고 있다. 수리~계란리 간 202호선과 계란리~괴곡리 간 209호선이 개설돼 있다.

안타깝게도 계란리는 1985년 충주댐 건설로 대부분의 지역이 수

몰됐다. 북쪽으로 청풍호, 동북쪽으로 괴곡리, 서북쪽으로 원대리, 서남쪽으로 적곡리, 동남쪽으로 수리, 동쪽으로 단양군 단성면 두항리와 이웃한다.

계란말이 · 계란탕…해장용으로 뜨는 달걀

완전식품인 계란의 '가성비'는 으뜸이다. 계란의 단백질 성분은 쇠고기나 우유보다 순도가 높고, 노른자에는 풍부한 지방이 함유돼 있다. 여기에다 필수아미노산과 레시틴, 지질, 엽산, 각종 비타민 등이 들어 있어 지방과 단백질 보충이 어려웠던 서민들에게는 더없이 좋은 식품이다. 냉면과 비빔국수, 떡국과 만두에 들어가는 고명은 화룡점정의 품격까지 갖췄다. 특히 계란말이, 계란탕, 계란찜알찜은 예나 지금이나 술안주로도 안성맞춤이다. 계란말이는 1800년대 말의 음식 조리서인 〈음식방문飮食方文〉에서 '계란 느르미'라는 유사한 음식을 찾아볼 수 있으며, 조선 후기의 조리서인 〈주찬酒饌〉에서도 이와 비슷한 계란 요리의 기록을 발견할 수 있다.

옛날 음식책에 나오는 계란 찬의 가짓수는 그리 많지 않다. 하지만 계란이 흔해진 근래에는 스크램블드에그, 포치드 에그, 데빌드 에그, 크로켓, 오믈렛, 계란볶음밥, 샌드위치 등 계란을 이용한 음식이 흔하다. 근래 들어서는 음주 전이나 해장에도 인기다. 계란에는 알코올 독소를 없애주는 아미노산인 L-시스테인과 간 해독을 돕는 메싸이오닌이 함유돼 있다.

이왕 해장解醒 얘기가 나왔으니 잠시 속풀이 음식을 순례한다. 나라마다 해장의 방법과 종류도 다르다. 우리는 콩나물, 북어, 복어, 뼈다귀, 선지, 우거지, 재첩, 순두부를 즐겨 찾는다. 나름대로 과학적 근거도 있다. 콩나물의 아스파라긴산은 알코올 분해를 돕고, 북어의 글루타싸이온 성분은 단백질 손상을 막는다. 재첩의 오르니틴은 간 해독에 좋다.

미국에선 꿀물과 사이다, 바나나, 커피 등을 먹는다. 토마토주스를 섞은 해장 칵테일 '레드아이'도 있다. 영국인은 주로 계란^{달걀}, 토마토를 먹고 보드카에 토마토즙을 섞은 '블러디 메리'를 해장술로 마신다. 프랑스는 양파와 치즈 수프인 '아 로뇽'을 먹는다. 독일 핀란드 등 북유럽에선 청어 절임^{롤몹스}을 즐긴다. 콩나물처럼 아스파라긴산이 많다. 스페인에선 달착지근한 추로^{일명 추로스}가 해장음식이다. 보드카 천국인 러시아는 오이와 양배추즙 음료인 '라솔'을 빼놓지 않는다.

이웃 일본과 중국은 차를 주로 마신다. 일본인은 우메보시^{매실장아찌}를 녹차에 넣어 마신다. 중국인은 인삼 칡 귤껍질 등을 넣은 전통차^{성주링}를 마시고 날계란을 먹기도 한다. 해장음식도 서양인은 대개 차고, 동양인은 따뜻한 편이다.

다지리(전남 화순군 화순읍)

인간은 누구나 나고 자라면서 경쟁을 하게 된다. 초·중·고교를 다닐 때는 1등부터 꼴찌까지 서열이 나뉘고 특히 좋은 대학을 가기 위해 치열한 경쟁을 벌여야 한다. 직장에 들어가도 경쟁은 끝이지 않고, 좋은 배필을 만나기 위해서도 각축을 벌여야 한다. 이러한 경쟁은 대물림되어 자식 대에서도 반복된다. 때론 남을 짓밟지 않고는 오를 수 없다는 계산 아래 비열한 경쟁도 서슴지 않는다. 이기기 위해, 빼앗기 위해, 차지하기 위해 승부수를 던진다. 반드시 이길 수 있다고 판단되는 승부처에서는 사생결단도 불사한다. 특히 이기지 않으면 살 수 없다는 강박도 크다. 모두가 승부사로서 쌍립하고 대결한다.

그런 기질은 운전할 때도 여과 없이 드러난다. 유독 경적을 자주 울리고 난폭운전이 많은 것도 무조건 이기고 보자는 승리욕에서 비롯된다. 전투에서는 이기더라도 전쟁에서는 패하는 결과를 낳는 것도 그러한 그릇된 욕심에서 시작한다. 소위 성적이 인생의 향로를 가늠하도록 만든 성적 지상주의가 낳은 자화상이기도 하다.

그러나 모든 승패가 명암으로 확연히 구분되는 것만은 아니다. 승부를 초월한 의연한 패배가 있는가 하면 부끄러운 승부, 패배보다 못한 승리도 있다. '바둑에서 이기고 승부에서 졌다'는 말이 있다. 이기는 것이 목적이지만 그에 못지않게 내용도 중요하다는 말이다.

그런 의미에서 스스로 패배를 인정하는 듯한 지명이 있어 이채롭다. 전남 화순군 화순읍에는 '이기리'가 아닌 '다지리'가 있다. 하지만 다지리茶智里는 다산마을의 다茶자와 지실마을의 지智자를 각각 취하여 지은 이름이다. 다산이 마을 뒷산에 차나무가 많아서 붙여진 이름이고 보면, 차와 관한 한 누구도 대적할 수 없고, 어떤 마을도 다지리를 이길 수 없을 것 같다.

인생이란 지는 것이 이기는 것이다

'우물쭈물하다 내 이럴 줄 알았다.' 노벨문학상을 받은 조지 버나드 쇼의 묘비명이다. 그는 우물쭈물하지 않았지만, 인생의 덧없음을 기꺼이 붙잡는다. 머뭇거린다. 망설인다. 그리고 후회한다. 흐르는 세월, 무엇으로도 잡을 수 없음을 알면서도 붙잡는 건, 불멸의 희망 때문이다.

세종대왕이 애지중지했던 생육신 김시습의 묘비명은 '꿈꾸다 죽은 늙은이'다. 평생을 관직에 몸담지 않고 자유로운 영혼으로 살았던 그다운 문장文章이다. 걸레스님 중광은 '에이, 세상에 괜히 왔다.'고 투덜댔고, 코미디언 스파이크 밀리건은 '내가 몸이 아프다고 그랬잖아', 방송인 김미화는 '웃기고 자빠졌네'로 해학의 의미를 담는다. 이 밖에 '곧 돌아오겠습니다', '일어나지 못해 미안합니다'라는 묘비명도 압권이다.

우리가 생배추처럼 푸른 심줄을 부여잡고, 절벽 위에 서서 뛰어내릴 수 없는 건 비겁해서가 아니라 오히려 겁이 없기 때문이다. 인생에서 가장 슬픈 죽음은, 자신이 사라져도 아무도 슬퍼하지 않는 죽음이다. 앞으로는 재미있게 살겠다고 다짐했을 때 돌연 죽음을 맞거나, 병이 든다. '별안간' 몰아닥치는 죽음 앞에서 인간은 그저 나약한 바람일 뿐이다.

짧은 세월, 이 세상에서 '소란'을 피워왔으므로 '죽이게' 아름다운 날들을 살아야 한다. 오늘은 어제 죽은 사람이 그토록 살고 싶어 하던 내일이다. 그렇다면 묘비명에 한 줄 남길 최고의 문구는 '잘 왔다

갑니다'가 아닐까. 인생이란 지는 것이 이기는 것일 수도 있다.

서리(강원 인제군 기린면)

'서리'는 0℃ 이하의 온도에서 공기 중의 수증기가 땅에 접촉하여 얼어붙은 매우 작은 얼음을 뜻한다. 따라서 서리가 내리면 지상에 남아 있던 농작물은 모두 고사枯死한다. 농작물의 세포막이나 엽록체의 막이 경화되거나 파괴되어 세포가 말라 죽기 때문이다. 그만큼 서리는 무섭다. 생명체의 수명을 끊어 놓기 때문이다. 초봄에 녹차 밭에 서리가 내리면 최고의 차라고 불리는 우전 차 수확은 포기해야 한다. 배꽃이 서리를 만나면 배 농사는 끝이다. 채소가 서리를 맞으면 뜨거운 물을 부어 놓은 듯 잎이 폭삭 녹아버린다.

'서리'는 식량 사정이 좋지 않던 시기에, 주린 배를 채우기 위해 또는 재미 삼아 남의 곡식이나 과일을 훔쳐 먹거나, 심지어 닭 등을 몰래 잡아먹는 것을 뜻하기도 한다. 예전엔 청소년들에게만 관용되던 장난으로, 어른들이 모른 체 해주던 넉넉한 인심이 담겨 있다. 참외나 수박을 서리 맞지 않기 위해 원두막을 지어 놓고 밤새 농부와 10대 악동들의 숨바꼭질이 벌어지기도 했다. 원두園頭라는 말은 원래 참외, 오이, 수박, 호박 따위를 통틀어 이르는 말로, 이 중에서도 수박이나 참외, 딸기는 현장에서 따먹기 쉬워 원두막을 짓고 지켜야 했다. 하지만 남의 콩밭이나 옥수수밭에 들어가 서리해 온 콩과 옥수수를 불에 그슬려 먹던 것도 아련한 추억으로 남게 됐다. 하나의 놀이문화로 용인됐던 서리도 이젠 도둑질절도죄이다.

우리 지명 중에는 서릿발을 뜻하는 것도 아니고, 남의 농작물이나 가금류家禽類와는 전혀 상관이 없는 '서리'라는 마을이 유독 많다.

강원도 인제군 기린면 서리와 경기도 용인시 처인구 이동읍 서리, 경남 하동군 적량면 서리, 경남 창녕군 영산면 서리西里는 마을 서쪽에 있어 붙은 지명이다. 충남 천안시 목천읍 서리書里는 글을 배우는 서당골에서 유래한다. 전남 화순군 이서면 서리西里는 서촌西村 마을의 서西 자를 취하여 지은 것이다.

임이여 물을 건너지 마오. 임은 결국 물을 건너시네. 물에 빠져 죽었으니 장차 임을 어이할꼬.

〈공무도하가公無渡河歌〉〉

꽃이 산을 넘고, 강이 세월을 뛰어넘는 강원도 두메산골, 98세 할아버지와 89세 할머니의 명랑한 순애보를 그린 영화 〈님아! 그 강을 건너지 마오〉가 화제였다. 14세 촌색시와 23세 떠꺼머리총각은 80여 년 전에 만나 아름답게 백년해로한다. 봄엔 꽃놀이를 하며 '나 이쁘오?'라고 애교를 떨고, 여름엔 물장난을 친다. 가을엔 낙엽을 쓸다 말고 서로를 쓰다듬고, 겨울엔 눈싸움을 하며 티격태격한다. 할머니 손이 시리다고 하니 할아버지가 '호호~'하고 입김을 불어 주기도 한다. 둘은 어디를 가든 고운 빛깔의 한복을 커플로 맞춰 입고 다닌다. 그것도 두 손을 꼬옥 잡고서. 사랑을 막 시작한 청춘 커플보다 뜨거웠다.

죽고 싶다는 말은 살고 싶다는 반어법

서릿발 내린 백발의 늙은 사랑이 왜 사람들을 울렸을까. 그만큼, 사랑하며 살고 있지 않다는 증거다. 할머니의 살결이 닿지 않으면 잠들지 못하는 할아버지의 버릇은 변주와 파격이 아니라 오래된 습관이었다. 시큰거리는 무릎을 연신 주무르는 건 봉사가 아니라 위로다. 밭은기침 하는 남편을 밤샘 간호하는 건 고행이 아니라 동행이다. 귀가 어두운 남편을 위해 바짝 다가가 얘기하는 건 동감이 아니라 감동이다. 차려준 밥상을 놓고 '맛이 없다'고 투정하지 않은 건 선행이 아니라 배려다. 그래서 곱디곱다.

계절이 가고 오듯이, 꽃이 피고 지듯이, 누군가는 왔다가 떠난다. 그리고 그 떠난 자리에 또 다른 누군가가 온다. 부모의 늙어감에도 울지 않는 이 척박한 세상에, 우린 생판 알지도 못하는 촌로村老의 생사에 눈물 흘리고 있다. 묵은 눈물이자 '씻김굿'이다. 그러나 솔직히 말하면 '남보다도 더 남같이' 사는 가족에게 용서를 구하는 일인지도 모른다. 그 누가 죽음 앞에 경박할 수 있는가. 그 누가 혁명군처럼 몰아닥치는 죽음을 회피할 수 있는가. '죽고 싶다'고 버릇처럼 말하는 건 '살고 싶다'라는 반어법이다. 이대로 죽고 싶지 않으니 조금만 더 시간을 달라는 애원이다.

강을 건너가려는 임을 앞에 두고서야 비로소 그 임이 얼마나 귀중한 존재인지를 깨닫는 것이 우리네 삶이다. 강이란 죽음과 이별이다. 건너면 죽음이고, 바라보면 그냥 물이다. 그러니까 강은 사랑의 끝이 아니라 징검다리다. 삶이여, 순순히 어두운 그림자를 받아들이지 마라. 늙음이여, 저무는 하루에 소리치고 저항하라. 분노하고 또 분노하라. 사라져가는 빛들에 대해서도 따져 물어라. 그래야 덜 늙는다. 지금 당신의 손을 잡고 있는 사람이 사랑이다.

사다리(경남 사천시 축동면)

경남 사천시 축동면에 있는 사다리士多里는 희망을 말한다. '선비 사士'자에 '많을 다多'자를 쓰는 것을 보면 선비가 많이 살았던 고장일 것이다. 예의 바른 선비가 살았다 하여 붙여진 예동예의골이란 마을이 있는 걸 보면 그러하다.

인생은 높고 낮거나 때로는 어중간한 위치에서 헤맨다. 누구나 위上를 지향하지만, 누구나 올라갈 수는 없다. 오히려 내려가는 일이 더 어려울 수도 있다. 위는 욕망이다. 아무리 열심히 일해도 살림살이가 나아지지 않는 세상. 월급을 차곡차곡 모아 결혼하고 애를 낳고 집을 장만하는 꿈이 그냥 꿈으로 끝나는 현실. 사실상 '계층 사다리'는 존재하지 않는다. 부와 가난은 후대에 대물림된다.

좌파 언어학자 놈 촘스키는 "부의 분배를 살펴보면 불평등은 주로 0.1%의 초부유층에서 기인하며, 이는 미국의 정책이 전체 국민의 의지와는 정반대로 부유층에 막대한 이익을 주는 쪽으로 수정됐기 때문"이라고 분석한다.

사다리는 높은 곳 오르려는 욕망의 계단

우리가 도구로 사용하는 '사다리'는 높은 곳에 오르려는 욕망의 발판이다. 사닥다리라고도 한다. 적의 성벽을 공격하기 위해 높게 세운 망대도 사다리라고 부른다. 구름에 닿을 만큼 높게 세워졌다 하여 '운제'雲梯라고도 불렀다.

최근에는 신분을 놓고 금수저, 은수저, 흙수저 등 '수저론'이 자주 회자한다. 우리나라는 19세기까지만 해도 엄격한 신분 사회로 계층 간 이동이 사실상 불가능했다. 하지만 20세기 들어서면서 '개천에서 용 난다'는 말처럼 어려운 여건 속에서도 신분 상승을 이룬 인물들이 제법 있었다. 사법고시, 행정고시, 입법고시 등 흙수저도 금수저가 될 수 있는 여건을 만들어주는 신분 상승의 사다리가 만들어졌기 때문이다. 불평등 타파, 유리천장 깨기 등 여러 가지 시도는 그래서 희망의 사다리였다.

문제는 다시 원점이란 사실이다. 흙수저는 흙수저이고, 금수저는 그냥 금수저다. 아무리 노력해도 되는 것보다 안 되는 것이 많고, 금수저는 수단과 방법을 동원해 안 되는 것도 되게 만드는 온갖 불평등·불균형의 폐단이 이어지고 있기 때문이다.

아무리 사다리를 타려고 해도 허방이다. 인생 값이 혹독하다. '외상'이라도 긁고 미리 살아볼 수 있으면 좋으련만 그것도 빚이다.

한때 '어른'이 빨리 되고 싶었던 적이 있지만, 살다 보면 남아 있는 '어른'의 시간이 두려워진다. 주어진 시간은 출발점에서 멀어져 간다. 종점은 사람을 사무치게 한다. 아직은 버스에서 내릴 때가 아니니 '낙엽'이 아니라 둥치의 푸른 엽록소를 애써 잡고 있는 '잎'이다. 나이는 크게 달력 나이, 신체 나이, 정신 나이가 있다. 신체 나이는 운동으로 잡을 수 있지만 달력 나이는 인력으로 잡을 수 없다. 장미에 이유가 없듯, 꽃은 피니까 그냥 피는 것이다.

목도리와 장갑리(충북 괴산군 불정면·보은군 산외면)

스토리 I.

그는 어려서 학대를 받았다. 하지만 열심히 노력해 자수성가했다. 이후 아들이 생겼고 인생의 목표였던 최고급 스포츠카를 구입할 수 있었다. 어느 날, 차를 손질하러 가다가 이상한 소리가 들려 주변을 살펴봤다. 그런데 어린 아들이 스포츠카에 못으로 낙서를 하고 있는 게 아닌가. 이성을 잃은 그는 손에 잡힌 공구로 아들의 손을 가차 없이 짓뭉개버렸고 아들은 결국 손을 절단해야 했다. 수술에서 깨어난 아들은 아버지에게 잘린 손으로 울며 빌었다. "아빠, 다신 안 그럴게요. 용서해주세요." 집으로 돌아온 그날 저녁, 아버지는 차고에서 권총으로 자살했다. 그의 아들이 새긴 낙서는 다름 아닌 'I love daddy(아빠 사랑해요)'라는 글자였다.

스토리 II.

초등학교 때 한쪽 눈이 없는 엄마가 학교를 찾아왔다. 아이들은 "너네 엄마는 눈 없는 병신이냐"며 놀렸다. 아이는 엄마가 이 세상에서 없어졌으면 좋겠다고 생각했다. 세월은 흘러 사내도 결혼을 하고 자식도 낳았다. 이 행복이 깊어갈 때쯤, 낯선 이가 초인종을 눌렀다. 엄마였다. 하늘이 무너지는 듯했다. "당장 나가요. 꺼지라고요." 그러자 엄마는 "죄송합니다. 제가 집을 잘못 찾아왔나 봐요"라며 사라졌다. 그러던 어느 날 편지가 날아왔다. "사랑하는 내 아들아. 이제 다시는 찾아가지 않을게. 어렸을 때 네가 교통사고가 나서 한쪽 눈을 잃었단다. 그래서 내 눈을 주었단다. 그 눈으로 엄마 대신 세상을 하나 더 봐주는 네가 너무 기특했단다. 난 너를 한 번도 미워한 적이 없단다. 너를 많이도 사랑한다."

유튜브에 떠도는 이야기인데 픽션이어도 슬프고 논픽션이어도 슬프다. 그렇다. 사람들은 정말로 소중한 것이 무엇인지 잃어버리고서야 실감한다. 자칫 잘못하면 우린 '스포츠카'도 잃고 더 소중한 '자식'도 잃을 수 있다. 또한 '내 눈'도 잃고 '사랑하는 사람의 눈'도 잃을 수 있다. 우리는 사랑받을 줄만 알지, 사랑 주는 방법에는 미숙하다. 사랑에 관한 한 무한 이기주의자이기 때문이다.

가족처럼 온기 전하는 목도리와 장갑

오토바이 라이딩을 하다 보면 가족 생각이 7할이다. 붙어 있을 땐 그저 그랬는데 떨어져 있는 날이 많아질수록 그리움이 커져간다. 당장이라도 여정을 끝내고 집으로 돌아가고 싶어진다. 그 갈등은 아주 주기적이다. 그리고 집요하다. 자칫 마음을 다잡지 못하면 중도에 여행을 포기할 수밖에 없다. (물론) 집에 돌아가면 도로 아미타불이다. 그리움이란 항상 그렇다. 선택과 반전이 숨어 있다. 힘들어도 핑계를 대고 돌아설 수 없다. 그래서 버티고 서 있어야 한다. 내릴 수도, 갈아탈 수도, 따라잡을 수도, 추월할 수도 없기에 버텨야 한다. 다만 '처량하지 않게'라는 독소조항을 단다. 물론 세상은 곧장 답을 주지 않는다. 모든 것이 감감무소식이다. 왜냐하면 미리 '답'을 주면 어떤 '문제'에 봉착해도 스스로 풀 수 없어서다. 상처 입은 꽃이 향기를 뿜는 법이다.

목도리와 장갑은 온기다. 가족처럼 세트다. 함께 있어야 더 따뜻하다. 어느 한 개라도 없으면 허전해진다. 방한용으로 남녀가 같이 쓰는 머플러, 방한방서·방진용으로 어깨를 덮을 수 있는 숄, 모피나 우모로 가늘고 길게 만든 감촉이 부드러운 여성용의 보아boa, 목에 걸거나 머리를 싸매는 네커치프, 방한과 장식용으로 길게 만든 스톨 등이 있다. 이들은 온도에 따라 쓰임을 바꿔 가며 사랑의 농도를 맞춘다.

재밌는 건 충북 지명에 '목도리'와 '장갑리'가 있다는 거다. 충북 괴산군 불정면 목도리牧渡里는 조선 시대 말을 먹였던 곳을 목나루라고 한데서 유래했다. 자연마을로는 개실, 강당말, 물갯말 등이 있다. 강당말은 산 밑에 강당이 있었다 하여 붙은 이름이다. 물갯말은 목도리에서 가장 큰 마을로 괴강의 가장자리에 있어 붙은 이름이다. 경남 하동군 하동면 목도리牧島里 역시, 조선 시대 때 말을 놓아 먹였다고 해서 붙여진 이름이다. 마을 서쪽에는 섬진강이 흐르고 있으며, 동쪽으로 횡천강이 흘러가고 있다.

충북 보은군 산외면 장갑리長甲里는 1914년 행정구역 폐합에 따라 남악南岳, 벌말, 적말, 안말, 새말을 병합하여 장갑리라 했다고 한다. '장갑'이란 지명은 산언덕이 작게 돌출된 지형을 뜻한다고 전해진다.

비상리(충북 청주시 청원구)

선조들이 지은 땅이름지명이 훗날 딱 들어맞는 것을 보면 신기하고 놀랍다. 일찍이 선조들의 선견지명이 맞아떨어진 대표적인 곳은 충북 청주시 청원구 비하리와 비상리다. 청주국제공항이 들어선 곳으로, 비행기가 착륙하는 활주로 끝에 있는 동네 이름이 비하리飛下里고, 항공기가 바람을 일으키며 이륙하는 방향으로 난 마을의 이름이 비상리飛上里다. 선조들은 일찍이 비행기가 뜨고 앉는 공항이 들어설지 알고 있었단 말인가.

충남 서산시 해매면 기지리機池里도 예언이 들어맞은 지명 중의 하나로 꼽힌다. 20전투비행단 공군 기지가 조성돼 있기 때문이다. 이곳은 지형이 베틀명주·무명·삼베 등의 피륙을 짜는처럼 생겨 기지리라는 지명이 붙었다. 또한 기지리機池里는 조선 시대 해미현海美縣 남면 지역으로, 마을 논에 두레 10개로 퍼도 마르지 않을 이름난 샘이 있었다고 하는데, 그 샘이 무너지지 않도록 둘레에 나무 빈지를 쌓았던 것에서 지명이 유래했다고 한다. 〈여지도서輿地圖書〉와 〈호구총수戶口總數〉에 기지리에 관한 명칭이 확인된다.

경기도 포천시 신북면에도 기지리가 있다. 산모양이 베틀처럼 생겼고, 그 밑에 못이 있었다 하여 틀못, 틀모시, 틀무시 또는 기지라 했다. 공섬은 독골 서북쪽에 있는 마을로, 앞에 작은 섬이 있어서 놀이터로 이용했다 하여 붙여진 이름이다. 또는 숯장수가 살았다 하여 탄장이라고도 부른다. 독골은 틀무시 북쪽 바깥에 있는 마을로 독곡 성석린이 살았다고 한다. 양촌말은 청주 양楊씨가 많이 모여 살

앉다 하여 붙여진 이름이고, 유촌말은 문화 유柳씨가 모여 살던 동족촌이다.

 북한군의 침공을 방어하기 위하여 6·25전쟁 직전 국군이 철조 콘크리트로 축조한 4개의 진지 가운데 유일하게 보존된 영구 진지가 위치한다.

 전북 무주군 용담리도 지명처럼 결국은 댐이 건설된 곳이다. '용 용龍'자에 '못 담潭'자를 쓰는 지명처럼 '용이 자리를 틀고 있는 깊은 연못'이란 의미를 담고 있기 때문이다. 1992년 용담댐이 건설되기 이전까지만 해도 주민들조차 지명이 갖는 의미를 그리 많이 알지 못했지만, 댐이 건설되면서 선인들의 선견지명에 감탄했다는 이야기가 전해 온다. 용담댐 주위에 있는 와룡臥龍마을과 회룡回龍마을도 신비감을 자아내긴 마찬가지다. 하늘에서 내려다보면 용이 누워 있는 모습이고, 전설적인 동물인 용이 승천하기 위해서는 자연스레 물길을 돌고 돌아 하늘로 솟구쳐야 한다는 설명에 근거한다.

 이처럼 용담龍潭이란 지명을 쓰는 지역은 하천, 호수, 연못 등 물과 연관이 있는 지역이 많다. 남한강이 마을을 돌고 동서로 흐르며, 마을의 큰 늪에 용이 있다 하여 붙여진 경기도 양평군 양서면 용담리를 비롯해 월계천이 동서로 뻗어 흐르는 경기 여주시 산북면 용담리, 마을 앞으로 원전천이 흐르는 전북 남원시 주천면 용담리, 금강의 지류인 용수천이 남북으로 흐르는 세종특별자치시 금남면 용담리가 그곳이다.

지명사전

웃픈지명

친구들이 자주 찾는다. 안부를 물어오기도 하고, 만나자고 기별도 한다. 만나면 통음痛飲밖에 딱히 할 일이 없는데 자꾸 찾는다. 친구들이 그리워지면 늙어 간다는 징후다. 늙음은 외로움이다. 외로움은 불량하게 시들고 싶지 않다는 반항이다. 나이 먹었다고 기죽지 않겠다는 항거이기도 하다. 시간대로 보면 쓸쓸한 오후다.

만나면 잔뜩 벼른 듯 옛날얘기만 해댄다. 그리고 미안하다고 용서를 빈다. 무엇을 잘못했었는지 기억에도 없는데 자꾸 미안하다고 한다. 주정酒酊이라고 보기엔 너무 멀쩡하다. 이 또한 늙음이라는 말로 자조할 길밖엔 없다.

우린 어떤 일이 있어도 '욱'하지 않겠다고 다짐하지만 때때로 '욱'한다. '욱'하면 진다는 것을 알면서도 '욱'한다. 마음속에 불필요한 갑옷을 걸쳤기 때문이다. 육신 위에 이상한 버릇이 붙었기 때문이다. 영 밥맛없는 사람에게 '욱'할 바엔 차라리 웃는 얼굴로 안녕을 고하는 것이 편하다. '아침잠은 인생에서 가장 큰 지출'이라던 철강왕 앤드루 카네기의 말은 틀렸다. '일찍 일어나는 새가 많은 벌레를 잡는다.'는 속담도 틀려먹었다. 아침잠은 자연스럽게 없어진다. 늙으면 잠도 소멸한다.

나이가 들면 자꾸만 작아진다. 돈 벌 생각 때문에 작아지고, 보이지 않는 적과 싸우며 작아진다. 꿈의 크기와 마음의 용량이 작아지고 미래의 영향력도 작아진다. 그리고 푼수가 된다. 웃기지 않은데 크게 웃고, 손뼉 치지 말아야 할 때 혼자 손뼉을 친다. 작아짐은 결국 내려놓는 것이다. 내려놓고 싶지 않은데 내려놓아야 할 때가 얼마나 슬픈가. 그리고 충분히 작아졌다고 생각하면, 홀로 눈물을 훔친다. 무기력한 오후다.

용서마을(용서길)(전북 부안군 상서면)

'난 괜찮다'는 말은 '난 아프다'는 뜻이다. '화나지 않는다'는 말은 '화가 나지만 참는다'는 얘기다. 미소는 역설적이지만 행복하지 않을 때 자주 나타난다. 딸의 감정은 어머니에게 전염되는데, 어머니의 감정은 딸에게 영향을 미치지 않는다. 아버지의 감정도 아들에게 영향을 미친다. 스타 한 명의 비보가 전해지면 평균 600명이 그 영향으로 스스로 목숨을 끊는다는 연구 결과가 있다. 역린逆鱗은 왕의 분노가 아니라, 국민의 노여움이다. 세월歲月은 파괴적이다. 기억을 잠식한다. 분노하되 길을 잃지는 말자. 어느 쪽으로 가느냐보다 어디로 가고 싶은지가 더 중요하다.

전북 부안군 상서면 용서리龍西里·용서마을에 가면 용서길이 있다. 그러나 모든 것을 회개하면 용서해 주는 길은 아니다.^{도로명주소로 생긴 길이다} 마을버스 승강장 옆에는 '용서마을'이라는 큰 표지석이 있어 눈길을 끄는 그곳에는 쑥실, 용동리, 원용서 등이 있다. 쑥실은 한 나무꾼이 나무를 하러 가다가 바둑을 두고 있는 노인들을 정신없이 들여다보다가, 정신을 차리고 자기 도끼를 찾아 바삐 돌아와 보니 살던 곳이 대밭이 되어 버렸다 하여 붙은 이름이다. 용동리는 용서 동쪽에 있는 마을을 말한다. 원용서는 용서리의 원마을을 말한다.

전북 완주군 이서면 용서리龍棲里는 용숫골이라 불리는 원용서元龍棲, 게다리라 불리는 해교蟹橋라는 자연마을로 구성돼 있다. 원용서는 부근에 폭포수가 떨어지는 용소가 있어 생긴 이름이고, 해교는 마을 지형이 게다리와 같다든가 마을에 게가 엎드린 것과 같은 지형의 복해혈이 있어 그런 이름을 붙이게 됐다고 전해진다.

'용서'는 아름답지만 '용서'가 힘든 이유

영화 '용서받지 못한 자'는 퇴물 총잡이와 사악한 보안관의 극명한 대조를 통하여 선과 악의 모호한 경계를 그려낸 걸작으로 평가받는 작품이다. 이 영화에는 총이 등장하지만, 사람을 죽이기 위한 도구가 아니라 총을 어떻게 사용해야 하는지에 대해 물음으로써 인간들의 도덕적인 자기성찰을 보여주는 데 동원된다.

주인공 윌리엄 머니클린트 이스트우드가 보여주는 캐릭터 역시 서부극 영웅의 모습에서 벗어난다. 은퇴한 그는 현상금 때문에 다시 실전에 나서지만, 막상 결전의 순간에는 숨겨왔던 자신의 화려한 총잡이 기술을 보여주지 못하고 머뭇거린다. 그는 가차 없이 살육하던 무법자가 아니라 과거의 과오로 인해 여전히 죄의식에 시달리고 있는 나약한 존재일 뿐이다.

영국의 유명 저널리스트인 마리나 칸타쿠지노가 저술한 〈나는 너를 용서하기로 했다〉는 평생 지울 수 없는 상처와 고통을 끌어안고도 복수 대신 용서를 결심한 사람들의 이야기를 담은 작품이다. 세계적인 자선단체 '용서 프로젝트 THE FORGIVENESS PROJECT'를 통해 용서 경험을 공유한 46명의 이야기를 담은 책이다. 학대나 폭력, 테러, 학살, 전쟁 등으로 물리적·정신적 외상을 입었지만, 복수를 하는 대신, 용서와 씨름해 온 이들의 이야기를 전한다. 서로가 서로에게 등을 돌리고, 종교적·사회적 갈등이 범람하는 어두운 미래의 문턱에 서 있는 우리가 희망을 버리지 않아야 할 이유를 깨닫게 만든다.

그렇다면 용서하지 않는 것과 하는 것에는 어떤 차이가 있는가. 우리는 왜 용서해야 하는가. 용서하면 피해자가 분노나 복수의 마음에서 벗어날 수 있기 때문인가. 아니면 가해자의 마음이 편하기 위해서인가. 용서는 언제 해야 적절한가. 용서에는 반드시 전제조건이 있는가. 미국 텍사스크리스천대학교 브라이트 신학대학원 강남순 교수가 쓴 〈도대체 용서란 무엇인가?〉라는 책은 그러한 물음에 관한 철학적 성찰을 담고 있다. 또 용서의 지평이 얼마나 복잡한지도 보여준다.

물론, 용서만큼 어려운 것도 많지 않다. 그러나 용서처럼 큰일도 적지 않다. 죄인에게 내려지는 가장 큰 형벌이 용서라는 말도 있다. 용서는 어렵지만 그래서 아름답다. 범죄는 누구나 저지를 수 있지만, 용서는 누구나 할 수 없는 일이다.

상궁리(충북 보은군 내북면)

상궁尚宮은 4품 이상의 품계에는 오르지 못하던 조선 시대 내명부內命婦에 속하는 정5품 벼슬이다. 상궁 중 가장 지위가 높은 어른 상궁은 제조상궁提調尚宮으로 큰방상궁이라고도 불렸다. 내전의 어명을 받들며, 대소치산大小治産을 관장했다. 왕을 가까이 모시기 때문에 권세를 쥔 상궁이 많았으며, 부하 나인들에게는 두렵고 어려운 존재였다. 두 번째가 제조상궁 버금의 위치에 있는 부제조상궁으로, 아리고阿里庫상궁이라고도 했다. 내전 별고內殿別庫를 관리하고 옷감·그릇 등 안곳간內庫間의 출납을 관장했다.

다음으로 대령待令상궁으로 대전大殿 좌우에 시위侍衛하여 잠시도 떠나지 않고 임금을 모시는 상궁이었다. 지밀至密상궁이라고도 한다. 보모保姆상궁은 왕자왕녀의 양육을 도맡은 나인內人 중의 총책임자로서 동궁東宮을 비롯하여 각 왕자녀궁에 1명씩 있었다.

시녀侍女 상궁은 주로 지밀에서만 봉사하여 서적 등을 관장하고 글을 낭독하거나 문서의 정서, 대·소 잔치 때 시위侍衛와 승도承導의 일을 담당하며, 왕·대왕대비·왕비에게는 계청啓請·찬례贊禮·전도前導·승인承引·시위의 일을 하고, 왕세자세자빈에게는 승도·배위陪衛·찬청贊請·

전인前引의 일을 담당했다. 또한, 안으로는 상궁 나인들과 밖으로는 종친·조신朝臣 집안 부녀들에 대한 품사稟賜와 규찰을 하며, 곡읍哭泣의 일과 대·소 사우祠宇를 관장했다고 한다.

문제는 궁에 들어오면 늙고 병들기 전까지는 궁궐 밖으로 나갈 수 없었다는 점이다. 단, 모시던 분이 승하할 경우 3년 상을 치른 후에 집으로 돌아갈 수 있었다고 한다.

1926년 순종황제 승하 3개월 전의 창덕궁 나인에게 지급됐던 월봉명세서에 따르면 가장 높은 보수를 받았던 이는 잠시도 떠나지 않고 대전에서 임금을 모셨던 지밀상궁으로서 당시 월급이 196원현재 금액으로 200만 원가량으로 추정이었다고 한다. 하지만 궁녀들은 맡은 일, 연차, 품계에 따라 받는 월급이 달랐으므로 지밀 중 가장 적은 액수를 받은 이는 50원을 받았고, 나머지는 40원부터 95원 사이였다고 전해진다.

충북 보은군 내북면 상궁리上弓里는 궁뜰 위쪽에 위치해 있어 불리게 된 마을이다. 웃궁들 또는 상궁평이라고도 했다.

충남 예산군 고덕면 상궁리上宮里는 자연마을인 방리, 상리, 궁리 등을 병합하여 상리와 궁리의 이름을 따서 상궁리라 하였다고 한다.

광대리(충남 청양군 대치면)

충남 청양군 대치면 광대리光大里는 옛날 광대가 살았다 해서 형성된 마을이다. 칠갑산 북쪽 자락에 위치한 마을로, 해발고도가 높은 산촌마을이다.

전북 고창군 대산면 광대리光大里는 넓은 터에 마을을 이루어서

'광대廣垈'라고 했다는 설과 광대리 지형이 거문고·피리·젓대 등 풍수지리상 삼결지각三結之角으로 둘러싼 가운데 광대廣大들이 노는 형국이라 하여 붙여졌다는 설이 있다. 1914년 행정구역 개편 때부터 '광대光大'로 고쳐 쓰고 있다.

경기 여주시 능서면 광대리廣大里는 양화천과 매류천이 마을을 둘러싸고 흐르는 마을로, 자연마을로는 아랫땀, 웃땀, 한우물, 서낭뎅이가 있다. 아랫땀은 한우물 아래쪽에 있고, 웃땀은 한우물 위쪽에 있는 마을이라서 생긴 지명이다. 서낭뎅이란 지명은 서낭이라는 몇백 년 됐는 지 알 수 없는 나무가 마을 한복판에 있는 것에서 유래됐다.

전남 신안군 비금면 광대리光大里는 앞들이 넓고 커서 광대골, 또는 광대라고 불렸다고 한다.

광대는 탈놀이·인형극 같은 연극이나 줄타기·땅재주 같은 곡예를 하는 사람, 또는 판소리를 업으로 하는 사람을 칭한다. 배우·배창俳倡·극자劇子라고도 불린다. 고려사의 〈전영보전全英甫傳〉에는 광대란 가면을 쓰고 놀이하는 사람假面爲戲者을 가리키는 말이라고 했고, 〈훈몽자회訓蒙字會〉에서는 괴뢰傀儡, 즉 '꼭두각시'를 가리켰다. 18세기 후반에 송만재宋晩載가 지은 〈관우희觀優戱〉에는 가곡·음률·별곡, 판소리 열두 마당, 줄타기, 땅재주, 정재놀음舞樂과 가면무, 관원官員놀이·검무, 소학지희, 무가巫歌, 꼭두각시놀음傀儡戱 등 광대들의 놀이가 보다 구체적으로 나타난다.

이러한 광대 중에 소리하는 사람廣大과 재비樂士, 줄타기와 땅재주 하는 사람才人의 분업을 낳게 되었다고 전해진다.

성대가 나빠서 '소릿광대'가 되기가 어려우면 기악을 배워서 '재비'가 되고, 그것도 재주가 없으면 줄타기를 배워서 '줄쟁이'가 되거나, 땅재주를 배워서 '재주꾼'이 되고 그것도 안 되면 굿판에서 잔심부름이나 하는 '방석화랑이'가 됐다.

정약용丁若鏞의 〈목민심서〉에 보면 광대들은 봄·여름이면 고기잡이를 좇아 어촌으로 모여들고, 가을·겨울이면 추수를 바라고 농촌으로 쏠렸다. 창촌倉村과 사찰 등에서 각종 민속 연예로 놀고 그 대가로 행하行下를 받으면서 각지를 순회했다. 특히 굿중패, 남사당이라고 불리던 광대들은 풍물농악·버나대접 돌리기·살판땅재주·어름줄타기·덧보기가면무극·덜미꼭두각시놀음 등으로 재인 광대들의 이른바 가무백희의 전통을 이어받은 후예였음을 알 수 있다.

또한 조선조 말엽 판소리가 크게 성행하면서 양반은 물론 궁중에서까지 판이 벌어짐에 따라 광대라고 하면 흔히 '판소리에서 창을 부르는 직업적인 예능인'을 가리킨다. 판소리를 부르는 광대는 창을 위주로 하는 '소릿광대', 아니리와 재담을 위주로 하는 '아니리광대', 용모와 발림 등 연극적인 개념을 중시하는 '화초 광대' 등으로 나뉜다.

축내리(전남 보성군 조성면)

일정한 수나 양에서 모자람이 생기도록 하는 것을 축낸다고 한다. 또한 몸이나 얼굴에서 살이 빠지면 축났다고 한다. '축내다'에서 축은 '오그라들 축縮'자를 써 '오그라들게 하다'라는 뜻으로 '모자람이 생기게 하다'라는 뜻으로 의미가 확장됐다.

하릴없이 밥만 축내는 식충이라는 말은 잔인한 농弄이다. 호환마

마보다도 무섭다는 삼식이나 두 끼 먹는 두식이, 한 끼 먹는 일식이보다 하루 세끼를 모두 밖에서 해결하는 '영식이'를 좋아한다는 웃픈 시대상은 비극이다.

밥벌레 소리 듣지 않으려면 그까짓 거 부엌에 들어가면 된다. 서투른 솜씨로라도 아내를 위해 식탁을 차릴 때 삼식이는 다시 태어난다. 무엇을 어떻게 차려야 하는 고민은 하지 않아도 된다. 레시피는 인터넷에 널려 있으니까. 셰프chef나 달인처럼 현란한 칼질도 필요 없다. 이름도 알 수 없는 요란한 재료를 뿌리며 스테이크를 굽는 것만 섹시한 게 아니다. 부엌을 어지럽히고 손을 데이더라도 부인을 위해 한 끼를 준비하는 남편이 바로 섹시한 남자다. 요리는 '미고사축'미안해요·고마워요·사랑해요·축복해요을 전하는 러브레터다. '곁에 있어 줘 고맙다'는 인사다. 둘만을 위한 리얼리티 먹방 로맨스다.

전남 보성군 조성면에 '축내리'란 동네가 있다. 방죽 안쪽築內의 마을이라는 뜻이라고 한다. 마을 중심에 정자나무 3그루가 있다 하여 삼정三亭이란 자연마을이 있고, 특산물로 가내수공업으로 생산되는 용문석이 있다. 탐진강이 마을 동쪽으로 흐르는 전남 장흥군 장흥읍 축내리築內里 역시, 마을에 방죽이 있다 하여 붙여진 이름이다.

같은 장흥군 장평면에도 축내리丑內里가 있는데, 이곳은 마을 뒷등의 형국이 소와 같다고 해서 '소 축丑'자를 써서 부른다.

20대 청춘은 축내는 것이 아닌 보약 같은 경험치

20대 청춘의 어느 언저리에서, 그것도 차디찬 자취방에서 라면을 먹고 있으면 웃음이 피식 나왔다. 눈물 같은 웃음이었다. 어쩌면 비참함을 숨기기 위한 반어법이었는지도 모른다. 라면도 가난했고, 먹는 자도 가난했다. 라면도 외로웠고, 먹는 자도 외로웠다. 라면처럼 가난을 온전히 받아들이는 음식은 흔치 않다. 시골에서 용돈이 오면 제일 먼저 라면을 샀고, 라면이 떨어지면 '국수 같은 라면'을 먹었다. 국수 7할에 라면 3할을 섞은 것이다. 라면 같기도 하고, 국수 같기도 한 이 정체불명의 맛을 보면 또 웃음이 나왔다. 면은 국수 맛, 국물은 라면 맛이었다. 어떤 날엔 한 끼에 라면 2~3개를 먹어치우기도 했다. 골방처럼 어둡고 퀴퀴한 그 창백한 국물이 마음 깊은 곳까지 위로한 까닭이다. 라면은 간식이 아니라 절박한 끼니였다.

'라면' 이름만 들어도 군침이 도는 건 예나 지금이나 똑같다. 피크닉 갈 때도 라면부터 챙기고, 주전부리가 생각날 때도 과자보다 생라면을 씹는다. 특별하지 않은 음식이 특별하게 느껴지는 건 라면 가닥에 붙어 있는 맵짜면서도 애달픈 감상 탓이 크다. 팅팅 불어터진 면발을 보노라면 마치 불어터진 과거 같다. 그 짭조름한 감칠맛은, 저렴하고도 습관적인 맛이다. 찌그러진 양은냄비에 끓여야 더 맛있고, 배가 불러도 밥을 말아 먹어야 끝이 나는, 그 지난한 마무리는 습관이 아니라 위로다. 그 가난한 맛은 우리네 정서와 닮았다.

언젠가 아들이 아르바이트 첫 월급으로 라면을 사주었을 때 그 '진부한 선물'에 감격했다. 그 '애틋하고 짠해서' 목 넘김이 안 되는 해쓱한 국물을 보는데 눈물이 핑 돌았다. 국물을 먹어야 슬픔이 가라앉는 건 유년의 식성이다. 라면에 갖은 식재료를 넣지 않는 것도 그때의 입맛을 잊지 못하기 때문이다. 또한 잊지 않기 위해서다. 라

면을 보면 돌아보게 된다. 먹고 살기 어려워 라면조차 맘대로 먹지 못했던 과거와, 라면만큼은 맘대로 먹을 수 있는 현재의 기억을 즐기는 것이다. 라면에 관한 소고는 혼자서 절망을 씹고, 외로움을 씹고, 눈물을 삼키던 값싼 운명과도 연결된다. 젊음을 축내고, 건강을 축내고, 눈물을 축내던 그 맛, 꼬불꼬불 맹장을 뒤트는 유한의 욕망이 잊히질 않는다.

노안면(전남 나주시)

고동색 가방에 제비 한 마리 박힌 행낭을 둘러메고 우편집배원이 걸어온다. 동구 밖은 이미 '빨간 행복'으로 충만하다. 소싯적 행복 배달부는 동네 대소사를 모두 꿰차고 있는 마당발이었다. 어느 집에 숟가락이 몇 개 있는지조차 알았고, 품 딸릴 땐 농사를 거들었으며, 글에 어두운 할머니를 위해선 편지도 써 주었다. 대가는 정이 듬뿍 담긴 냉수 한 사발. 어쩌다 슬픈 소식이라도 전할 때엔 집배원도 함께 울었다. 우린 밤새워 쓴 연애편지를 찢고 또 찢다가 새벽이 돼서야 우표에 침을 발랐다. 그리곤 우체통 앞에서 우편번호와 주소를 수없이 확인했다. 하지만 결국 보내지 못하고 그냥 오는 경우가 허다했다. 일주일쯤 지난 뒤 집배원이 동구 밖에 나타나면 행여나 '순이' 편지일까 달음박질을 했다. 하지만 집배원에게 받아든 한 통의 편지엔 절망의 도장이 찍혀 있었다. '수취인 불명….'

낯선 도회지를 갈 때 손에 쥐고 있는 것은 주소가 적힌 한 장의 쪽지와 한 줌의 불안감이었다. 전화기가 별로 없던 시절, 그 쪽지에 적힌 주소는 하룻밤 거할 유일한 '처소 증명서'였다. 서울에서 '김 서방' 찾기는 거의 까막눈 수준이었다. 미아가 되느냐, 감격의 상봉을 하느냐 가슴이 콩닥거렸다.

하지만 세상이 바뀌어 이제는 첨단 휴대전화와 내비게이션이 '김 서방의 바늘'까지 찾아준다. 단풍잎 하나 슬쩍 끼워 보내는 편지도 행방불명이고, 애절하게 누군가를 찾을 이유도 없어졌다. 하지만 그 작은 '불편'이 되레 그리워지는 것은 왜일까.

'노안老眼'은 나이가 들면서 수정체의 탄성력이 감소하여 조절력이 떨어지는 안질환을 뜻한다. 초로初老의 '눈'은 시력을 잃으며 세상의 시선까지 놓친다. 많은 것을 보지 못하고, 많은 것을 읽지 못하니 눈과 귀가 어둡다.

노안은 곧 노화를 말하고, 이는 곧 '눈의 늙음'을 말한다. 신문이나 책을 볼 때 안경을 들어 올리는 모습은 '눈의 절규'다. 이때부터는 돋보기나 졸보기에 의존해야 한다. 돋보기는 먼 것은 잘 보고 가까운 것은 잘 보지 못하는 일, 또는 그런 사람이 쓰는 안경을 말한다. 눈의 굴절 이상으로 물체가 바로 보이지 않는 난시亂視는 어릿보기라고 한다. 졸보기는 가까운 것은 잘 보고 먼 것은 잘 보지 못할 때 쓴다.

돋보기와 졸보기는 '돋다'와 '졸다'에서 나온 말이다. '돋다'는 해가 돋는다, 새싹이 돋는다는 말에서 느낄 수 있듯 희망이다. 반대로 '졸다'는 '줄다'의 작은말로 '찌그러지다'와 통하는 말이다. 다시 말해 싹수가 안 보이는 말로 보면 된다. 그래서 진화進化는 우리말로 돋되기, 퇴화退化는 졸되기라고 하는 것이다.

전남 나주시 노안면老安面은 한자로 보면 노인들이 편안히 살 수 있다는 의미를 담고 있다. 노안은 1914년 행정구역 개편 때 이로伊老와 금안金安이 합성된 지명이라고 전해질 뿐 정확한 유래는 알려지지 않다. 북·동쪽으로 광주광역시, 서쪽으로 문평면文平面에 접한다. 면의 서계西界를 노령산맥의 지맥이 남북으로 뻗어 있고, 대부분의 지역이 해발고도 20m 내외의 구릉지와 영산강의 지류인 황룡강黃龍江의 범람원으로 형성된 비옥한 나주평야의 일부를 이룬다.

방화리(방화마을)(경남 하동군 북천면)

"헐~ 이 양반들! 참 큰일 날 사람들일세."
"누구 마음에 불을 지르겠다는 말이야?"
"모르지. 처녀 가슴에 불을 질러도 큰일인데, 뉘 집에 불을 놓으면 더 큰일 아닌가."

여행길에 만난 방화리방화마을 푯말을 보며 눈이 번쩍 뜨였다. 일부러 불을 지르는 방화放火일리는 없을 텐데 이정표에 순간 놀랐던 것이다. 물론 오해였다.

경남 하동군 북천면 방화리芳華里·방화마을는 두 가지 유래가 있다. 하나는 뒷산의 생김새가 디딜방아와 같다 하여 방화리이고, 또 하나는 뒷산인 구곡산 주변이 꽃잎과 같아서 붙여진 이름이라고 한다. 전북 순창군 구림면에도 방화리芳花里가 있다. 방화芳花는 해당화 꽃이 이슬을 머금은 모양인 해당함로海棠含露의 형상을 지녔다 하여 향기로운 꽃이 있는 마을이라는 뜻의 방화재芳花在에서 유래했다. 충효 사상이

특출한 마을로 효자가 많이 배출돼 마을 입구에는 비각도 서 있다.
서울시 강서구 방화동의 1963년 이전 명칭도 방화리傍花里였다.

때때로 마음속에 불이 타오를 때가 있다. 군중 속의 고독이 아닐진대 마음의 중력이 무시로 가볍다. 인생의 절반을 이웃과 이웃하지 않고 살았으니 그럴 만도 하다. 외로움은 지병처럼 쉽게 떠나지 않는다. 두려운 일은, 바로 그 두려움을 스스로 인식하기 시작했다는 점이다. 유배지가 아닌 곳에서 유배의 느낌으로 산다는 건 슬프다. 혈연공동체의 이 병약한 징조는 누구의 탓도 아니다. 스스로의 자학일 뿐이다. 그리움의 감정은 습지대 늪처럼, 썰물 때의 갯벌처럼 한번 발을 넣으면 좀처럼 빼내기 어렵다. 그럴 땐 악착같이 변명한다. "그래, 이건 외로운 게 아니라 외로운 척하는 거야...."

인생에서 여러 번 깨져보면 마음에 굳은살이 생긴다. 그렇다고 계속 평안하지는 않다. 모든 걸 알 것 같지만 여전히 연습 중이다. 연습은 언제라도 중단될 수 있음을 전제로 한다. 보편적으로 삶의 겉치레와 허명은 극히 이기적이다. 공동운명체가 아니라 개인 운명체다. 그들은 부나비처럼 불 옆에 가지 않는다. '너를 안아주려고 불타는 것이 아니라 너를 태워서 삶을 앗아가려고 하는 것'임을 눈치챘다. 그래서 공동체의 내밀한 규칙이나 관습, 묵계에서 줄행랑을 치곤 한다. 그 정신의 가벼움은 영리한 것처럼 보이지만 우둔한 행보다. 지금 겪는 일이 싫어서 도망치는 것보다 겪으면서 그 느낌을 받아들이는 게 낫다. 물에 빠진 사람은 더 밑으로 내려가 바닥을 차고 나와야 한다.

가슴에 불이 나는 부나비 같은 세상살이

모두가 외롭고 불안한 시대다. 문제는 가족·공동체가 약해지고 개인이 파편화됐다는 점이다. 어쩌면 곁에 있는 사람은 같이 가야 할 이웃이 아니라, 불편하고 위험한 이웃이다. 애걸복걸하는 사람에게 구걸하지 않으려면 능멸하는 자를 능멸해야 할지도 모른다. 인생은 덤으로 사는 게 아니다. 삶의 여유를 물외에서 누리고 싶다면 '내'가 아니라 '우리'여야 한다. 무겁고 불편한 '오늘'과 저당 잡힌 '내일'은 모두의 '하루'다. 반복을 견디는 게 삶이다. 튀어 봤자, 하루 세 끼 먹을 뿐이다.

가끔은 불을 높이 들어야 할 때도 있다. 민심의 촛불이다. 그 촛불은 불꽃이 아니라 불같은 분노다. 공권력에도 스러지지 않고, 어떠한 비바람에도 흔들리지 않는 함성이다. 자신의 몸을 태워 세상을 밝히는 촛불은 희생을 감수한 절절한 외침이다.

시인 김지하가 반골이 된 것은 대학생 때다. 그는 굴욕적인 한일회담 반대 운동을 하다 수배를 당해 숨어 지내야만 했다. 그때 중앙정보부가 자신의 아버지를 잡아다가 반신불구로 만들었다. 김지하는 새벽녘 산에 올라 떠오르는 태양 앞에서 눈물로 맹세했다. 이 세상에서 일체의 압제와 거짓이 사라질 때까지 목숨을 바쳐 싸우겠다고. 이후 그의 시는 만인의 '타는 목마름'을 해갈하는 횃불로 타올랐다. 횃불은 민심의 분노가 하늘을 찌를 때 타오르는 시뻘건 불이다.

이명박 정부가 미국산 쇠고기를 마구잡이로 가져오려 하자 성난 촛불이 켜졌다. 촛불은 무동 탄 아이들, 여중생, 유모차 부대, 하이힐 신은 처녀, 지팡이 짚은 노인을 광장으로 불러냈다. MB정부의 비정批政을 개탄하는 촛불은 그렇게 점화됐다. 그 촛불은 안전한 식탁 주권을 찾기 위한 '신선한' 항쟁이었다. 4대강 사업도 그랬다. 불도저로 강산을 파헤치며 23조 원의 혈세를 퍼부었다. '부자 감세' 정책으로 고소득층의 1인당 감세액이 중산서민층의 33배에 이르고, 대기업에 혜택이 돌아가는 감세액도 중소기업의 11배에 달했다. 신용불량 1000만 명, 비정규직 1000만 명은 어느 나라 사람인가.

국민들은 박근혜·최순실을 향해서도 최대한 높게 촛불을 들었다. 사상 초유의 국정농단 사태를 단죄한 것이다. 농단壟斷은 깎아지른 듯이 높이 솟은 언덕으로 혼자서 이익을 독차지함을 뜻한다. 촛불은 민주주의 제도가 작동하지 않고, 정당이 제 기능을 하지 못할 때 피어오른다. 촛불은 비폭력을 외칠 때 춤과 노래가 된다. 그 때문에 아무리 공권력을 투입해도 '불나방'이 되지 않는다.

대곡리(경북 경산시 하양읍)

30년 전 아버지는 자식의 공납금을 위해 밭뙈기를 팔았다. 소는 물론 개도 팔았다. 그런데 언젠가 사과 한 알을 몰래 따먹었다가 혼꾸멍난 적이 있었다. 왜 썩은 걸 먹지 않고 온전한 걸 먹었냐는 게 이유였다. 과수원집 아들은 까치가 쪼아 먹다 남긴 사과를 먹고, 슈퍼마켓 아들은 유통기한이 끝난 과자를 먹어야 한다는 걸 잠시 잊었다. 하지만 원망하지 않았다. 단지 죄라면 배고픈 입口이 문제였으니까. 그 사건 이후 지금까지 돈 주고는 사과를 사 먹지 않는다. 비싸서가 아니라 그때의 차가운 눈물을 가여운 '입'이 미리 기억하고 있기 때문이다.

우리나라에는 유독 대곡리라는 지명을 가진 동네가 많다. 무려 30개에 이른다. 물론 뜻도 다르고 유래도 다르다.

세종특별자치시 소정면을 비롯해 충북 충주시 주덕읍, 경기 가평군 가평읍, 강원 춘천시 북산면, 강원 홍천군 서면, 충남 서산시 해미면, 전북 장수군 장계면, 경북 포항시 북구 기북면, 경북 안동시 길안면과 임동면, 경북 영천시 금호읍, 경북 고령군 우곡면, 경북 청도군 이서면, 경남 진주시 대곡면, 경남 사천시 정동면, 경남 밀양시 초동면, 경남 합천군 쌍백면, 경남 창녕군 대합면과 남지읍, 경남 하동군 옥종면, 경남 의령군 부림면, 전북 임실군 임실읍과 남원시 대산면, 전남 순천시 송광면, 전남 담양군 금성면, 전남 곡성군 목사동면, 전남 장성군 삼서면, 전남 화순군 남면과 도곡면에 대곡리라는 동네가 있다. 한 개 시·군에 두 곳의 대곡리도 존재할 정도다.

'큰 대大'자와 '골골짜기 곡谷'자를 써서 큰 골짜기가 있다고 하여 붙여진 마을이 대부분이다. 일부는 마치 비단으로 띠를 두른 듯 해서, '띠 대帶'자와 '골 곡'자를 쓴다.

병내리(강원도 평창군 대관령면)

강원도 평창군 대관령면에 '병내리'가 있다. 인근에는 양떼목장도 있고 한국자생식물원도 있는 청정 고을이다. 병내리屛內里란 지명의 유래는 정확히 알려진 게 없다. '병풍 병屛'자를 쓰는 거로 보아 대관령이 둘러싸여 있는 마을이라 붙여진 이름이라는 게 정설이다. 자연마을로 개자니, 속새골, 진고개, 거릿개자니 등이 있다. 개자니는 지형이 개가 잠을 자는 형국이라 하여 붙여진 이름이고, 속새골은 속새풀이 많았다 하여 생긴 이름이다.

'병病은 심신의 전체 또는 일부가 일시적 또는 계속 장애를 일으켜 정상적인 기능을 영위할 수 없는 현상'을 말한다. 돈이 아무리 많아도, 의학기술이 아무리 발전했다고 해도 죽음은 피할 수 없다. 사람의 목숨은 하늘의 뜻에 달려 있다人命在天. 아무리 절대 권력을 가진 사람이라 하더라도, 사람의 목숨을 살리고 죽이는 생사여탈生死與奪을 초월할 수 없다. 물론 사람에 따라서는 같은 병이라도 이기는 사람이 있고, 그렇지 못한 사람이 존재한다. 때론 의학적으로 설명할 수 없는 기적을 일으키는 사람이 있는가 하면, 멀쩡한 사람이 한 방에 훅 가는 경우도 있다. 누구에게나 자신만의 '사용설명서'가 있다. 자신의 기본사양부터 익히고, 설명서대로 사용해야 오래 쓰고 고장이 나지 않는다. 인생은 단 한 번만 기회를 준다. 고장이 나면 반품 처리가 안 된다.

어차피 먹어야 하는 밥을 차려 먹는 건 위로다. 반대로 바깥 밥은 온기가 없다. 말 그대로 끼니다. '밥'이 '법'인 이유는 밥심으로 일하고, 밥심이 있어야 병이 나지 않기 때문이다. 식구食口란 굉장한 단어가 아니다. 입口을 공통분모로 하니 결국 한집에서 밥 먹는 사이다. 밥 한 끼의 인연으로 만나, 평생의 끼니를 함께하니 식구다. 만약 한두 끼를 먹어서 끝나는 일이라면 '밥답게' 먹지 않아도 된다. 그런데 죽는 날까지 삼시 세끼 먹어야 하니까 '밥답게' 먹으려는 것이다.

아내가 아프면 아내의 건강보다 '그럼 밥은?'이라며 자기 밥걱정만 하는 철없는 남편들이 아직도 많다. 개수대에 쌓여 있는 설거지를 쳐다보며 비난을 퍼부을 게 아니라, 미처 닦아내지 못한 하루라고 생각하고 고무장갑을 끼는 게 도리다. '님'이란 글자에 점 하나만 붙이면 '남'이다.

호구리(전남 진도군 임회면)

전남 진도군 임회면 호구리의 '호구虎口'는 한자 뜻대로 범의 아가리다. 호구리가 속한 용호리는 본래 진도군 임일면의 지역으로서 1914년 행정구역 개편에 따라 용산리, 도장리와 함께 호구리를 병합하여 용산과 호구의 이름을 따서 용호리라 했다. 여귀산女貴山에서 분기한 산릉을 배후산지로 하고 앞에는 석교천石橋川의 지류가 흐른다. 석교천의 지류 건너 마을 맞은편에는 대곡산–삼막봉–대학봉–봉호산으로 이어지는 산릉이 펼쳐져 있다. 100~200m 정도로 높지 않다. 군도가 마을 앞을 지나 의신면과 연결되고, 광석초등학교 부근에서는 국도 18호와 연결되어 진도읍을 쉽게 이용할 수 있다.

호구虎口는 '범의 아가리'를 뜻하는 말이지만, 주로 어수룩하여 이용하기 좋은 사람을 비유적으로 이르는 말이기도 하다. 호구 같은 고객을 가리켜 '호갱'이라고도 한다. 이른바 바가지 씌우기 좋은 사람을 일컫는다. 잠시 한눈을 팔거나 딴생각을 하면 호구 되기 십상이다. 오죽하면 눈 뜨고도 코 베가는 세상이라고 하지 않는가.

그럼 어떻게 해야 호구 소리를 듣지 않고 살 수 있을까. 직장 동료가 곤란한 일을 도와달라고 할 때, 친한 선배가 돈을 빌려달라고 할 때 아내를 떠올려 보라. 처음부터 너무 쉽게 받아주면 나중에는 당연하다는 듯 요구하는 게 인간사다. 처음부터 'YES'라고 말하다가 나중에 'NO'라고 말하면 욕을 얻어먹는 것은 물론, 관계까지 어그러지게 된다. 그들은 또 당신이 모든 것을 받아주면 착해서가 아니라 호구이기 때문이라고 생각한다.

'요조숙녀 군자호구窈窕淑女 君子好逑'라 했다.

그윽하고 정숙한 숙녀는 군자의 좋은 짝이요, 행실과 품행이 고운 여인이야말로 군자의 좋은 배필이 된다는 말이다. 여기서 호구는 무지렁이가 아니라 곧 좋은 배필이라는 뜻이니, 여자 말을 들어서 손해 볼 일은 없다. 미국이 사상가이자 시인이기도 한 랠프 왈도 에머슨Ralph Waldo Emerson은 "그대의 선량함에는 반드시 가시가 있어야 한다. 그렇지 않으면 그 선량함은 없는 것이나 마찬가지"라고 말했다.

누구나 착하게 살아야 한다고 배운다. 하지만 그저 착하기만 하고 물러터진 사람은 '호구'로 본다. 무조건 타협하는 것은 잘못이다. 적당히 물러서고 참게 되면 그만큼 설 수 있는 공간이 줄어든다.

스스로를 지나치게 낮추는 것도 옳지 않다. 처음에는 깐깐하게 굴고 나중에 관대하게 행동해야 무시를 당하지 않는다. 다른 사람이 함부로 경계를 넘어오지 못하도록, 한계선을 확실하게 그어 놓는 자신만의 원칙이 바로 설 때 상대도 조심한다.

하루하루 '호구'가 되는 투명인간 사회

두꺼운 외투를 걸치고, 챙 넓은 모자를 눌러쓰고, 얼굴을 붕대로 가린들 투명인간이 될 수는 없다. 그놈이 그놈인 것을 모두들 안다. 투명인간이 된다는 건, 욕망을 방해하는 갑갑한 시스템과 작별하는 일이다. 무얼 보든, 무얼 먹든, 무슨 짓을 하든, 막을 사람은 없다. (사람마다 다를 테지만) 투명인간이 돼서 제일 먼저 하고 싶은 걸 고르라면, 여자 목욕탕에 들어가는 일과 은행銀行 터는 일일 것이다. 시험 문제지를 도둑질하고, 남의 일기장을 훔쳐보고, 미워하는 작자를 혼내주는 일 따위는 뒷순위다. 투명인간이 되고 싶은 이유는 '권력'과 밀접한 관계가 있다. 투명인간이 되면 절대 권력이 되고, 절대 권력은 또 다른 절대 권력을 낳는다.

요즘 투명인간은 '안 보이는 사람'이 아니라 눈에 띄지 않을 정도로 존재감 없는 사람을 일컫는다. 이 투명인간은 익명성이다. '나를 좀 봐 달라'는 하소연에도 타인들은 좀처럼 봐주지 않는다. '거기에 내가 있다'고 손짓해도 다가오지 않는다. 중산층 몰락, 비정규직, 청년실업, 이 불안정한 하류사회는 안 보이는 투명인간에 대한 갈망과 눈에 띄지 않는 투명인간을 양산하고 있다. 가시밭길에서 살지언정 타인만큼은 꽃길을 가도록 배려했던 이들마저 해 저문 인생의 벼랑으로 떠밀린다. 춥고, 배고프고, 아파도, 끙끙대며 하루를 살아가는 투명인간들.... 단 1분이라도 안 보이는 투명인간이 되고 싶은 것은 힘들이지 않고 돈을 벌거나, 힘들이지 않고 미색美色을 탐하고 싶어서인지도 모른다. 이런 발칙한 상상들은 바로 절름발이 사회가 낳은 망상이다.

인간의 잔혹함은 끝이 없다. 오스트랄로피테쿠스는 뼈를 이용한 무기로 살해하는 법을 익혔다. 베이징원인은 두개골에 구멍을 내어 뇌를 파내는 식인종이었고, 네안데르탈인과 크로마뇽인 역시 동족을 잡아먹는 식인종이었다. 인간의 선행과 구제, 자비와 평화는 막간에 잠시 비치는 햇빛 정도에 불과하다.

우린 보이지 않는 진짜 투명인간이 되고 싶어 한다. 이는 악당이 되거나, 악당을 응징하고 싶어서다. 한없이 슬픈, 이 불온한 상상은 편하게 살고 싶은 욕망이다.

압사리(경남 진주시 지수면)

죽음에는 분명한 이유가 있다. 변명이 없다. 병으로 숨지거나 굶어 죽거나, 사고로 죽거나…. 누군가의 총과 칼에, 누군가가 던진 돌에 맞아 죽기도 하고 멀쩡한 맨홀이 꺼져 빠져 죽는 허망한 죽음도 있다. 감전되어 죽기도 하고 물에 빠져 죽기도 한다. 무거운 것에 눌려 죽거나 깔려 죽기도 한다. 심지어 스스로 목숨을 끊는 자살도 빈번하다. 병사病死, 숙환宿患, 아사餓死, 소사燒死, 윤회輪禍, 피살被殺, 타살他殺, 낙상사落傷死, 전사戰死, 동사凍死, 사고사事故死, 압사壓死, 익사溺死, 자살自殺 등등.

이 세상에 '하찮은 목숨'이란 없다. 한 명의 '라이언 일병'을 구하기 위해 수많은 희생자를 내는 것은 코미디다. '자살'을 거꾸로 읽으면 '살자'가 된다. 결국 자살은 생각하기에 따라 얼마든지 생의 끈을 잡을 수가 있다. 단지 거꾸로 생각해보지 않아서 결행하는 것이다.

'근심은 애욕에서 생기고 재앙은 물욕에서 생기며 죄는 참지 못함에서 생기느니라.'

희대의 살인마 강호순의 집 거실에서 발견된 격언이다. 그는 매일 아침 그 격언을 보고도 '살인의 추억'을 떠올렸을 것이다. 더더욱 가관인 것은 얼굴이 공개되자 자신의 자식들이 충격 받을까 두렵다고 했다. 범행 관련 책자를 써서 자식들에게 인세를 주고 싶다고도 했다. 자신의 자식은 소중한 줄 알면서도 남의 목숨은 가벼이 여기는 그의 핏빛 '야누스'에 소름이 돋는다.

경남 진주시 지수면 압사리鴨寺里는 원래 함안군에 속해 있다가 1914년 행정 구역 통폐합에 따라 압현리와 구사리를 병합하여 압사리라 하고, 진주군 지수면에 편입시켜 오늘에 이르게 됐다. 이 마을은 예부터 '영감 없이는 살아도 고무장화 없이는 못 산다'는 전설이 있다. 황토가 신발 바닥에 잘 붙어서 떨어지지 않는다는 뜻에서 내려오는 전설이라고 한다.

아사리(경북 경산시 진량읍)

'아사餓死'는 굶어 죽는 것이다. 우리나라에서는 흔치 않은 일이지만, 아직도 에티오피아, 소말리아, 케냐 등에서는 굶주림으로 죽은 어린이들이 적지 않다. 통계에 따르면 전 세계 인구 중 12억 명 이상이 기아飢餓에 시달리고 있다고 한다. 북한 주민의 37%도 배고픔에 시달리고 있다는 통계가 있다.

하지만 우리는 보릿고개를 넘어선 지 그리 오래되지 않았는데 음식물 쓰레기가 넘쳐난다. 먹을 게 남아돈다. 일부 정치인들은 명분이 없는 '배부른 단식'을 한다. 배고픈 적이 없으니 배고픈 이의 고통을 알 리가 없다. 배고픈 적이 없으니 툭 하면 단식 퍼포먼스다. 진짜 배고픈 것이 어떤 느낌인지 모를 것이다. 배고픔은 딱 '죽을 만큼'의 고통이다.

흔히 몹시 어지러운 속세의 정치판을 '난장판'이라고 한다. 개들이 진흙탕에서 물고 뜯으며 싸우는 걸 이전투구泥田鬪狗 '개판'이라고 하고, 막다른 데에 이르러 더 이상 어찌할 수 없는 상황을 '이판사판'이라고 한다. 몹시 난잡하고 무질서하게 엉망인 상태는 '아사리판'이라고 일컫는다. '아사리'는 빼앗는 것을 의미하는 '앗다奪'의 줄기 '앗'에 관형사형 어미 '을'이 붙고 아래 사람을 나타내는 어미 '이'가 붙어 '앗을이'가 됐고, 그 말에서 '아사리'가 됐다는 설이 첫 번째다.

또한 일본말 '아사리あさり'에서 유래했다는 설이다. 아사리浅蜊는 원래 조개의 일종인 바지락을 뜻하는데 다른 조개와 달리 바지락이 담긴 그릇은 흔들릴 때 '사그락사그락' 소리가 난다고 하여 '아사리판'이 됐다는 얘기다.

일각에서는 인도 범어에서 유래했다는 주장도 있다. 산스크리트어에서 덕망이 높은 스님을 '아사리acarya'라고 하는데 이를 중국어로 전사하여 '阿闍利아상리' 혹은 '阿遮利夜아차리야'가 되었다는 설이다. 그러나 아사리판은 원칙과 정도正道가 없고 편법과 사도邪道가 횡행하는 말법末法의 시대를 일컫는 무질서한 상황을 말할 때 가장 많이 쓴다. 그중에서도 정치판을 빗대는 경우가 주를 이룬다.

경북 경산시 진량읍 아사리阿沙里는 아사리판과 달리, 평지가 대부분을 차지하고 있는 전형적인 농촌 마을이다. 마을 남쪽에 신곡지, 개양지, 상곡지, 대곡지 등이 분포해 있으며, 북쪽에는 아사들과 국개들이 넓게 펼쳐져 있다. 아사리는 금학산 밑 둔덕 위에 위치한다 해서 '아새' 또는 '아학'이라 불리다가 아사 마을이라 개칭되었다고 전해진다.

전두환·노태우의 '아사리판' 계란프라이

"자네 구치소에서는 계란 프라이 주나?"(전두환 전 대통령)

"안 줍니다"(노태우 전 대통령)

"우리도 안 줘"(전두환).

12·12 사건과 5·18 사건으로 나란히 법정에 출석했던 두 사람이 처음 나눈 대화는 '구치소 계란 프라이' 문답問答이었다. 대통령 범죄자들의 한심한 대화다. 단죄를 받는 그 순간에도 계란프라이餓死: 굶어 죽음, 여기서는 반찬 타령가 그렇게 중요했을까. 아사리판이다.

친구 따라 강남 간다는 말이 있지만, 친구 따라 대통령이 된 것은 아마 노 씨가 유일무이하다. 전 씨는 40년 가까이 그림자 심복이었던 그에게 자신이 맡았던 공직을 다섯 차례나 넘겨줬다. 노 씨는 내무장관 시절 전 씨 전갈을 받고 "내가 지금 감기가 몹시 들었는데 대통령에게 옮기면 안 되니 다음으로 미뤄 달라"고 했다. 그렇게 군신 관계에 철저했던 노태우도 대통령 당선 뒤엔 180도 달라졌다. 그는 자신의 등 뒤에서 '상왕' 노릇을 하려던 전두환의 계획을 무산시켰고 백담사로 유배까지 보냈다. '보통사람' 노태우도 '보통이 넘는' 전두환의 비위를 더 이상 맞출 수 없었던 것이다.

굶어 죽지 않고, 먹고 사는 문제는 무척이나 중요하다. 걷는 것은 문자文字보다 빨랐다. 먹는 것은 언어보다 빨랐다. 인류의 조상이라고 일컬어지는 오스트랄로피테쿠스남쪽 원숭이는 활엽수림이 줄어들고 지구대가 건조해지기 시작한 600만 년 전, 나무에서 내려왔다. 나무에 매달려 네발로 기던 원숭이가 두 발로 걷기 시작한 것은 상상도 할 수 없는 진화였다. 앞다리를 들어 직립보행을 하니 사냥이 수월해졌다. 또한 두 발로 걸으니 두 손이 남았다. 그 두 손으로 다른 일을 할 수 있으니 획기적이었다. 아무리 진화된 오스트랄로피테쿠스라고 해도 두개頭蓋용량이 현생인류의 3분의 1에 지나지 않는 고릴라였을 뿐이다.

호모하빌리스손쓴 사람에 이어 탄생한 호모에렉투스곧선사람는 꼿꼿하게 서서 다녔고 '불'을 만들어 썼다. 꼿꼿하게 선다는 건 멀리 볼 수 있다는 뜻이었다. 뇌의 용량이 커져 도구를 사용한 호모사피엔스슬기 있는 사람는 점차 뛰기 시작했다. '걷기'에서 '뛰기'로 업그레이드하자 사냥감이 늘었고 진화의 속도 또한 빨라졌다. 현대인의 외모와 지능을 거의 갖춘 호모사피엔스사피엔스슬기+슬기 사람는 속도를 조절하며 달렸다. '걷기'는 단순히 움직이는 것이 아니라 '뛰기' 위한 엔진으로 DNA를 바꾼 것이다. 모든 것이 죽지 않기 위해서였다.

내기리(전남 나주시 산포면)

바이크는 오감 five senses, 五感으로 탄다.

바람은 보이지 않는 게 상식이지만, 오토바이를 타면 바람도 보인다. 풍경이 시선에 잡히는 동시에 바람도 풍화된다. 바람에도 그림자가 있다. 고로, 풍경의 아름다움은 바람의 표피에 묻혀 더욱 견고해지고 선명해진다. 사람의 눈은 눈앞 6m 이상의 거리에 있는 물체를 보기 위해 망막에서 상像을 맺는다. 색의 감각은 주로 파장에 관계된다. 사람이 느낄 수 있는 빛은 파장이 760~380㎚까지다. 스펙트럼으로 구별할 수 있는 색상은 빨간색에서 보라색까지인데, 사람의 눈은 약 160가지의 색상을 구별할 수 있다. 하지만 라이딩을 하면 모든 색을 읽을 수 없다. 그래서 풍경도 늙는다.

우스갯소리지만, 라이딩을 장시간 하다 보면 일시적인 착시도 생긴다. 도로 바닥에 쓰인 '노인 보호구역'이 '노안 보호구역'으로 읽히고 '어린이 보호구역'이 '아린 이 보호구역'으로도 읽힌다. 지금은 아동이라는 말을 표기해 놓지 않았지만 '아동 보호구역'이 '야동 보호구역'으로 보여 당황할 때도 있다. 나주시 산포면 '내기리'를 발견했을 때도 처음엔 착시인 줄 알았다. 알고 보니 이곳은 '안 내內'자에 '터 기基'자를 쓴다. 마을 안쪽에 위치해 있어 붙여진 이름이다. 강진군 작천면, 경기 평택시 포승읍과 전북 부안군 동진면에도 '내기리'가 있다.

다산 정약용, 연암 박지원도 좋아한 '내기'

"촉석루에서 저포 노름을 하며 3000전을 가지고 여러 기생들에게 뿌려주던 일을 기억하십니까?" 다산 정약용이 지인에게 보낸 편지로 '다산시문집'에 어엿이 실려 있는 글이다. 목민심서에서 관리의 청렴을 그토록 강조했던 다산도 당시 유행하던 저포 노름만큼은 피해가지 못했다. 저포는 윷놀이의 일종으로 편을 갈라 말을 움직여 먼저 궁에 들어가면 이기는 방식이다.

'열하일기'를 쓴 연암 박지원도 글을 쓰다가 생각이 막히면 혼자서 좌우 양손에 하나씩 잡고 저포 노름을 했다. 러시아의 문호 도스토예프스키는 '도박자'라는 소설을 쓴 당사자지만, 도박에 미쳐 가산을 탕진한 사람으로도 유명하다. 그는 유럽까지 원정을 다니며 룰렛게임을 했는데, 옷, 신발 심지어 낡은 모자조차도 전당포에 맡겼다. 도박을 끊겠다고 아내에게 무릎을 꿇고 용서를 빌면서도 돌아서면 그뿐이었다. 그가 아내에게 보낸 편지는 대문호답지 않게 너무나 군색하다.

"여보, 내가 갖고 있던 돈을 몽땅 잃었소. 제발 상심하지 말았으면 좋겠구려. 앞으로는 형편없는 도둑놈처럼 몰래 빠져나가 도박판에 끼어드는 짓을 절대로 하지 않으리다…."

내기bet는 서로 금전이나 물품 등 무엇인가를 주고받기로 약속하고 이기느냐, 지느냐를 겨루는 일이다. 승부근성이 강한 우리 민족은 예로부터 무슨 일을 할 때 서로 내기를 걸고 승패를 가르는 것을 좋아했다. 돈이나 재물을 걸고 주사위·골패·마작·화투·카드 등을 이용해 서로 따먹기를 하는 행위도 그 일환이다. 하지만 화투나 카드 등이 심심풀이나 놀이정도에 그치지 않는 경우 노름, 즉 '도박賭博'이라고 한다. 특히 노름은 어느 사회에서나 비도덕적인 일로 생각했으며, 심심풀이로 하는 일시적이고 소규모적인 것을 제외한 조직적이고 계속적인 행위에 대해서는 법률로 금지하여 왔다.

노름의 역사는 매우 오래여서 유사 이전부터 행하여져 온 것으로 추측된다. 우리나라의 대표적인 노름이라고 할 수 있는 투전은 조선시대 숙종 때 중국에 자주 드나들던 장현張炫이 시작한 것으로 전한다. 당시 조정朝廷에서는 투전이 도둑질보다 더 큰 해를 끼친다고 하여 이를 법으로 엄금했다. 하지만 당시에도 지금처럼 초상집에서는 공공연하게 노름판을 벌였으며 관에서도 이를 눈감아주기도 했다.

노름은 패를 쓰는 투전·골패·화투·마작·트럼프를 비롯해 주사위를 쓰는 것으로 쌍륙이나 다이스dice, 기계를 작동시켜 즐기는 것으로 룰렛roulette·슬롯머신slot machine·빙고bingo·빠찡꼬 등이 있다. 물론 예전에는 소싸움과 닭싸움 등 동물을 위한 노름도 널리 행해졌다. 엄밀히 말하면 요즘 대박을 꿈꾸며 사는 로또나 연금복권, 스포츠토토 등도 제3자의 행위와 맞물려 행해지는 일종의 '내기'라 할 수 있다. 복권은 사행심射倖心을 키운다는 비난을 면하기 어렵지만, 그 이익금을 공익사업에 쓰고 이를 국가나 공공단체에서 시행한다는 데에서 명분을 찾고 있다.

대박리(세종시 금남면)

다사리와 금사리에 가면 모든 물품, 특히 금붙이라면 모두 사줄 것 같은 인상을 풍긴다면, 이곳에 가면 일명 '대박'을 터뜨릴 것 같은 마을도 있다. '대박'은 흥행에 성공하거나 큰돈을 버는 것을 일컫는 유행어다. '대박'의 어원은 정확히 밝혀지지 않았지만, 그 가운데 제기되고 있는 것 중의 하나가 큰 배를 일컫는 '大舶대박' 설이다. 예전에 밀항선이나 화물선과 같은 큰 배가 항구에 들어오면, 온갖 진귀한 물건들을 접할 수 있었고, 또 그 물건을 팔아 돈도 벌 수 있었던 데서 나온 견해다. 예컨대, 밀항선이나 화물선과 같은 큰 배는 재화를 버는 원천이 될 수 있었고, 그래서 '큰 배'를 뜻하는 '대박'에 '큰 이득'이라는 비유적 의미가 생겨난 게 아니냐는 설명이다.

세종시 금남면 대박리大朴里는 마을의 형국이 함박꽃 같아 '함박금이' 즉, 큰 마을이라는 의미에서 '대박'이라고 불리다가 대박리로 개칭됐다고 한다. 충남 연기군 금남면에 속해 있다가 2012년 7월 세종특별자치시 금남면으로 편입되면서 기초자치단체에서 특별자치단체 소속으로 바뀌었다. 군민에서 특별시민이 되었으니 이미 대박이 난 것이나 다름없다.

대박이라는 지명은 또 있다. 충남 청양군 정산면 대박리大朴里이다. 지명 유래는 정확히 알려진 게 없지만 '후박 박朴'자를 쓰는 것을 보면 큰 후박나무가 있거나 인근에 있는 대박저수지와 연관이 있을 것이라는 추측이 가능하다.

인생역전? 인생여전?…대박과 쪽박 사이

우리가 꾸는 대박의 꿈은 무력無力하다. 꿈은 억지로 꾸어지지 않는다. 간절히 원하면 꿈을 꾸게 된다지만, 보고 싶은 것은 꿈에 좀체 나타나지 않는다. 일주일치의 꿈, 일주일치의 희망 '로또'는 무명씨들이 꿈꾸는 희망의 숫자다. 복권방은 꿈을 사고파는 곳으로, 복권 한 장은 희망의 승차권이다. 지갑 속에 넣은 5000원어치 복권 한 장은 5만 원, 5억 원의 희망으로 자란다. 복권 사는 68%는 중하층 서민들이다. 인생역전을 위한 허황된 한탕주의라고 비난하는 사람들도 있지만 복권은 사회상을 대변하는 바로미터다. 실업과 불황, 구조조정 칼바람이 판을 치는 세상에 복권은 벼랑 끝에서 붙잡는 희망이다. 인생역전, 아니 '인생여전'이 될지라도 그들은 5000원어치의 꿈과 희망을 산다. 행여 그 꿈이 100배, 1000배로 뻥튀기 되지 않을지라도 5000원어치의 운수대통을 꿈꾸는 것이다. 복권은 허접한 삶을 갈음할 수 있는 장밋빛 인생의 매개이기 때문이다.

(그런데) 매일 통장에서 빈털터리 소리가 난다. 카드 돌려막기를 눈치챈 은행권의 잔혹한 재촉은 살벌하다. 통장 잔고가 비었으니 삶의 잔고도 빼버리겠다는 겁박처럼 느껴진다.

사실 당첨은 힘들다. 로또복권의 1등 당첨 확률은 814만분의 1이다. 벼락을 연속 두 번 맞을 확률이고, 매주 20만 원씩 3200년을 사야 한 번 당첨될까 말까 할 확률이다. 80kg 쌀 한 가마니에 들어 있는 쌀알은 260만~300만개쯤 된다. 쌀 세 가마니를 쏟아 놓고 검은 쌀을 한 톨 섞은 뒤 눈을 가린 채 그것을 집어들 확률과 맞먹는다. 부산에서 동대구까지 고속도로에 1원짜리 동전을 일렬로 죽 늘어놓고 그중 하나를 무심코 집을 확률과도 비슷하다. 죽어도 안 되는 일에 죽어라 하고 매달리는 격이다. 그러나 멈출 수는 없다. 어차피 꿈은 꿈이니까. 그 꿈이라도 잡아야 행복하니까.

꿈은 어차피 공짜다.

"아, 월급쟁이 못해먹겠다. 나도 장사나 한번 해볼까. 장사하는 데 임자가 따로 있나." 직장 스트레스에 찌든 월급쟁이라면 한번쯤은 상상해봤을 법한 그림이다. 하지만 이 간단한 결심이 잔인한 결과로 끝나는 경우가 많다. 괜찮은 사업 아이템 잡아서 점포만 차리면 '대박'이 날 것 같지만, 현실에 부딪혀 보면 '쪽박' 찰 확률이 더 크다. 보통의 사람들은 '사업'에 '돈'을 맞추지 않고, 가지고 있는 '돈'에 '사업'을 맞추기 때문이다. 망하는 집터는 항상 망하는 이유가 있다. 시장조사는커녕, 앉아서 계산기만 두드리다 뛰어드니 망한다. '입'으로 개업하고 '눈대중'感으로 영업하는 사람들은 대체로 실패한다. 폐업 자리에 개업하는 사람들의 경우다. 본인이 하면 잘할 것 같지만 천만의 말씀이다. 이 세상은 만만하지 않다. 겁 없이 덤벼드는 건 겁이 없어서가 아니다. 두려움을 알면서도 두려움을 일부러 모른척 하기 때문이다.

'닭집치킨집'을 차렸다고 가정해 보자. (보통의 기준으로) 상가 보증금 2500만원, 권리금 2500만원, 인테리어와 집기류 3000만원 등 8000만원을 투자한다. 대출금 5000만원에 대한 이자만 한 달에 30만원씩 낸다. 생닭, 기름대두유, 파우더, 포장박스, 무, 콜라, 소스, 소금 담는 비닐, 비닐봉지까지 사야 하고 배달비인건비도 만만치 않다. '한

집 건너 닭집'일 정도로 치킨게임도 격렬하다. 보통사람들은 모른다. 제빵업자들은 빵 한 조각을 팔기 위해 새벽부터 채비를 한다. 아침 식탁을 채우는 고소한 빵은 눈물로 반죽한 것이다. 설렁탕집^{식당}의 국물도 밤새워 불결을 지켜야 나오는 눈물겨운 육수다. 오늘 본 주인의 얼굴은 오늘의 얼굴이 아니라, 새벽부터 일한 어제의 얼굴이다. 자영업은 최후의 보루가 아니다. 막다른 벼랑 끝에 서서 눈물로 버티는 최후의 밥벌이다.

파산리(경북 구미시 고아읍)

대박리가 있으면 파산리도 있다.

경북 구미시 고아읍 파산리^{巴山里}는 당초 마을 뒷산의 모습이 뱀과 비슷하여 마을 이름을 사미동^{巳尾洞}이라 불렀다고 한다. 그러나 집에 뱀이 너무 자주 들어와 이를 막기 위해 뱀의 눈을 뺀다는 의미로 '뱀 사^巳'자에 점을 찍어 파토리^{巴吐里}라 하였고, 후에 파산리로 바뀌게 됐다고 한다. 자연마을로는 봇들^{일명 파산·파토동}, 화개동^{花開洞·일명 하망정} 등이 있다. 봇들은 조선 말기에 대망리에서 파산리 쪽으로 큰 보^洑가 있었다고 하여 붙여진 이름이다. 화개동은 봇들 남동쪽에 있는 마을로 양지쪽이어서 꽃이 일찍 핀다고 하여 붙여진 이름이다.

전하는 말에 따르면, 마을에 있는 재샘은 아무리 물을 퍼내도 마르지 않고, 병든 사람이 이 샘물을 마시면 씻은 듯이 병이 나았다고 전해진다.

전북 부안군 줄포면에도 파산리^{巴山里}가 있고, 전남 강진군 군동면에도 파산리派山里라는 지명을 갖고 있는 동네가 있다.

대구시 달서구에도 파산동巴山洞이 있었는데, 지난 2005년 호산동虎山洞으로 바뀌었다. 파산동은 인접한 와룡산에 뱀이 많아 큰 뱀을 뜻하는 '파巴'자를 붙여 명명했지만, 지명이 기업인의 부도나 도산, 개인의 '파산破産'을 연상시킨다며 민원이 꾸준히 제기돼 개명한 것이다.

파산은 채무자가 채무를 갚을 능력이 없게 될 경우 채무자의 총재산을 모든 채권자에게 채권비율대로 변제하는 절차를 말한다. 파산이라는 용어는 중세 이탈리아에서 대금을 지급할 수 없게 된 상인들이 장사하던 좌판을 부숴버리고 banca rotta 더 이상 장사를 할 수 없음을 알렸다는 데서 유래한 것으로 전해지고 있다.

기업뿐만 아니라 개인도 빚을 제때 변제하지 못하면 파산을 피할 수는 없다. 누구보다 화려해 보이는 연예인들도 이런 저런 이유로 파산 또는 회생절차를 밟고 있는 사실이 알려지면서 세상의 이목이 쏠리기도 했다. 탤런트 김혜선과 과거 소방차로 인기를 끌었던 멤버 이상원, 작곡가 신사동 호랭이와 영화배우 신은경이 그들이다. 김혜선과 이상원은 파산절차를, 신사동 호랭이와 신은경은 회생절차를 밟고 있는 것으로 알려져 있다. 가장 잘 알려진 사례로는 가수 이상민을 꼽을 수 있다. 사업 실패로 그의 채무는 70여억 원에 달하는 것으로 알려졌는데, 2005년 부도 이후 현재까지 활발한 방송 활동을 하면서 그 채무를 부지런히 갚고 있다.

과거 최고의 인기스타였던 개그맨 윤정수는 지인의 빚보증과 사업 실패로 인해 30억 원에 달하는 채무를 부담하게 된 것으로 전해졌으나 현재는 채무 상환의 부담에서 벗어나 활발하게 활동하고 있다. 사정이야 어찌 됐든, 빚을 갚지 못했다고 해서 도덕적으로 비난받아야 할 이유는 전혀 없다. 지금은 보증제도가 없어졌지만, 인정상 보증을 선 경우나 어쩔 수 없이 사업에 실패한 것에 대해서는 더더욱 그러하다. 그런 경우의 파산은 그래서 더욱 뼈아프다. 많은 이들이 그들이 하루빨리 회생해 새로운 모습을 보여주기를 응원하는 이유다.

화대리(경기도 포천시 일동면)

경기도 포천하면 막걸리부터 생각난다. 일동과 이동의 술은 명주이거니와 막걸리의 대명사가 된 지 오래다. 철원에서 43번 국도를 타고 남서쪽으로 비켜서면 산정호수가 나온다. 그곳에서 다시 37번과 87번을 경유해 조금 남진하면 포천이다. 시내를 관통하며 막연하게나마 취흥에 젖은 누룩 향을 떠올리지만 예상은 빗나간다. '주선酒仙의 동네'라고 심증까지 더해 봤으나 술내는 없다.

이곳 일동면에 '꽃값'을 떠올리는 화대리가 있다. 누룩과 효모가 사람 사이의 닫힌 걸쇠를 풀어주고 팽팽했던 삶의 끈을 풀어 주리라 오해할 만도 하다. 하지만 거나하게 발효된 풍경은 아니다. 마을 앞에는 사직천이 흐르고 동쪽에는 명지산이 솟아 있다. 그곳에는 마구렝이마곡, 무리울물우리, 사기막, 왼부리맥구, 지청동, 무른대미운담, 한나무곡 등의 자연부락이 있다. 화대리禾垈里는 연꽃이 물에 떠 있는 형상의 명당자리가 있어, 꽃이 있는 장소 또는 그 터라는 의미로 이름 붙여졌다고 한다.

경북 포항시 북구 기계면에도 한자까지 똑같이 쓰는 화대리가 있다. 경지가 넓게 펼쳐져 있는 평지에 자리한 농촌마을로, 오른편에 낙동강의 지류가 흐르는 마을이다. 자연마을로 화대, 고인돌골, 사기점골마을 등이 있으며, 화대마을은 본 리里가 시작된 마을이라는 데서 붙여졌다고 한다.

뻑뻑한 막걸리를 큼직한 사발에다가/ 넘실넘실하게 그득 부은 놈을 처억 들이대고는/ 벌컥 벌컥 벌컥 한입에 주욱 다 마신다/ 그러고는 진흙 묻은 손바닥으로 입을 쓰윽 씻고 나서/ 풋마늘대를 보리고추장에 꾹 찍어 입가심을 한다/등에 착 달라붙은 배가 불끈 솟고 기운도 솟는다.
　　　　　　　　　-채만식〈불가음주 단연불가(不可飮酒 斷然不可)〉중에서

아버지 주름 틈에서 막걸리가 뽕짝이 되어 흐른다. 어머니 작은 손에 박힌 옹이에선 구수한 신파명조의 술이 발효된다. 먹고 살기 어려웠던 시절 '인생의 삼합三合'은 가난과 노동과 눈물이었다. 이때 슬픈 넋두리를 위로하는 시詩가 막걸리였고, 젓가락 두드리며 희망을 노래하던 흥타령이 막걸리였다. 코흘리개 시절, 막걸리 심부름을 하며 한 모금 한 모금 도둑 술을 마셨던 기억은 여린 취기醉氣다. 시치미 뚝 떼고 술 주전자를 내밀면 아버지는 벌건 볼과 풀린 눈을 모른 체하며 가벼워진 주전자를 기꺼이 받았다. 술의 양은 줄었지만, 아이가 술의 발효만큼 쑥쑥 자라고 있다는 '귀여운 일탈'로 본 것이다. 질긴 풀과 억센 밥을 먹는 식구들 사이에서 향긋한 이야기로 익어가던 우리네 술 '막걸리'의 역사다.

비박은 이슬을 맞고, 숙박은 이슬을 피하는 것

장거리, 장시간 여행 중 가장 큰 문제는 바로 숙박이다. 비박bivouac·한뎃잠·한둔 밖에는 길이 없다. 노숙露宿, 야숙野宿의 원형질인 집은 곧 어둠이다. 배낭을 내려놓을 장소를 선택하는 일은 늘 도박 같은 것이다. 때문에 바닥에 누울 때 잠의 맛이 어떨지는 알 길이 거의 없다.

비박은 오감五感에 절대 민감하다. 일단 추운 날씨에 텐트를 치면 시시각각 얼어붙는다. 밤과 어둠이 만나면 이슬이 된다. 텐트를 에워싸는 공기는 얼어붙는다. 절대적인 빙점이다. 이슬이 굳어 물이 되는 과정이다. 바깥의 온도와 텐트 안의 기온은 '시린 봄'과 '시린 몸'이 만나 겨울 같은 봄을 만든다. 하루 종일 라이딩을 하면서 시달렸던 바람소리는 청각을 마비시킨다. 모두가 잠든 밤, 음식냄새는 배고픈 후각을 자극하고, 라면 스프 맛에 섞여 버려 바싹 마른 미각은 요동을 친다. 차가운 매트 위의 촉각은 이슬과 냉기를 한꺼번에 점령한다. 완벽한 생존조건을 갖추지 않았을 때의 비박은 야박野薄 그 자체다. 이를 달리 표현하면, 비박은 이슬을 맞고 자고, 숙박은 이슬만은 피할 수 있으며, 캠핑카는 이슬을 감상할 수 있다.

여기에 비가 오면 속수무책이다. 비박을 할 경우 사람도, 오토바이도 그대로 물세례다. 그래서 전날 일기예보는 폭탄선언과 같다. 비박을 하느냐, 마느냐는 순전히 '비'와 관련이 있다. 도망칠 수도 없고, 도망갈 시간도 주지 않는다. 다행스럽게 민박을 구했다면 비가 그칠 때까지 모든 일정을 순연하고 하늘만 쳐다봐야 한다.

비는 여행자에게는 역설적으로 파장罷場이다. 산돌림여기저기 옮겨 다니면서 한 줄기씩 내리는 소나기은 최악의 불청객이다. 그것도 갈 길이 먼 유랑자에게는 고약한 비애다. 주저앉아 술추렴이나 할 수밖에 없다. 빗방울의 객체는 대지의 접촉면을 상상 이상으로 유린한다.

비박을 포기한다는 건 두 가지 의미를 내포한다. 하나는, 간만의 휴식으로 심신충전을 한다는 것. 다른 하나는 숙박을 할 수밖에 없다는 것이다. 숙박은 결국 비용의 문제를 발생시킨다. 숙박은 여행자의 발목을 잡지만, 한편으론 유용한 시간을 주기도 한다. 후줄근해진 빨래를 할 수 있고, 밀린 샤워를 할 수 있다. 게다가 며칠간 보지 못한 프로야구 경기를 편안하게 티비로 감상할 수 있다. 덤은 또 있다. 한기에 얼어붙은 온몸을 지질 수도 있다.

비박의 핵심은 장소다. 맨땅 위에 얇은 요를 깔아도 축축하지 않아야 한다. 하지만 장소 찾기가 만만치 않다. 야영은 세상을 향해 열려있는 오두막이다. 때문에 두려움과도 승부를 해야 한다. 별안간 나무 사이로 불어오는 바람 소리에도 지레 겁을 먹는 게 노숙이다. 소음은 언뜻 추측하기 힘든 두려움을 낳는다. 때문에 얼마나 겁을 먹느냐에 따라 어둠의 부피가 고조된다. 혼자 낯선 장소에 버려졌다는 느낌, 어둠이 의식을 상기시켜 서서히 조여 온다는 아찔함에 전전긍긍하는 게 야숙이다. 비박에 있어서 낭만주의는 없다.

해가 뜨는 쪽으로 머리를 두고 자야 하는 이유도 아침 묵상 때문이다. 눈을 떴을 때 태양의 온기를 한껏 받을 수 있도록 채비하는 것, 어둠과 빛 사이에서 절멸하는 굴절의 시간들을 조용히 끌어안는 것, 그것이 비박을 안전하게 할 수 있는 제1조건이다. 새벽은 빛으로 산란하고, 빛으로 채워진다. 두려움 속으로 조금씩 걸어 들어가야 새우잠을 면할 수 있다.

숲에선 길을 잃기 십상이다. 땅거미가 지면 길은 잘 보이지 않는다. 빛의 편차가 생겨 주변 지리가 분간이 가질 않는다. 길은 인간의 소유물이 아니다. 어디까지나 인간이 자연에게 빌린 것이다. 자연에게 빚지고 있는 셈이다. 그러니 빌려준 자연이 시키는 대로 해야 한다.

길을 떠나본 사람이라면 아마 알 것이다. 어둠을 맞닥뜨리는 순간, 찾아오는 불안감을 말이다. 마치 눈앞의 풍경이 서서히 금이 가듯 시야가 흔들리기 시작한다. 하지만 그건 세상이 흔들리는 것이 아니다. 자신의 마음이 흔들리는 것이다. 그럴 땐, 지나온 길을 얼추 짐작해 가면서 기억을 되돌려야 한다. 길에서 잠시 멈추어 서서 기분의 완급을 조절하면 길이 열린다. 기억의 복원력은 곧 담력이다.

비박은 숙박보다 덜 안전하지만 묘미는 더 있다. 헛간 혹은 건초더미에서 지낸 하룻밤, 외딴 곳에서 얻어먹은 식은 밥덩이, 우연히 도착한 마을에서 동냥 아닌 동냥을 했던 기억 등이 바로 그렇다.

나그네는 집을 떠나 집으로 돌아가는 삶을 산다. 그저 막幕만 있어도 좋다. 이슬을 피하고 잠을 청하고 요기를 할 수 있는 여관, 여인숙, 모텔은 충분히 호사다. 여관이라는 관館은 결국 먹고 자는 곳이다.

어느 낯선 포구의 여인숙에 깔린 축축한 이부자리, 기름때 전 베개, 낡은 벽지와 그 벽지에 새겨진 낙서, 좀약과 살충제, 싸구려 비누냄새가 묘하게 섞여 후각을 마비시키던 잠자리마저도 그리워지곤 한다. 그게 인지상정이다. 잠시라도 들러서 환대를 받았던 모든 장소가 그

날 밤의 종착지가 된다. 예컨대 임금의 여행은 순행巡幸이라 하고, 임금이 자주 다녀 빛을 본 곳은 다행多幸이라고 한다. 그 말의 어원이 솔깃해진다.

출발 전에는 숙박과 비박의 비율을 2대8 정도로 계획했지만 현실은 달랐다. 날씨가 좋으면 비박노숙 하고, 악천후 때만 숙박하기로 했으나 이 비율은 맥없이 무너졌다. 농활農村奉仕活動을 해주고 숙식을 해결하거나, 마을회관을 공짜로 빌려 숙박을 한다는 생각도 여지없이 깨졌다.

낯선 동네, 낯선 공간에서 어떤 것에도 얽매이지 않는 익명의 존재가 되면 모든 게 가능할 것 같았다. 하지만 어느 누구도 공짜 밥, 공짜 숙박, 공짜 농활을 제공하지 않았다. 한 뼘의 땅조차도 허락하지 않을 듯한 표정에서 절망만을 읽었다. 어쩌면 먼저 그들에게 절망을 읽혔는지도 모른다. 사회의 익숙한 골조 밖에서 자신의 얼굴, 이름, 사회적 지위를 모두 내려놓으면 자유를 얻을 것이란 생각은 착각이었다. 오히려 사물들과의 적절한 거리, 상황에 따른 의도적인 권태가 평온함을 주었다.

시간이 갈수록 그리운 것들이 많아진다. 북적거리는 선술집, 비바람 걱정 없는 둥지, 언제나 씻을 수 있는 집안의 수원지水源地, 왕성한 식욕을 태연히 누릴 수 있는 게으른 부엌, 불온한 침입자들로부터 안전을 담보할 수 있는 완고한 벽과 울타리, 꽃잠이 간절해지는 것이다.

여행은 고통의 시간을 견디는 그루잠 같은 것

　방랑放浪에는 지켜야 할 모종의 규율이 있다. 하루에도 몇 번이고 내면의 비관주의와 외면의 낙관주의 사이에서 싸워야 한다. 여행자에게 있어서 하늘은 처마고, 땅은 잠자리다. 응달과 양지가 따로 있지 않다. 산등성이 이쪽에서 저쪽으로 물결치는 바람에도 결이 있듯, 자신의 관절을 기꺼이 희생시킬 수 있는 마음의 결을 유지해야 한다. 다음 날 눈을 뜰 수 있다는 것만으로도 절망을 이겨낸 아름다운 훈장을 받은 셈이다.
　나쓰메 소세키는 자신의 시詩에서 방랑을 다음과 같이 묘사했다.

'완전한 인간이란 무심한 강가에서 휴식을 취하며 미동도 없이 부드러운 바람을 만끽하고 은은한 꽃향기를 마음껏 즐기면서도 조금의 변화도 보이지 않는 대나무와 같다.'

여행은 고통의 시간을 견디는 그루잠 같은 것이다. 물을 지독히도 싫어한다는 연잎이 물방울을 바로 비우지 않고 모아서 한꺼번에 와르르 쏟아내는 것도 나름의 지혜다. 한 번에 모아서 비우면 잎에 묻은 자질구레한 먼지나 포자, 세균이 물방울에 말끔히 씻겨나가 깨끗해진 잎으로 광합성이 잘된다. 완벽하게 비우기 위해 연잎은 싫어하는 물을 안고 고통의 시간을 견딘다.

여행에 있어서 맛에 대한 탐미는 끝이 없다. 무엇을 먹고 무엇을 마실 것인가 하는 질質의 문제가 아니다. 어떻게든 먹고 어떻게든 마시면 된다.

요즘 사람들이 다 잘 먹고 잘산다지만 사실은 못 먹고 못산다. 아니 정확히 말하면 틀리게 먹고 틀리게 산다. 예전에는 가난한 사람이 쌀보다 시래기나 풀을 많이 먹으니 변이 너무 거칠어져서 X구멍이 찢어지게 가난하다는 말을 했다. 하지만 지금은 껍데기 홀렁 다 벗겨낸 쌀이나 밀가루 음식에 고기만 기름지게 먹으니 변비에 걸려 X구멍이 찢어진다.

여행할 때 발생하는 모든 문제의 해결은 바로 새로운 것을 만드는 데서부터 시작된다. 여행은 절대 계획대로 되지 않는다. 여행의 내공이 쌓일 때까지는 여전히 고통스럽다. 조금 지나면 익숙해질 것 같았던 라이딩도 시간이 갈수록 셈법이 복잡해진다. 익숙했던 머릿속의 설계가 흐트러지고, 관례적인 도식이 허물어지면서 예상치 못

한 일들이 벌어진다. 언제 어디에서 무슨 일이 벌어질지 모르는 미완의 길들만 보인다. 길은 감각과 지성을 깨우는 영원한 경계다.

라이딩을 하면 할수록 바람 또한 위태롭다. 마치 절벽 같다. 얕은 곳에서 차갑게 불고, 깊은 곳에서 칼날처럼 곤두선다. 바람에도 분명 층層이 존재한다. 휘몰아치는 듯하지만 고요하고, 잠잠한 듯하나 소용돌이친다. 그때마다 시간은 멈춰버린다. 마음 내키는 대로 떠나고, 멈추고, 다시 떠나고, 무엇 하나 방해받지 않고 가는데도 난처한 일들, 불편한 일들이 발목을 잡는다. 인간이란 외롭고 외로워서 아무 생각이 나지 않을 때 비로소 많은 생각을 하게 된다. 그제야 제대로 '나다웠던' 적이 한 번도 없었음을 자각하기도 한다.

시나브로, 사위四圍가 어두워질 때쯤이면 길 끝의 휴식처가 설레기도 했지만 두렵기도 하다. 곧 만끽할 휴식의 기쁨과 식욕, 기대감보다는 곧 닥칠 추위와 배고픔, 낯섦이 앞선다. 중요한 것은 도착 지점이 아니라 매순간 일어나는 느낌, 찰나, 항상성, 유용성이다. 여행계획은 철저하게 고독해야 하고 단절은 완전해야 한다는 상식은 사실 문학적 수사修辭에 불과하다.

지명사전

계급지명

상왕마을(전북 익산시)

'상왕上王'은 현 임금에게 왕위를 물려준 왕이 생존해 있는 경우 부르는 호칭이다. 하지만 절대 권력자인 왕은 원래 한 명만 존재하는 것이 정상이다. 두 명의 왕이 존재하면 권력과 국론이 양분될 수 있기 때문이다.

유학자들은 '하늘에는 두 개의 태양이 있을 수 없고 땅에는 두 명의 왕이 있을 수 없다天無二日 土無二王'하여 왕의 독존獨尊을 강조해 왔다.

그러나 정치 현실은 언제나 그러한 원칙대로 운영될 수 없었기에 상왕의 지나친 간섭이나 왕대비나 대왕대비의 수렴청정垂簾聽政을 경계했다. 실제, 상왕이 존재할 경우 신료들은 두 왕 사이에서 처신하기 힘들었다. 상왕으로 밀려난 왕도 신명을 보존하기가 쉽지 않았다. 상왕은 자의든 타의든 현왕의 견제를 받아야 했고, 약간의 정치적 언동은 바로 복위 기도로 간주되기도 했다.

'대군大君'은 조선 시대 임금의 정궁正宮 몸에서 태어난 아들을 뜻한다. 자연히 왕의 형·동생을 부르는 말이다. 조선 시대 대군들은 형·동생이 왕이 되면 궁궐로부터 멀리 떠나 비켜서 주었다. 효령대군은 동생 충녕세종대왕이 세자로 책봉되자 스님이 되어 세상을 등졌다. 큰형 양녕대군도 한양을 떠나 전국을 떠돌며 허허실실 한량으로 살았다.

현대사에도 대통령을 둘러싼 친·인척들이 '상왕 노릇'을 해서 문제가 많았다. 고故 노무현 대통령의 친형인 노건평 씨를 일컫는 '봉하대군', 이명박MB 전 대통령의 형인 이상득 전 의원을 지칭하는 '영일대군'이 전 의원을 빗대 萬事兄通: 만사는 형으로 통한다라는 말이 생겨났을 정도다 여기에 MB의 정신적 멘토로 지칭되던 김시중 전 방송통신위원장을 칭하는 '방통대군'이 있었다.

전두환 정권에서는 동생전경환과 처삼촌이규광, 사돈장영자·이철희, 처남이창석이 비리를 저질렀다. 노태우 정권에서는 '6공 황태자'로 불리던 고종사촌 처남박철언이 말썽이었다. 김영삼 정권은 금융실명제, 고위공직자 재산공개, 부정축재자 전두환·노태우 구속 등의 치적을 남겼지만 소통령小統領으로 행세한 차남김현철의 부정축재가 문제였다. 김대중 정권은 홍삼 트리오라 불린 그의 세 아들홍일·홍업·홍걸이 스캔들로 속을 썩였다.

500년 전이나 지금이나 권력에 줄을 대느라 정신이 없는 사람도 문제고, 그런 사람을 이용해 조자룡 헌 칼 쓰듯 칼을 휘두른 혈족이 문제다.

그들만 유독 땅에서도 비가 내릴 수 있다는 것을 몰랐다. '화무십일홍花無十日紅'이라고 했던가. 열흘 붉은 꽃은 없다. 권력이나 부귀영화도 그렇다. 세상 이치의 기본이 되는 원리는 어떤 것도 영원하지 않다. 누구나 낙화落花한다.

전북 익산시 팔봉동의 자연마을 중에는 상왕리上旺里가 있다. 윗마을이 상왕, 그 중간에 중왕, 그 아래에 하왕리가 있고, 새로 생긴 신왕리도 있다.

충남 아산시 둔포면에도 왕골, 상왕, 중왕, 화왕리란 마을이 있다. 왕은 세력이나 기운이 왕성하다는 의미의 '성할 왕旺'자를 쓴다. 충남 공주시에도 왕골의 위쪽 구석에 있어 상왕이라, 아래쪽에 있어 하왕리라고 불리는 마을이 있다. 행정동인 옥룡동玉龍洞 관할 지역이다.

'상왕'이 있었기에 성공했던 세종'대왕'

1423년 봄, 조선의 고을에 가뭄이 닥치자 이재민과 아사자가 속출했다. 세종은 자책했다.

"모든 게 내 책임이다. 내가 죽인 것이야. 이 조선에서 일어나는 모든 일이 내 책임이다. 꽃이 지고, 홍수가 나고, 벼락이 떨어져도 내 책임이다. 그 어떤 변명도 필요 없는 자리, 그게 바로 조선의 임금이다."

자연재해가 잦았던 당시, 세종이 가장 먼저 한 일은 비판의 소리에 마음을 여는 일이었다. 그는 직언하기를 당부했고, 일단 재해가 발생하면 온 마음을 기울여 대책을 세웠다. '사람의 힘'으로 어찌할 수 없는 일이라고 해도 '사람의 힘'에 따라 대처법이 크게 달라질 수 있다고 보았기 때문이다.

세종의 리더십은 아버지 태종 이방원이 '악역'을 맡았기에 가능했다. "천하의 모든 악명은 이 아비가 짊어지고 갈 것이니, 주상은 만세에 성군의 이름을 남기시오." 이방원은 권력의 곁불을 쬐며 알짱거리는 처남 네 사람에게 사약을 내렸고, 세종의 장인인 심 온沈溫 또한 스스로 자결하게 했다. 심지어 평생 동지 이숙번을 귀양 보내면서 '내가 죽은 지 100년이 되어도 도성의 땅을 밟지 못하게 하라'고 단호하게 명했다. 책임 있는 사람, 책임질 그 누군가가 있어야 후대가 평안해짐을 알았던 것이다.

1781년, 규장각 제학提學·차관급 김종수가 정조의 태도를 지적한 6개 항의 상소문을 올렸다. "작은 일에 너무 신경 쓰시면 큰일에 소홀하기 쉽습니다. 눈앞의 일에만 신경을 쓰는 건 겉치레입니다." 정조는 김종수의 지적에 대해 "작은 것을 잘해야 큰 것도 잘할 수 있는 법이다. 과인은 작은 것을 작다고 생각하지 않는다"며 자신의 국정관을 이해시켰다. 임금에게 대놓고 '지적질' 한 김종수도 놀랍지만 이를 기분 나쁘게 받아들이지 않고 당당하게 '적시'했던 정조의 담대함이 더 놀랍다.

신하리(경기도 가평군 조종면)

　우리 지명에는 상왕마을이 있는 반면, 신하리도 있다. 경기도 가평군 조정면 신하리新下里는 예전에 개간이 되지 않았을 때의 들녘이 억새와 버들로 온통 뒤덮여 있어 그곳에서 새를 베어다 집을 지었다고 해서 새버덩이라고 불렀는데, 새버덩의 새를 '새 신新'자로 바꿔 윗마을을 신상新上, 아랫마을을 신하리라 쓰게 되었다고 한다.

　경기도 이천시 부발읍 신하리新河里는 신촌과 복하라는 마을이 병합되면서 붙여진 지명이다. 경북 의성군 단북면 신하리新下里는 위천의 범람을 피해 아래에 새롭게 개척한 마을이고, 전남 영광군 영광읍 신하리新河里는 신기新基와 하라河羅를 병합해 부르게 됐다고 한다.

　'구닥다리 머슴론'이 있다.

　①주인은 스스로 일하고 머슴은 누가 봐야 일한다. ②주인은 미래를 보고 머슴은 오늘 하루를 본다. ③주인은 소신 있게 일을 하고 머슴은 남의 눈치를 본다. ④주인은 바득바득 일하고 머슴은 탱자탱자 논다. 요즘 세태로 보면 ①②③④번 모두 틀렸다.

　MB정부는 초창기 '머슴론'을 펴며 국민에게 봉사하라고 했다. 대통령 스스로도 '상머슴'이라 지칭했다. 그러나 결과적으로 국민이 머슴이었다. 대통령 곁에 쟁신칠인諍臣七人이 없었기 때문이다. 공자 가라사대 '바른말로 충언하는 신하 일곱만 있으면 천하를 잃지 않는다'고 했는데, 머슴은 일하고 신하들은 싸움질만 했다. 하인을 자처하던 정치권이 주인행세를 하니 을乙은 매양 을이었고, 주인의식 없는 갑甲은 해가 바뀌어도 '을'을 하인처럼 부려먹었다.

도시락을 싸 들고 다니면서 뜯어말려도 못 말리는 부류가 있다. 누구일까?

①정치하는 사람 ②열애에 빠진 사람 ③노름에 빠진 사람. 정답은 ① ② ③ 번 모두다. 이중 가장 중증重症은 누구일까? ①번 정치꾼이다. 정치에 발을 들여놓으면 패가망신 직전까지 발을 못 뺀다.

세시풍속 중에 '머슴 날'이란 게 있었다. 음력 이월 초하루가 그날인데 노비일, 아드렛날이라고도 불렀다. 봄기운이 완연해 농사채비를 시작하고 논밭을 처음 가는 시기다. 이날만큼은 주인이 머슴에게 새 옷과 음식을 내주며 상전처럼 모셨다. 머슴들은 풍악을 울리며 집마다 곡식을 얻는 걸립乞粒을 행했다. 또 정월 보름에 세웠던 볏가릿대에서 벼 이삭을 내려 흰떡을 만들고, 콩으로 만든 송편을 나이 개수대로 먹었다.

충청도에서는 가장 농사를 잘 지은 집의 머슴을 소牛 등에 태우고 마을을 돌았다. 일 년 열두 달 쉼 없이 일하는 머슴들이 단 하루만이라도 허리띠를 풀어놓고 흥겹게 놀았던 것이다. 하지만 그 내면에는 올해도 열심히 일해야 한다는 모종의 강압이 숨어 있었다.

김유정의 〈봄봄〉에 나오는 봉필이는 처량한 머슴살이의 전형이다. 새경私耕은 주인의 뜻에 달려있어 연봉으로 받거나, 현물로 받거나, 외상으로 깠다. 어떤 악덕 주인은 새경이 아까워 공짜 머슴살이를 하면 딸을 주겠노라고 약조해놓고는 차일피일 미루다 총각 귀신을 만들곤 했다. 이러니 평생 혀 빠지게 꼴머슴 중머슴 노릇만 하고 인생을 망치는 사람이 많았다. 고려 시대 용작, 조선 시대 고공이라 불렸던 머슴의 역사는 이처럼 박복하고 비루하다.

물론 예나 지금이나 끼니때가 되어도 거저 밥술 주는 사람은 없다. 놀부 마누라 같은 주인이 밥풀때기 붙은 주걱으로 낯짝을 쳐주면 좋으련만, 그런 불쾌한 특전도 없다. 일을 않고는 죽도 밥도 없음이라. 그래서 갑甲은 놀부이고 을乙은 평생 을의 팔자를 탓하며 흥부로 산다.

간신과 충신이 살아가는 법

12세에 왕위에 올랐던 단종과 생사를 함께한 12인이 있다. 사육신死六臣과 생육신生六臣이다. 쿠데타를 통해 왕에 등극한 세조수양대군에 반대한 성삼문, 박팽년, 하위지, 이개, 유성원, 유응부는 죽음으로 항거했다. 죽음을 앞둔 성삼문은 시詩로 울었다.

'둥둥 울리는 저 북소리 내 목숨을 재촉하고, 황천 가는 길에는 주막도 없다던데 오늘 밤은 누구네 집에서 쉬어 갈 것인가.'

성삼문은 시뻘겋게 달군 쇠로 다리를 꿰고 팔을 잘라내는 잔학한 고문에도 세조를 '전하'라 하지 않고 '나리'라 불렀다.

생육신은 김시습, 원호, 이맹전, 조려, 성담수, 남효온혹은 권절이다. 사육신이 절개로 생명을 바쳤다면 생육신은 살아 있으면서 귀머거리나 소경인 체하고, 두문불출하며 단종을 추모했다. 죽은 자는 말할 것도 없거니와 산 자도 살아있는 게 아니었을 터. '하나의 태양 아래서 두 명의 왕을 섬길 수 없다'는 절의파 신하들이 미쁘다.

단종을 죽이고 세조가 정권을 잡았을 때 이계전이란 사람이 있었다. 그는 정란 1등 공신이 되어 전지 200결과 노비 25구를 받았고, 한성군에 책봉됐다. 그런데 1455년에 단종복위 음모가 발각됐다. 이계전은 세조 편에 섰지만, 조카 이개는 사육신에 포함돼 처형됐다. 이개의 땅은 이계전이 차지했다. 조카의 땅을 삼촌이 가진 것이다.

어느 날 사정전에서 잔치가 열렸는데 이계전은 세조에게 '술이 과하니 그만 들어가시라'고 했다가 머리채를 잡혀 끌려 내려가 곤장을 맞았다. 그러나 세조는 이계전을 다시 불러 춤을 추면서 '나는 너를 사랑하는데 너는 왜 내 마음을 몰라주느냐'고 은전을 베풀었다. 세조는 중신들이 연좌제를 적용해 '간신' 이계전을 죽이자는 것도 억누르고 죽을 때까지 특별대우를 했다.

당 태종이 포주란 고을에 행차했다. 포주 원님 조원해는 그 고장의 원로급 노인들에게 황색 비단옷을 몸에 걸치게 한 뒤 태종을 배알하게 했다. 관청의 건물을 아름답게 장식하고 토성들을 손질하는 등 태종의 눈에 들려고 애를 썼다. 그리고 남모르게 양羊 100여 마리와 물고기 수천 수를 길러두고 왕족들에게 선물로 바치려고 했다. 이 사실을 알게 된 당 태종은 "짐은 이 고을에 오면서 필요한 물품이 있으면 모두 왕궁의 것으로 충당했다. 그런데 그대는 양을 먹이고 물고기를 기르며 건물을 아름답게 장식했다. 이것이야말로 멸망한 수나라의 잘못된 풍습을 따른 것"이라며 나무랐다. 이에 '간신' 조원해는 식음을 전폐하다가 아부할 수 없는 저세상으로 떠났다.

중국 전한 시대에도 공직자 지침이 있었다. 바른 신하와 나쁜 신하를 구분한 '육정육사六正六邪'가 그것이다. 바른 신하로는 앞일을 헤아려 군주에게 선정을 베풀도록 하는 성신聖臣, 옳은 길로 가도록 보필하는 양신良臣, 어진 사람을 적극 추천하는 충신忠臣, 일을 잘 처리해 군주를 편안하게 하는 지신智臣, 원칙을 존중하고 검소한 정신貞臣, 잘못을 거침없이 지적하는 직신直臣을 들었다. 반면 녹을 탐하고 지위에 안주하는 구신具臣, 아첨을 일삼는 유신諛臣, 겉과 속이 달라 판단을 흐리게 하는 간신奸臣, 남을 참소해 분열을 일으키는 참신讒臣, 개인적 이익만 추구하는 적신賊臣, 군주의 혜안을 가려 나라를 망치는 망국신亡國臣은 나쁜 신하의 범주에 넣었다. 2000여 년 전에 만들어졌지만 요즘 들어도 그른 게 하나 없다.

"내가 누구를 닮아가고 있듯이 너희들도 누구를 닮아가야 한다. 내가 불면에 시달릴 때 너희들은 가슴 속에 모닥불을 피우고. 신하여! 너희들은 울부짖어야 한다. 날카롭게, 날카롭게 흐느껴야 한다. 구멍 뚫린 역사의 도마 위에 앉아."

독재정권을 비판하며 시대의 부조리를 고발하는 저항시를 주로 써 온 양성우 시인의 대표작 중 하나인 '신하여, 신하여'의 한 대목이다. 그는 현실의 모순에 결코 눈감지 않는 날카로운 시선을 유지하면서 이 땅에 생동하고 있는 민중의 건강한 정서를 시로 형상화하는 데 노력해 온 시인이기도 하다.

우리 속담에 '신랑 마두에 발괄한다'는 말이 있다. 신랑을 높은 벼슬아치로 착각하여 신랑이 탄 말의 머리에 대고 억울한 사정을 하소연한다는 뜻으로, 경우에 어긋나는 망측한 행동을 하는 경우를 말한다. '탐관의 밑은 안반安盤 같고 염관의 밑은 송곳 같다'는 비유도 있다. 탐관은 엉덩이에 살이 쪄서 엉덩이가 안반 같고 청렴한 관리는 엉덩이에 살이 빠져 송곳 같다는 뜻이다. 탐관은 재산을 모으고 청렴한 벼슬아치는 가난하게 지낸다는 말과 달리 우리 주변에는 아직도 염불보다 잿밥에 관심이 많은 정치인이 많으니 씁쓸할 따름이다.

장성리(전남 나주시 봉황면)/상사리(강원도 철원군 갈말읍)

군 최고 계급이 장성이라는 점에서 장성이라는 지명이 들어가 있는 지역이 갖는 신비감도 독특하다. 전남 나주시 봉황면 장성리長盛里는 역사가 있는 한 유구히 번성하여 갈 터전이라 하여 장성長盛이라 칭했다는 설과 과거 이 마을 앞에 장승이 있어서 장성이라 칭했다는 유래가 전해져 온다. 충북 충주시 대소원면 장성리長城里는 산이 성처럼 길게 둘러싸여 있는 마을이라 하여 붙여진 이름이다.

충남 홍성군 금마면 장성리長城里는 전에 마을에 장場이 섰다 하여 붙여진 장파와 사성산 밑에 있다하여 붙여진 사성마을의 이름을 따서 지명이 만들어졌다고 한다.

장성이 들어가는 지명은 전라남도 최북단에 위치하고, 동쪽은 담양군, 서쪽은 영광군, 남쪽은 광주시와 함평군이 접하고 있는 장성군에도 있다. 강원도 태백시에도 장성탄광으로 유명한 장성동이 있다.

경북 포항시 북구 죽장면 상사리上舍里는 자연마을로 오사리, 점마을, 평지동, 송이골 등이 있다. 오사리는 신라 때 유배되어 온 다섯 명의 사인舍人 벼슬을 지낸 사람들이 사립문을 달고 살았다 하여 붙은 지명이다. 점店마을은 평지동 동쪽 산골짜기에 위치하며 사기그릇을 구워 팔던 곳이라 하여 유래된 곳이다. 평지동은 산골짜기에서 비교적 넓은 평지가 전개된 곳이라 하여 붙은 이름이다. 송이골은 구암산九岩山 골짝 깊은 곳에 위치하는 산촌으로 예로부터 송이가 많이 생산되는 지역이라고 한다. 전남 영광군 백수읍 상사리上沙里는 모래가 많아서 상사리上沙里라 칭했다고 한다.

철원 상사리엔 '상사'가 몇 명이나 될까

직장에서는 상급자를 상사上司라고 칭한다. 군대에서는 원사보다는 아래, 중사보다는 위인 부사관 중에 상사上士가 있다. 백골 부대 등 정통 있는 부대가 많이 주둔해 있는 철원에 상사리가 있다. 백골부대는 대한민국 육군에서 역사가 가장 오래된 보병사단으로 경례구호도 충성이나 필승이 아닌 '백골'이다. 필자의 장자도 이곳에서 소위로 복무하고 있어 애정이 남다른 부대이기도 하다.

물론 철원의 상사리는 상사上士들의 집결지가 아니다. 철원군 갈말읍 상사리上絲里는 명성산 밑에 있으며 서쪽으로 한탄강이 흐르는 농촌마을이다. 자연마을로 수집, 방아다리 등이 있다. 수집水集은 무즙 다리란 뜻에서 붙여진 이름이고, 방아다리는 헌 방아를 사용하여 외나무다리를 놓은 곳이라 하여 생긴 지명이다. 철원읍에는 대위리도 있다. 이곳도 물론, 위관급 장교 중 최상급인 대위들이 모여 사는 마을은 아니다. 대위리大位里는 옛날 높은 위치의 벼슬에 있는 사람

이 살았던 곳이라 하여 붙여진 이름이라고 한다.

군인의 계급은 사병이등병, 일등병, 상병, 병장, 부사관하사, 중사, 상사, 원사, 준사관준위, 위관소위, 중위, 대위, 영관소령, 중령, 대령, 장성준장, 소장, 중장, 대장으로 나뉜다. 전시상황에서는 제한적으로 5성장군인 원수가 탄생하기도 한다. 장성將星으로 진급하는 것이 워낙 힘들기 때문에 '하늘의 별 따기'라고 말하기도 한다.

하늘에 떠 있다고 다 별이 아니다. 제 몸을 태워 빛을 내야 별이다. 빛의 속도는 1초당 30만km지구 둘레 8바퀴. 오늘 본 순간의 빛은 우리에게 날아오기까지 수십억 년이 걸렸다. 나그네가 밤길을 갈 때 좌표로 삼았던 북극성은 1000광년, 만화영화에 나오는 '안드로메다' 은하는 200만 광년 떨어져 있다. 빛의 속도로 1000년, 200만 년을 가야 만날 수 있다.

지구는 별이 아니고 별 찌꺼기다. 별은 자기 수명대로 살다가 종장에 대폭발하고 죽는데, 그때 나온 먼지들이 흩어져 또 다른 별을 만든다. '피닉스^{불사조}'라는 이름의 은하단은 해마다 740개의 새 별을 낳는다고 한다. 이 샛별들은 험난한 노동을 끝내고, 스스로 죽어 만든 별이다.

선장마을(경남 양산시 원동면)

"비에 젖은 바다일지라도 부디 그들을 잊지 말자. 꽃다운 아이들, 그 절명의 푸르른 꿈들은 한순간에 산산조각 났지만 그들을 기억하자. 먹먹한 가슴, 우리의 가슴도 잠겼다. 우리의 믿음도 잠겼다. 바다도, 어른도, 나라도 목 놓아 통곡한다."

육친의 죽음은 하늘이 무너지는 아픔^{천붕지통·天崩之痛}이다. 그런데 이보다 더 비참하고 견디기 힘든 게 자식을 잃는 단장지애^{斷腸之哀: 창자가 끊어짐}다. 부모 주검은 땅에 묻고 자식의 주검은 가슴에 묻는다. 하지만, 묻고 또 묻은들 '참척^{慘慽·참혹한 근심}'은 사라지지 않는다. 산 자도 죽이는 아픔, 그 슬픔은 영원히 죽지 않는다.

소설가 박완서는 남편을 잃은 지 석 달 만에 스물다섯 외아들을 또 잃었다. 그는 고통의 나날을 보내며 20일 동안이나 하나님에게 따졌다.

"왜, 무엇 때문에 데려가셨소. 그 애가 무슨 죄가 있다고 그런 벌을 준단 말이오. 아이를 점지해줄 때는 언제고, 이제 와서 허락 없이 빼앗는 것이오. 하느님이란 그럴 수도 있는 분이오? 사랑 그 자체라는 하느님이 그것밖에 안 되는 분이라니… 차라리 없는 게 낫소. 아니 없는 것과 마찬가지요."

미치지 않고서는 살아갈 수 없는 괴로움을 펜으로 적셨으나, 그 눈물은 죽는 날까지 마르지 않았다.

세월호가 침몰한 그 바다, 맹골수도孟骨水道는 맹수처럼 거칠고 사납다. 그 저편, 파류波流가 소용돌이치는 울돌목 명량에서 이순신은 울부짖었다. 아들을 잃고 쓴 난중일기를 보면 '통곡慟哭' 외엔 벼를 것이 없다.

"간담이 떨려 목 놓아 통곡했다. 하늘이 이다지도 어질지 못한가? 가슴이 찢어지는 것만 같다. 천지가 어둡고 저 태양이 빛을 잃는구나! 슬프다, 내 어린 자식아. 나를 버리고 어디로 갔느냐? 영특한 기상이 보통사람보다 뛰어났는데 하늘이 너를 머물게 하지 않는가? 밤 지내기가 1년처럼 길구나."

몸에 난 상처보다 마음에 생긴 상처가 더한 법이다. 게다가 아문 듯했다가도 수시로 도져 가슴을 후벼 파는 게 사별이다. 내가 만든 상처도 견디기 힘든데 하물며 내 의지와 무관하게 얻은 상처는 아물지 않는다.

3년 동안 봄이 오지 않는, 차가운 바다에 갇혔던 세월호 청춘들은 선장船長이 죽였다. 그리고 대한민국을 이끄는 선장船長이 또 한 번 죽였다. 눈부시게 아름다워야 할 청춘들을 바다에 묻고, 가슴에 묻어도 참척慘慽의 고통은 사라지지 않는다. 배를 통솔했던 최고책임자도, 나라를 통솔했던 최고책임자도 말이 없다. 사과가 없다. 국민 모두가 상주喪主가 되어 수천水天을 떠도는 가여운 혼백들을 달래보지만, 정작 우리들도 가해자. 나들이 한 번 마음 놓고 할 수 없게 만든 공공의 가해자다.

깊은 물 속 캄캄한 선실 안에 갇혀 '엄마, 내가 나중에 말 못할까 봐 그러는데, 정말 사랑해요'라고 쓴 카톡 속의 목소리가 가슴을 친다. 우리는 지금 생몰의 카운터를 세며 지옥의 묵시록을 써가고 있다. 통렬한 반성이다.

경남 양산시 원동면 선장마을은 마도로스matroos의 꽃, 선장과는 무관한 지명으로 '신선이 하강한 곳'이라는 전설에 따라 선장仙庄마을이라 했다고 한다.

고하리(경북 안동시 남후면)

'서기보-서기-주사보-주사-사무관-서기관-부이사관-이사관-관리관'
'순경-경장-경사-경위-경감-경정-총경-경무관-치안감-치안정감-치안총감'
'소방사-소방교-소방장-소방위-소방경-소방령-소방정-소방준감-소방감-소방정감-소방총감.'

사회생활을 하는 개개인은 누구나 일정한 사회집단에 속하며, 그 속에서 일정한 규제를 받으면서 행동한다. 또 개개인의 지위에 따라 역할이 부여되고, 그에 상응하는 대우와 대가가 수반된다. 때론 연령에 상관없이 지위고하가 정해지기도 한다. 예컨대, 지금은 폐지됐지만, 사법고시 등 특정 고시에 합격하면 지위를 뛰어넘는다. 경찰대학을 나오면 순경, 경장, 경사를 거치지 않고 경위로 발을 내딛게 되고 행정고시에 합격하면 곧바로 5급인 사무관을 보장받는다. 빈부나 신분과 관계없이 능력과 재능이 있어 그러한 영예를 차지한 경우 '개천에서 용 난다'는 자조 섞인 위무를 하던 것도 경계를 뛰어넘는 제도적 장치가 있었기에 지칭됐다.

경북 안동시 남후면 고하리는 그런 의미에서 상하 관계나 지위고

하와 관계없이 모두가 어울려 사는 동네라는 인상을 풍긴다. 고하리 古下里는 마을 뒤로 낮은 산이 둘러싸여 있고, 앞으로는 하고천이 흘러 낙동강으로 들어가는 전형적인 배산임수背山臨水 마을이다. 자연마을로는 아릇고일하고곡, 갈골갈곡, 덕골덕곡, 새터신기, 죽리, 헷골회곡 등이 있다. 고일은 고상리와 고하리에 걸쳐 있는 마을인데, 아릇고일은 고일 아래쪽이라 붙여진 이름이고 후에 고하리가 됐다.

경남 하동군 고전면 고하리古下里는 들녘이 넓게 펼쳐진 농촌지역이며, 소여곡소류지, 양경산소류지, 곡계소류지 등이 자리하고 있다. 자연마을로는 해평, 죽전, 구하동마을 등이 있다. 해평海坪마을은 예전에 이곳이 바닷가였다고 하여 지어진 명칭이다. 죽전竹田마을은 대나무가 무성하다 하여, 구하동舊河洞마을은 옛 하동 군청이 있던 마을이라 하여 지어진 지명이다.

좌천리(부산광역시 기장군 장안읍)

밀양시 단장면 표충사엔 효봉스님 사리탑이 있다. 효봉스님은 우리나라 최초의 판사였다. 그가 세속의 번뇌를 씻고 스스로 머리를 깎은 것은 고결한 양심 때문이었다. 어느 피고인에게 사형선고를 내리고 나서 '인간이 인간을 벌하고 죽이는 것'에 회의를 느껴 법모를 벗고 38살에 늦깎이 중이 된 것이다. 스님은 한 평짜리 흙집을 짓고 들어가 면벽 수행 뒤 2년 4개월 만에 깨달음을 얻었다. 어찌나 엄격하게 정진했는지, 한 번 앉으면 절구통처럼 움직이지 않는다고 해서 '절구통 수좌'라 불렸다. 스님은 바보였기 때문에 판사직을 버린 것이 아니라, 바보가 되지 않기 위해 화려한 입신立身의 길을 버린 것이다.

붓을 든 선비가 칼을 든 무반들을 500년 동안이나 지배할 수 있었던 것은 '상소'라는 소통의 방법이 있었기 때문이다. 통치자의 오만과 우매함을 깨우치기 위해서 조선의 신하들은 직언을 서슴지 않았다. 그 한 예가 지부복궐상소指斧伏闕上疏인데 도끼를 몸에 품고 궐문 앞에 꿇어앉아 자신의 상소를 듣지 않겠다면 도끼로 죽여 달라고 한 것이다. 상소문 한 장과 목숨을 바꾸겠다는 장렬함의 극치다.

임진왜란 때 의병장 조헌과 구한말의 최익현이 '도끼 상소'를 한 위인이다. 율곡 이이 또한 550편의 상소를 올렸는데 모두가 나라를 걱정하는 내용이었다. 연산군 때 내시內侍 김처선은 "이 늙은 신하는 네 명의 임금을 섬겼지만, 이토록 문란한 군왕은 없었다"며 쓴소리를 했다. 격노한 연산군은 직접 그의 다리와 혀를 잘랐지만, 김처선은 뜻을 굽히지 않았다. 상소한 이들은 바보가 아니었다. 오히려 바보는 그들을 말리며 간언한 무리들이다.

좌천左遷은 벼슬이나 직책, 처우 등이 못한 데로 떨어지는 것을 말한다. 중앙에서 지방으로 전출될 때도 비유하며, 우리나라와 비슷하게 중국에서 한때 오른쪽을 중시重視한 데서 온 말이라고 한다. 지위가 낮게 떨어지는 것을 말하기도 한다. 부정부패나 각종 범죄에 연루된 사실이 발각될 경우 내려지는 일종의 죗값인 셈이다.

공무원들이 명령 위반, 직무상 위반, 직무 태만 등으로 인사위원회나 징계위원회에 회부되어 받는 파면·해임·정직·감봉·견책 등의 징계를 내리는 것도 그와 유사한 벌이라고 할 수 있다. 비위를 저지른 공무원에게 직급을 1계급 아래로 내리고 공무원 신분은 보유하나

3개월간 직무에 종사하지 못하도록 한 뒤 그 기간 중 보수를 전액 감하는 강등도 중징계에 해당하는 무거운 벌이다. 예전에 미운털이 박힌 공무원을 산간벽지山間僻地나 오지奧地로 발령 냈던 것도 같은 맥락이다.

물론 부산시 기장군 장안읍 좌천리佐川里는 그러한 불명예와는 전혀 상관없는 곳이다. 좌천리는 바다에 가까이 있는 해안지역에 있다. 좌천이란 이름은 달음산 줄기를 타고 정관읍에서 좌천으로 돌아 흐르므로 사람이 살 수 있는 보금자리라는 것을 알고 '도울 좌, 내 천'의 뜻을 따서 붙인 것이라고 한다. 성내의 옛말인 '잣안'에서 유래되었다는 설도 있다. '좌' 또는 '자'는 성城을 뜻하는 고어인 '잣'이 변형된 것으로 본다.

이번 오토바이 전국 기행 중에 불필요한 짐을 집으로 부치기 위해 찾은 좌천우체국 여직원의 친절한 미소와 상냥한 말씨는 '좌천'이란 어감이 주는 불편함을 말끔히 씻어주었다. 고마운 마음을 전한다.

임원리(강원 삼척시 원덕읍)

흔히 임원을 '기업의 별'이라고 한다. 임원이 되면 고급 승용차, 사무실, 골프장 출입 등 70가지의 대우가 뒤따른다. 그러나 임원은 '임시 직원'의 준말이라고 할 만큼 불안한 자리다. 실적이 나쁘면 언제든지 짐 쌀 준비를 해야 한다. 세계적인 패션전문지 '엘르'의 수석 편집장 장 도미니크 보비는 43세 때 뇌졸중으로 쓰러진다. 그는 눈 깜박이는 횟수로 철자를 나타내 책을 썼다. 15개월 동안 20만 번 눈을 깜박이며 책을 써낸 그는 책이 나오고 열흘 뒤 세상을 떠났다. 일은 죽음을 이해하지 않는다. 죽음은 그냥 죽음일 뿐이다.

강원도 삼척시 원덕읍 임원리臨院里는 조선 시대에 여행자의 숙소인 만년원의 소재지였기 때문에 임원리라 했다고 한다. 〈신증동국여지승람〉을 보면 '만년원은 삼척부 남쪽 70리에 있다'고 기록되어 있다. 〈대동여지도〉에는 낙동정맥에서 만년원의 소재기에 이르는 산세가 잘 묘사돼 있다.

빌 클린턴 전 미국 대통령의 버킷리스트는 아프리카 최고봉인 킬리만자로에 올라가는 것과, 다리 힘이 빠지기 전에 마라톤을 하고 싶다는 거였다. 킬리만자로는 탄자니아 북부에 위치한 해발 5963m의 산이다. 또한 클린턴은 '이 세상 모든 손자가 꿈을 갖고 살고 평온한 삶을 누릴 기회를 머지않은 장래에 갖게 되는 것'이라고 말했다.

일본 작가 나카타니 아키히로가 쓴 '하지 않으면 안 될 50가지' 시리즈가 있다. 10대는 미래가 없는 일을 하지 마라, 부모 품에서 벗어나라, 토론과 연설을 즐겨라, 평생 잊지 못할 자랑거리를 만들어라 등이다. 20대에게는 자기가 좋아하는 한 가지 일을 찾아라, 현장에서 실패하는 경험을 맛보라고 충고한다. 반면 40, 50대에게는 과감히 버려라, 다른 사람을 위해 살아라, 느리게 살라고 주문했다. 재미있는 것은 나이가 들수록 할 일이 소박하고 겸손해진다는 점이다.

'죽을 때 후회하는 스물다섯 가지' 목록도 있다. 사랑하는 사람에게 고맙다는 말을 많이 했더라면, 진짜 하고 싶은 일을 했더라면, 조금만 겸손했더라면, 감정에 휘둘리지 않았더라면, 기억에 남는 연애를 했더라면 등이다. 죽음을 기다리는 입장에서 1분 1초는 황금보다 귀하다.

　머잖아 늙은이가 될 젊은이들과, 늘 젊은이로 살고 싶어 하는 늙은이들은 공존한다. 누구나 늙는다. 그러나 늙음을 늦추는 방법은 있다. 마음의 주름부터 쫙 펴는 것이다. 화를 내면 늙는다. 3불불신·불만·불안을 정리하고 3사감사·찬사·봉사를 정돈하는 일도 괜찮다. 그래야 곱게 늙을 수 있다. 일은 꼬리에 꼬리를 무는 특성을 지녔다. 스스로 내려놓지 않으면 일은 등짝에 붙어 있다. 지쳤다고 느꼈을 때는 이미 늦었다.

완장리(경기도 용인시 남사면)

　경기도 용인시 남사면 완장리完庄里는 마을의 지형이 말의 안장鞍裝처럼 생겼다고 하여 안장이, 안쟁이라고 불리다 붙여진 지명이다.
　경북 문경시 가은읍 완장리完章里는 대약산 동쪽 기슭에 위치한 산간마을이다. 관평, 벌바우, 선유동, 용추 등의 자연마을이 있다. 관평은 옛날에 이 마을에서 벼슬한 사람이 많이 배출되었다고 하여 붙여진 지명이다. 벌바우는 주위의 산들이 암석으로 되어 있고, 그 형세가 벌통 같다 하여 붙여진 이름으로 봉암이라고도 부른다. 선유동은 주변의 산들과 수석이 아름다워 선녀들이 하늘에서 내려와 놀았다는 전설에 따라 붙여진 이름이다. 용추는 옛날에 용이 놀다가 승천한 못이라고 하여 붙여진 이름으로 용초라고도 한다.
　'완장腕章'은 신분이나 지위 따위를 나타내기 위하여 팔에 두르는 표장標章을 말한다. 문제는 멀쩡한 인간도 완장만 차면 거들먹거리고 엉뚱한 허세를 부린다는 점이다.

윤흥길 작가는 그의 대표작 '완장'을 통해 권력과 권력을 좇는 사람들의 모습을 그림으로써, 눈에 보이는 가치만을 추구하는 현대 사회를 고발하고 있다. 특히 한국전쟁 이후 정치권력의 폭력성과 보통 사람들의 암울한 삶을 해학적 필치로 그려내 많은 이들로부터 공감과 찬사를 이끌어냈다. 소설은 월급 5만 원에 저수지 관리원이 된 임종술이 완장을 차고 권력의 맛에 길들여지는 과정을 그리고 있다. 작가는 임종술을 통해 우리 마음속에 남아 있는 권력에 대한 선망과 원망, 복수, 공포를 그려냈다.

완장은 일제가 조선인을 감시하기 위해 일본 경찰의 앞잡이들에게 쥐여준 비표로도 악용됐다. 완장의 위세는 해방 정국과 6·25전쟁 전후로 더욱 악명을 떨쳤다. 죽고 사는 생사여탈까지 쥐락펴락하며 기고만장하게 만든 것이다.

1960년 3월 15일, 대통령과 부통령을 선출하는 선거에서 이승만이 부정과 폭력으로써 재집권을 시도한 '3·15 부정선거'에서도 완장 부대가 동원됐다. 당시 이승만이 이끌던 자유당은 사전 투표, 3인조·9인조 투표, 유권자 명부 조작, 완장 부대를 동원한 위협, 야당 참관인 축출, 투표함 바꿔치기, 투표 계산서 조작 등의 방법을 동원하여 부정 선거를 이끌었다. 심지어는 개표 과정에서 이승만의 표가 100%에 육박하는 결과가 나오자 이를 79%로 조정하기까지 했다. 이 3·15부정선거는 4·19혁명의 단초가 됐다. 그러나 세월이 흘렀어도 돈과 권력, 지위라는 완장의 위세는 여전하니 안타까울 따름이다.

여행은 시간이 갈수록 영리해진다

여행은 즐거운 유희다. 단 장기 레이스일 땐 상황이 다르다. 며칠간은 아무 생각 없이 시작하지만, 시간이 지날수록 여러 변수에 직면한다. 느긋함이 초조함으로 변한다. 끝날 때까지 끝난 게 아니다. 독기가 없으면 지친다. 아무리 괜찮은 여행일지라도 시간이 불어나면 짜증도 불어난다. 맷집이 필요하다. 끝까지 완주하겠다는 신념이 없으면 완패다.

여행자는 영리하다. 시간이 갈수록 여행도 진화한다. 완벽한 준비를 했다 하더라도 여행 내내 시행착오 속에서 헤맨다. 적당한 오류가 아니다. 여행을 포기하고 싶을 만큼 충격파가 크다. 우리도 처음엔 '짐'과 '짐짝'의 관계를 몰랐다. 출발 당시, 오토바이가 쓰러질 정도로 짐칸을 채우고 커다란 여행용 가방까지 덧대어 실었다. 짐을 풀면 어디서든지 잘 수 있고, 먹을 수 있고, 씻을 수 있도록 세간을 모두 실은 것이다.

하지만 여행 중 가장 큰 '짐'이 '짐'이라는 사실을 깨닫기까지는 그리 오래 걸리지 않았다. 사람이 '짐'이 되고, 짐칸이 사람 자리를 빼앗는 언밸런스한 상황. 마지못해 지고 다니는 짐의 무게는 여행을 짓누른다. 바리바리 싸간 물품 중 불필요한 것들이 의외로 많았다. 물론 가지고 다녀서 손해 볼 것은 없지만 '없어도 그만'인 물품이 많았던 것이다. 짐이 많으면 기동성이 떨어지고, 라이딩의 질도 떨어진다.

방법은 있었다. 버리든가, 집으로 소포택배를 부치든가. 우린 입지 않는 옷가지와 신발, 수건, 기억에도 가물거리는 잡동사니들을 모아 우체국 택배를 통해 반송했다. 이 같은 일은 또 한 번 있었다. 최대한 보냈다고 생각했는데 며칠 뒤 살펴보니 또 '한 짐'이었다. 결국 우체국을 또 찾았다. 두 번의 실수는 '짐'의 규격화, 최소화를 끌어냈다. 이 일이 있은 후 짐칸을 떼어내고 베니어합판veneer 合板과 브래킷bracket: 지지 구조재을 연결해 새로운 짐칸도 만들었다. 철물점에서 개조 비용으로 3만 5000원이 들었다.

잠자리에 대한 진화도 있었다. 처음엔 비박과 숙박 사이에서 우왕좌왕했다. 어둠이 깔릴 때까지 결정을 못 내리고 헤매기 일쑤였다. 더구나 비박을 하더라도 장소가 문제였다. 학교 운동장이나 천변, 그리고 숲을 생각했지만, 식수와 화장실 모두를 해결할 만한 곳이 흔치 않았다. 야영장이나 캠핑장도 유료가 많았다. 실수에, 실수를 거듭한 끝에 내린 결론은 전국 무료 야영장을 미리 검색해서 해가 떨어지기 전에 텐트를 치는 거였다. 어떤 날은 태양이 작아서 춥고, 또 어떤 날은 어느 때보다도 일찍 새파란 새벽이 걸어왔기에 예비豫備가 상책이었다.

저녁으로 찌개를 끓인 경우 둘이 먹기엔 항상 여분이 생겼다. 이런 음식은 대개 끓여 놓으면 상하지 않는 것들이어서 아침 식사로 재생시키기에 충분했다. 한 끼를 두 끼로 만드는 것이니 그만큼 수고로움을 덜 수 있었다. 간혹 식당에 가서 남은 반찬이 있으면 깨끗하게 비닐 팩에 담아 밑반찬으로 쓰거나 안주용으로 재활시켰다. 또 해장국이나 뼈다귀 감자탕을 식당에서 구입한 후 야영할 때 끓여 먹는 간편 식사도 종종 했다. 먹기 위해 잠시 멈추는 일은 언제나 축복의 순간이었다. 어려움을 극복하고 전진前進했다는 격려와 보상, 한 입 베어 물 때마다 혀끝으로 밀려드는 포만감, 그리고 식욕을 맘껏 펼치며 느끼는 안도감이 좋았다. 특히 입의 즐거움을 위해 만드는 즐거움이 행복의 총량을 넘치게 했다.

민박 주인이 들으면 싫어할 소리지만 간혹 숙박할 경우엔 밀린 빨래와 밀렸던 목욕을 충분히 했다. 씻는 것도 하나의 여정이어서 기회가 올 때마다 때 빼고 광을 냈다.

오토바이 엔진오일Oil을 직접 교체한다거나 아메리카노 커피 '카누'를 도매로 사서 저렴하게 모닝커피를 먹었던 일, 와이파이Wi-Fi 터지는 곳에서 무제한 데이터 쓰기, 열 벌의 옷보다 전북 군산 양키 시장에서 구입한 미제 담요 덕을 더 본 점도 진화의 한 단면이라 할 수 있다.

물론 소박함은 자존감이 있어야 가능하다. 소박한 여행을 위해서는 일단 두 가지를 버려야 한다. 시간과 욕망이다. 소박하다는 것은 누추함과 다르다. 누추한 것은 더럽고 지저분한 표현으로 끝이다. 하지만 소박한 것은 유홍준 교수나의 문화유산 답사기가 백제의 미학을 표현할 때 쓴 '소박하지만 누추하지 않고, 화려하지만 사치스럽지 않은 것'이다.

해결방법이 보이지 않을 때 부닥쳐 봐야 해결방법이 보인다. 아무리 계획을 잘 짰다고 해도 직면한 문제는 맞닥뜨려야 풀린다. 여행의 비극은 실패가 아닌 현실 안주에서 비롯된다. 가볍게 여장旅裝을 꾸리는 일은 정신을 가볍게 하는 가장 기초적인 일이다.

좋은 놈, 나쁜 놈, 이상한 놈

여행은 시간을 버는 일이 아니라 오히려 우아하게 잃는 일이다. 마음대로 사는 데에는 몇 가지 장점이 있다. 아무리 안 좋아도 최악은 아니라는 사실이다. 인생이랑 엿이랑 바꿔 먹는 일이 와도 내 마음대로 살다가 그렇게 되면 최악은 아니다. 진짜 최악은 내 마음대로 살아보지도 못하고 그렇게 되는 일이다.

세상엔 두 부류가 있다. 좋은 놈分과 나쁜 놈이다. 사실상 중간치란 없다. 본디 성정性情이 안 좋은데 좋은 척 하는 놈도 나쁜 놈이다. 이득을 취하기 위해 일시적으로 호의를 베푸는 놈도 나쁜 놈이다. 공짜 밥을 주면서 숟가락을 들었다 놨다 하는 놈도 나쁜 놈이고, 공짜 밥을 당연한 듯 얻어먹는 놈도 나쁜 놈이다. 적당히 좋은 놈, 적당히 나쁜 놈이란 없다. 간혹 선악의 강도에 따라 '별로'인 놈을 '좋은' 쪽에 붙여주기도 하는데 이 또한 나쁜 놈이 하는 전횡이다.

여행 중에도 두 종류의 종족을 만난다. 나쁜 놈과 좋은 놈分이다. 비율은 거의 반반인데, 그래도 좋은 쪽이 조금 더 많다. 여행이 고행이 되는 건 시간문제다. 여러 가지 변수 때문이다. 어쩌면 변칙變則, 반칙反則이라는 말이 어울릴지도 모르겠다. 세상엔 너무 많은 포식자들이 설쳐대며 먹잇감을 찾아다닌다. 이런 포식자들에게 잡히면 여행은 지옥이 된다. 낯선 타지에서의 린치는 가벼워도 상처가 되고 악몽이 된다. 선악의 인간들 사이에서 친절과 불친절의 경계예후는 명징하다.

여행 중에 오토바이 의자 자물쇠가 잠겨 충남 예산 어느 수리 센터에 들렀다. 수리공修理工은 다짜고짜 빠루노루발못뽑이: 굵고 큰 못을 뽑을 때 쓰는 연장를 들고 나와 의자를 들쑤셔대기 시작했다. 언뜻 보기에도 기술이 없어보였다. 자물쇠는 무력武力에 의해 가까스로 열렸다. 비용이 얼마냐고 물었더니 한치의 망설임도 없이 5만 원을 내란다. '빠루질' 몇 번 해놓고 5만 원이라니 날강도가 따로 없다. 결국 호주머니에 있던 현금 2만9000원을 탁탁 털어줬다. 양아치에게 당했다는 생각이 들었다. 뜨내기 취급을 받은 것도 억울하고 헛돈을 쓴 것도 억울했다. 그는 마을을 알리는 홍보대사가 아니라 악독한 장사치에 지나지 않았다. 낯선 곳에서 생판 모르는 자에게 당한 불친절은 마을 전체 이미지에 적개심을 품게 했다. 한 사람의 언행이 마을의 얼굴이 된다는 건 무서운 족적이다. '당신이 부산입니다'란 캐치프레이즈를 내건 지방정부의 묘책이 그제야 이해가 갔다.

♤♤♤

번라한 시장에서 마늘과 파를 공짜로 쥐어 주던 경남 진주의 착한 상인, 엔진오일을 갈아주며 오토바이 전체를 세심하게 살펴주던 충남 보령의 어느 오토바이 가게의 주인장, 민박 독채를 저렴하게 빌려주던 부산 기장의 마음씨 좋은 집주인, 고기를 듬뿍 담아 나그네의 여독을 달래주던 전북 군산의 순대 국밥집과 미제 담요를 에누리 많이 해서 판매한 군산 양키시장의 상인….

　인생을 살아간다는 건 끊임없이 쌓이는 먼지를 닦아내는 일이다. 마음에도 질료Matter·質料가 있다. 난데없이 어둠에 둘러싸였을 때의 어둠은 숨이 막힐 듯한 공포다. 가령 견공犬公 주인들이 들으면 듣기 싫은 말이겠지만, 가족을 등한시하면서 개를 위한 삶은, 반려가 아니라 개차반에 해당된다. 개도 사람과 마찬가지로 인격적인 개체로 대하는 것은 맞다. 하지만 개를 사람처럼 대접해야 하는 건 아니다. 뒷방에 처박혀 사는 부모는 안 챙기면서 개가 감기 들까 노심초사 하는 건 이율배반이다. 물론 개만도 못한 인간이 많으니 그럴 수도 있다.

종교를 마치 면죄免罪의 대상으로 삼는 것도 같은 예다. 일부 종교인들을 보면 빛光은 없고 광狂만 남아있다. 사람으로 태어나는 것보다 사람으로 사는 것이 더 어렵다. 추악한 사람을 피해가기가 어려운 일이고 그 사람과의 악연이 어려우며, 잘못된 인연으로 후회하지 않기가 제일 어렵다.

신문사 회장이란 직책을 달고 기자들에게 펜정론직필 대신 앵벌이광고벌이를 강요하고, 승진을 미끼로 때론 골프채나 여행을 미끼로 돈벌이수익사업이나 매출 증대만 시키는 양아치가 버젓이 활개를 치고 있으니 세상이 거꾸로 돌아가는 이치와 다를 게 없다.

집을 떠나 집으로 돌아가는 여정

가벼운 꽃은 가볍게 죽고 무거운 꽃은 무겁게 죽는다. 숲은 정통성과 시원의 순결을 옹위하고 있다. 숲의 시간은 퇴적의 앙금을 남기지 않는다. 때문에 숲에서는 길을 잘 기억해 둬야 한다. 땅거미가 어두워지면 길은 불투명해진다. 변화무쌍한 날씨 때문에도 빛의 편차가 생긴다. 길은 어디까지나 빌린 것이기 때문에 빌려준 길이 시키는 대로 해야 한다.

가장 인상적인 풍경과 자잘한 근심거리는 항상 포개지기 마련이다. 길을 떠나 본 사람이라면 어둠속에서 불안했던 기억과 어찌할 바 모르는 무력감을 느껴 본 기억이 있을 것이다. 그건 세상이 흔들리는 것이 아니라 자신의 마음이 흔들리는 것이다. 이럴 땐 지나온 길을 얼추 짐작해가면서 기억을 되돌려야 한다. 길에서 잠시 멈추어서서 기분의 완급을 조절하면 길이 열린다. 기억의 복원력은 곧 담력이다.

헛간이나 갓 베어낸 건초더미에서 지낸 하룻밤, 외딴 곳에서 얻어먹은 식은 밥 한 덩이, 우연히 도착한 마을에서 때마침 잔치가 벌어져 동냥 아닌 동냥을 했던 기억. 비박은 숙박보다 덜 안전하지만 묘미는 더 있다.

지명사전

애증지명

냉정리(냉정마을)(전북 부안군 보안면)/매정리(경북 안동시 녹전면)

부부는 서로에 대해 3주간 연구하고, 3개월 사랑하다가, 다시 3년을 싸우고, 30년을 참고 견딘다고 한다. 얼굴은 3개월 가고, 성격은 30년 간다고도 한다. 그런데 지금 내 곁에 돌아누워 있는 아내는 지구 한 바퀴를 돌아야 만날 수 있는 거리에 있는 사람이다. 참는 게 좋아서 참는 사람은 없다. 참아야 불편해지지 않기에 참는 것이다. '냉정冷靜'은 감정에 사로잡히지 않고 침착하다는 것을 의미한다. '냉혹冷酷'과는 다르다.

우리나라에는 유독 냉정리냉정마을라는 지명이 많다. 전북 부안군 보안면을 비롯해 서울시 마포구 염리동, 부산시 사상구 주례동, 인천시 강화군 선원면, 전북 김제시 연정동, 경기도 연천군 왕징면과 포천시 관인면, 충남 아산시 인주면, 경남 진주시 집현면에 냉정리冷井里가 있다. 이들 마을의 공통점은 '찬우물' 또는 '냉정물', '찬샘'이라는 우물이 있어 지명이 유래됐다.

천재 시인 이상은 금홍과 헤어진 뒤 일종의 도피처로 신여성 지식인 변동림을 선택했다. 소설 '실화失花'에서 이상은 변동림이 사귄 남자의 수數를 캐묻는다.

"몇 번?"
"한번"
"정말?"
"정말 하나예요"
"말마라"
"아뇨 둘"
"잘 헌다"
"셋"
"잘 헌다, 잘 헌다"
"넷"
"잘 헌다, 잘 헌다, 다섯 번 속았다."

이상은 아내가 간음했다면 절대 용납할 수 없음을 분명히 했다. 정조관념에 엄격한 도덕의 잣대를 들이댄 것이다. 둘은 햇빛도 제대로 들어오지 않는 어두컴컴한 셋방에서 신접살이를 시작했다. 변동림은 이상의 폐결핵 약값과 생활비를 벌기 위해 일본인이 운영하는 술집에 나갔다. 그러나 결혼생활 불과 넉 달 만에 둘은 갈라섰다. 사별死別이었다. 변동림은 얼마 뒤 화가 김환기와 재혼했다. 그토록 정조貞操를 원하던 이상의 사랑은 허무한 죽음으로 끝났다.

바람 소리, 빗소리, 파도소리, 시냇물 소리, 풀벌레 소리, 대죽 소리는 생명의 리듬이다. 이런 자연음들이 인공음音 때문에 사라지고 있다. 목소리가 점점 커지니 낮은 목소리들이 없다. 다 들리는데 고함을 친다. 사방을 둘러봐도 모두 '통화 중'이고 '공사 중'이며 '시위 중'이다. 공동주택 가구 중 절반 이상이 층간소음의 가해자. 엘리베이터에서 우연히 윗집 가해자와 만나기도 하지만, 그는 이미 이웃사촌이 아니라 '아웃' 됐으면 하는 이웃이다.

'칵테일 파티 효과'라는 게 있다. 쿵쾅거리는 소리에 한 번 짜증이 나면 그다음부터는 아주 작은 소리에도 더 예민해지고, 나중엔 온통 위·아랫집 소음만 들린다는 것이다. 목소리 큰 놈이 이긴다는 말은 착각이다. 큰소리로 냉갈령 한번 부려보려는 수작에 지나지 않는다. 소음과 잡음의 차이는 '불쾌감'의 차이다. 만약 불쾌감을 느꼈다면 소음이다. 그렇다면 매정한 이웃에게 조용히 소리쳐라.

"우리, 귀 안 먹었다."

경북 안동시 녹전면에 매정리梅井里가 있다. 매화낙지형의 명당이 있다는 골매골매리와 새미신정마을의 이름을 따 매정리라고 했다고 한다. 신암폭포가 유명하다.

전북 정읍시 옹동면 매정리梅井里 역시, 비슷한 유래골매+새터를 지니고 있다. 경북 영덕군 영덕읍 매정리는 매정마을의 '매' 자와 양정

마을의 '정' 자를 따서 붙여진 이름이다. 전남 화순군 이양면 매정리는 마을 뒷산의 형세가 매화형국이라 하여 붙여진 이름이다. 전남 진도군 임회면 매정리梅亭里는 바닷물이 마을의 매화나무 있는 곳까지 닿는다 하여 매착개梅着浦로 불리다 매차개로 변한 후 매화나무 옆에 정자를 지었다 하여 매정리梅亭里)라 부르게 되었다고 한다.

장서리(장서마을) 경기도 안성시 양성면 장서리

'장서丈壻'는 장모와 사위를 아울러 이르는 말이다. 시어머니와 며느리를 칭하는 고부와 대칭되는 개념이기도 하다. 예로부터 '딸 둔 죄'로 한평생을 두고 늘 어려운 손님으로 맞이한다는 의미에서 '백년

손님' 또는 '백년지객'이라고 부르기도 한다.

그러나 세월이 변하면서 그 말도 조금은 무뎌지는 느낌이다. 가깝지만 어렵고도 어색한 사이라고 하나 고부처럼 갈등 관계도 아니다. 아내딸의 힘이 점차 커진 이유도 있다. 며느리 사랑은 시아버지이고, 사위 사랑은 장모다. 남편은 '남의 편'이 아니다. 아내는 '내 안'에 있다. 지금 내가 가장 사랑하는 사람은 내 옆에 있는 사람이다. 그 사람과 사는 이가 며느리고 바로 사위다.

아내의 어원은 정확하지 않다. 다만 '안'과 '해'가 결합해 '집 안의 해'라고 풀이하기도 한다. 이는 남한에서는 아내, 북한에서는 '안해'라고 부르는 것에 기인한다. 물론 '안해'의 '해'는 태양을 의미하는 것이 아니라 누구를 부를 때 붙이는 접미사다. 안ㅊㅎ+ㅐ~인 것→안해→ㅎ탈락→아내로 변했다고 한다. 집 안에 있으니 '안'이고 밖에서 주로 있으니 '바깥양반'이다. 서방書房은 그 옛날 남편들이 서재에 틀어박혀 산다 해서 서방이다. 부부 중에 여자 쪽이라 하여 '여편女便', 남자 쪽이라 하여 '남편男便'이다. 어찌 됐든 부부간, 고부간, 장서간 푸른 배춧속처럼, 때론 양념과 조미료처럼 살갑게 지내야 가족은 맛있게 발효된다.

경기도 안성시 양성면 장서리長西里는 800여 년쯤 정상준과 오복덕이란 사람이 개척한 마을로, 마을의 지형이 서쪽으로 길게 뻗쳐 있다 하여 장서라 이름 붙였다고 한다. 자연마을로는 상上장서리와 하下장서리가 있다. 상장서리는 정상준이 개척한 마을로써 위에 있다고 하여 붙여진 지명이고, 하장서리는 오복덕이 개척한 마을로 아래에 있다고 하여 붙여진 지명이다. 전북 부안군 상서면에도 장서마을이 있다.

내조리와 외조리(경남 의령군 칠곡면)

'잘난 남자 뒤에는 더 훌륭한 여자가 있다'는 말이 있다. 남편의 사회생활이나 출세에 영향을 미치는 것은 곧 아내의 내조가 중요하다는 의미다. 그래서 '내조지공內助之功'이라고 한다. 현명한 아내의 내조라 하여 '내조지현內助之賢'이라고도 한다. 여성의 사회 진출이 많아지면서 '외조지공外助之功'이라는 말도 자주 쓰인다.

어느 날 갑자기 아내가 사라졌다면, 상상 초월이다. 집안 꼴이 돼지우리가 되는 건 시간문제다. 일단, 아이들 등교가 문제다. 머리부터 발끝까지 챙겨주어야 하는데 맘만 있고 몸이 안 따른다. 아이가 어릴수록, 아이가 많을수록 더 큰 문제다. 아침밥 대신 만 원짜리 지폐가 대신하고, 책가방 싸주는 것도 챙겨야 한다. 빨래며, 설거지며 집안일은 해도 해도 끝이 없다.

어느 날 갑자기 남편이 사라졌다면, 이 또한 상상 불가다. 넋 나간 전구는 졸고 있고, 고장 난 세면대는 물 천지다. 전업주부라면 아이들 용돈에 생활비는 누가 대고, 맞벌이 부부라 해도 가장의 역할을 누가 대신 할 것인가, 가정의 맥박이 멈춘다.

5월 21일이 부부의 날인 것은, 둘2이 만나 하나1가 됐다는 의미다. 외조든 내조든, 위무慰撫하며 사는 것이 백년해락百年偕樂이다. 그런 의미에서 경남 의령군 칠곡면에 있는 내조리와 외조리는 이름만으로도 매우 상징적이다. 마소의 먹이를 주던 '구유구시골'가 있었다 하여 '구유 조槽'자를 써 내조리內槽里와 외조리外槽里다.

'기러기'는 앞으로 읽어도, 뒤로 읽어도 기러기다. 이는 한결같은 부부애, 자식애를 상징한다. 기러기는 짝이 죽으면 홀로 여생을 마치고, 산에 불이 나면 품은 새끼와 함께 타 죽을 정도로 가족 사랑이 유별나다. 온갖 풍상과 곡절 속에서 짧은 세상을 살면서도 싫은 소리 한 번 하지 못하고 등골이 휘는 외로운 철새다.

'기러기 아빠'는 아내와 자식을 외국으로 유학 보내고 홀로 남아 뒷바라지를 하는 중년의 가장을 말한다. 그나마 경제적 여유가 있어 정기적으로 가족을 만나러 나가는 '원조 기러기 아빠', 언제든지 자신이 원할 때마다 해외로 날아가는 '독수리 아빠', 가족들이 돌아올 때까지 홀로 사는 '펭귄날지 못하는 새 아빠'가 있다.

유학 간 '기러기'들은 아빠보다는 돈을 손꼽아 기다리고, 기러기 아빠는 월평균 400만 원을 송금하느라 날갯죽지가 저리다. 현재 기러기 가족은 50만 명이 넘고, 매년 2만 명이 새로운 대열에 합류한다. 뻔한 수입에서 먹을 것 안 먹고, 입을 것 안 입으며 90% 이상을 송금하는 삶의 무게는 실로 고단하다.

그러나 정작 슬픈 건 생이별이다. 그 외로움은 뼈와 피를 육신의 끝으로 몰아친다. 적막강산 텅 빈 집에서 밥하고 빨래하고 청소하며 사는 게 쉽지 않다. 이별보다 더한 괴로움은 없고 생이별보다 더한 아픔은 없다.

비행기 표 살 돈이 없어 오랫동안 가족을 못 만난 이가 유서를 남겼다. "끝까지 책임지지 못해 미안하다. 아빠처럼 살지 말고 열심히 살아라. 정말로 숨 막히는 세상이다."

반세기 동안 생사도 확인 못 하고 지내온 또 다른 '기러기'들이 있다. 이산가족들이다. 1세대 123만 명에 2~3세대를 더하면 890만

명에 달하는 이들이 눈물로 세월을 보내고 있다. 언제 돌아올지 모르는 아들 생각에 50년 동안 이사를 하지 않은 노모가 있는가 하면 50년을 기다리다 생을 마감한 사람도 있다.

뻔히 찾는 줄 알면서도 월북자 가족이라는 냉전 이데올로기의 족쇄가 두려워 쉬쉬한 사람 또한 있다. 이제 누렇게 빛바랜 사진 속 '기러기'들이 소실점의 끝에서 슬프게 날아가고 있다. 어느 쪽이든 '눈물'마저 말랐다. '안녕'을 묻지만 '안녕'을 확인할 방법이 없고, '안녕'을 확인했지만 '안녕'이라고 인사할 기회조차 없다. 그래도 묻는다. "안녕, 꼭 살아있어야 한다."

지명사전

궁금증 유발 지명

보물리(충남 공주시 정안면)

보물리甫勿里는 마을 앞에 보湺가 있어 보洑들 또는 보물이라 했다. 삼면三面이 산에 둘러싸여 포근한 지형이며 서쪽으로 하천정안천이 흐르고 있다. 보물 앞들은 정안천이 정안면의 중앙부와 의당면의 서부를 남북 방향으로 흐르면서 해발 고도 약 40m 일대에 형성해 놓은 충적평야다.

자연마을로는 보물리 외에도 돌내, 북촌, 새뜸마을이 사이좋게 위치한다. '돌내'는 밤바위 남쪽 골짜기에 있는데 개울 바닥이 모두 돌이어서 붙은 이름이다. 북촌은 고동산 북서쪽에 위치해서, 새뜸은 북촌 북쪽에 새로 된 마을이라 해서 그렇게 불린다. 1914년 정안면 보야浦野·광정리廣呈里 일부가 통합돼 보물리로 개편됐다.

보물리엔 보물寶物·보배로운 물건이 없다. 단지 일가一家만의 보물이 있을 뿐이다. 한화그룹 선영先塋이 이곳에 있다. 천안 중심가에 있던 가족 묘원을 보물리로 이장했는데, 한국화약을 설립한 고故 김종희 창업주와 부인이 안장돼 있다. 김 창업주는 1922년 충남 천안 부대리현 천안 서북구 부대동에서 태어났다. 연고지를 중요시했던 집안 어른들의 뜻에 따라 경기도립상업학교서울상업고등학교의 전신를 다닐 때도 서울까지 왕복 6시간씩 기차통학을 해야만 했다. 그는 1976년 천안에 북일고등학교를 세웠다. 창업주 장녀인 김영혜 전 제일화재 이사장과 장남 김승연 한화그룹 회장, 차남 김호연 빙그레 회장의 고향도 모두 천안이다.

풍수가들은 보물리 선영이 그리 주목할 만한 명당은 아니라고 분석한다. 오히려 천안에 있던 묘원이 강한 생기가 감도는 명당이었다며, 증조부 묘소가 진혈에 있어 한화그룹 발복의 근원이 됐다고 주장한다. 보물리 선영은 지난 2004년 도굴꾼에 의해 묘가 파헤쳐지고 유골이 사라져 곤욕을 치르기도 했다.

보물리는 전국에서 밤 생산량이 가장 많은 곳이다. 또한 500년 전부터 원가네가 모여 사는 집성촌이기도 하다. 마을 초입에 '도나무'라 불리는 둥구나무정자나무가 있는데 100여 년 전 화재로부터 마을을 구했다고 해서 매년 정월 말, 제사를 지낸다.

보물리는 농업을 주로 하는 마을이다. 그럼에도 산신제를 지내는 것은 마을 뒤에 높은 산들이 있기 때문이다. 광덕산에서 국사봉國土峰·402m과 국사봉國司峰·346m으로 이어지는 곳이고, 산짐승도 많아 산신과 토지신을 모두 모신 것으로 보인다.

구만리(충남 예산군 고덕면)

'앞길이 구만리'라는 말은 나이가 젊어서 앞길이 창창하거나, 아직도 남은 길이 멀고 해야 할 일이 많다는 의미로 쓴다. 1리뿐는 약 0.39272km, 9만 리는 3만5345km다. 지구를 한 바퀴 도는 거리가 4만km이니, 얼마나 먼 거리인지 짐작할 수 있다. 구만리의 유래는 중국 천지창조 신화 중 하나인 반고신화에서 찾아볼 수 있다.

반고신화에 의하면 태초는 하늘과 땅이 한데 섞인 어두운 알과 같은 모습이었다. 이 알 속에서 잠을 자던 거인 '반고'가 도끼로 알을 깨고 나오면서 하늘과 땅이 생겨났다. 알 속에 들어있던 물질 중 가벼운 것은 위로, 무거운 것은 아래로 내려가면서 하늘과 땅이 된 것이다. 반고는 하늘과 땅이 다시 붙지 않도록 하늘과 땅을 받쳐 들었는데, 반고의 키가 날마다 1장3.03m씩 자라나 하늘과 땅은 나날이 멀어지게 됐다. 반고는 무려 1만 8000년 동안 하늘과 땅을 받치고 있었다. 이렇게 떨어진 하늘과 땅의 거리가 바로 9만 리다.

이 때문에 아득히 높고 먼 하늘을 뜻하는 '구공九空', '구만리장천九萬里長天', '구만장천九萬長天' 등의 말이 생겨났고, 아득하게 먼 거리를 뜻하는 말로 '구만리九萬里'를 사용하게 됐다고 한다.

구만리九萬里는 지형이 구미후미 안쪽이 되므로 굼안, 구만이라 한 데서 유래됐다. 포리, 황금리, 천변리를 병합해 고덕면에 편입됐다. 자연마을로는 구만, 내갓말, 새태구만이마을 등이 있다. 내갓말마을은 내가 흐르는 바로 옆에 자리한 마을이라 하여 붙여진 이름이고, 새태구만이마을은 구만이 동쪽에 새로 된 마을이라 하여 지어진 이름이다.

전북 완주 봉동읍 구만리는 북으로 만경강이 흐르고 동부는 낮은 산지, 서부는 평야다. 마을을 감싸고 있는 뒷산의 지형이 활처럼 굽어, 물굽이 안쪽으로 돌아 흘러서 본래는 궁만弓灣이라 불렸다. 경북 포항 호미곶면에 있는 구만리는 지형이 동해 가운데로 뻗어 들어가서 굽이를 이뤘으므로 구만리라 했다. 전남 구례군 광의면 구만九彎은 약 600년경 삭녕최씨가 동쪽들비련에 정착하면서부터 마을이 형성됐는데, 서시천 상류의 물굽이 중 9번째 굽이에 마을이 위치했다고 해서 지명이 생겼다.

강원도 홍천 북방면, 화천군 간동면, 전남 순천 서면에도 구만리가 있다.

야사리(전남 화순군 이서면)

야사리野沙里의 자연마을로는 야사, 산사, 태평동, 용호, 갑동이 있다. 야사野沙 마을의 뜻은 '들모실'들에 있는 마을이라는 의미를 한자화한 것이다. 야사 마을은 처음에는 평사平沙라 했고 이후 금사錦沙·사촌沙村·사천沙川이라 표기하다가 야사野沙로 정착됐다. 태평동은 태평성대를 기원하는 마음에서 이름 붙여졌다. 갑동은 원래 마을 입구에 도구대처럼 생긴 바위가 있어 한때 도구촌이라 부르기도 하였다. 이후 갑동으로 이름이 바뀌었는데, 그 연원은 산 아래 가장자리에 있으므로 갓굴 또는 갓동이라 불리던 것을 한자로 표기하면서 갑甲 자를 취하여 갑동이 된 것이다.

산사 마을은 '산모실산 아래 있는 마을이라는 의미를 한자화하여 뫼 산 山자와 모래 사沙자를 각각 취한 것이다. 용호 마을은 원래 도롱굴더렁 이골이라 부르는데 큰 바위가 이곳저곳에 많이 있다는 뜻이며, 한자로는 용호龍湖라고 하는데 풍수지리설에 따르면 용이 물을 먹으러 내려오는 형국이므로 이렇게 부른다고 전한다.

야사리野沙里는 무등산에서 발원한 영신천을 따라 형성된 자연촌락인데 이곳에 사람이 살기 시작한 것은 1500년경이라고 추정된다. 야사리에서는 약 800여 년의 전통을 이어 해마다 정월 대보름에 당산제를 올린다. 이 마을엔 두 그루의 당산나무가 있다. 한 그루는 조선 성종 때 이곳에 마을이 들어서면서 심은 것으로, 수령이 500년도 넘었다. 국운이 융성하면 나라의 화평을 알리고, 전란과 나라의 불운이 있을 때는 우는 소리를 낸다고 한다.

또 한 그루의 당산나무는 마을 안쪽에 있는 은행나무다. 원래는 할아버지 당산나무로 모셨던 굉장히 큰 노거수 느티나무였는데 나무가 고사枯死하자 20여 년 전 그 자리에 은행나무를 심어 당산나무로 모시고 있다.

오천리(전북 진안군 진안읍)

오천리梧川里는 오천리 냇가에 머귀풀이 많아 머우내라 불렸는데, 머위의 한자가 오동나무 오梧와 통용되므로, 오천리라 했다. 오천리는 평균 높이 600m를 넘는 산들이 주변을 감싸고 있다. 산등성이를 경계로 하여 동쪽은 전북 장수군 천천면 용광리, 서쪽은 진안군 진안읍 죽산리, 남쪽은 장수군 천천면 봉덕리, 북쪽은 진안읍 물곡리와 가막리와 연접해 있다. 남쪽 양지에서 발원한 물줄기가 북쪽으로 흘러 외오천을 지나 평촌에 이르러 주산리에서 발원해 내려오는 물줄기와 만나 서쪽 물곡리 쪽으로 흘러간다. 고도가 높은 곳에 위치해 있기 때문에 고랭지 채소나 천마, 사과·오미자·인삼·더덕 등을 재배하고 있다.

영덕군 지품면 오천리午泉里는 오일午日의 오午자와 김천金泉의 천泉자를 따서 붙여진 이름이다. 오일리午日里는 세종 때 1428년경 야은野隱 배담裵湛이 마을을 개척했다고 하며, 김천金泉 마을은 15세기에 홍씨洪氏라는 사람이 개척해 김천이라 했다. 또 정씨鄭氏가 마을 입구를 개척, 돈골金谷이라 하다가 다시 밀양박씨가 들어와 마을을 형성했다고 한다.

경북 성주군 수륜면과 경기도 이천시 마장면은 '午川里'를 쓰고 경북 안동시 와룡면, 경북 포항시 연일읍, 안동시 와룡면은 '烏川里'를 사용한다. 충북 보은군 마로면, 경북 문경시 마성면, 경북 예천군 호명면, 경북 군위군 효령면, 경남 의령군 지정면은 '梧川里'라 쓰고, 전남 고흥군 금산면과 경남 함양군 백전면은 '五泉里'를 쓴다.

군산 양키시장(군산시 대명동)

군산群山은 산들이 무리를 지어 있는 섬들의 모습에서 유래됐다. 이곳 대명동에 기성복 전문매장이 밀집해 있는 '양키시장'이 있다. 감 도매시장이었던 '감독'과 이웃한 양키시장은 한때 익산, 전주, 충

남 서천 등지에서도 손님이 찾아올 정도로 유명했다.

양키시장이라는 이름은 한국전쟁 때 북에서 내려온 피난민들이 미군비행장에서 흘러나온 군수품을 사고팔면서 붙여진 이름이다. 거기에 한국군 부대보충대: 논산훈련소 전신가 인근에 주둔하고 있어서 활기를 띠었다.

피난민들은 좌판을 벌여놓고 미군 작업복과 침구류, 등산 장비, 시레이션전투식량, 그릇, 커피 등을 팔았다. 양키 깡통과 종이 박스, 잡지, 열쇠 등을 파는 가게들도 있었다. 이후 초중고생 교복과 작업복을 만드는 가게가 하나둘 들어서더니, 맞춤 의류 가게 밀집 지역이 됐다. 1960년대까지만 해도 사거리를 중심으로 100개 가까운 가게들이 게딱지처럼 다닥다닥 붙어 있었다. 하지만 돈을 번 주인들이 더 좋은 곳으로 이사하면서 구조조정이 돼 지금은 30여 개의 기성복 매장이 명맥을 유지하고 있을 뿐이다.

만석동(전북 김제시 양전동)

만석동萬石洞은 벼 만석을 거둬들일 만큼 큰 부자가 나올 좋은 터풍수지리라는 설과 망석산網石山·37m·되뫼산이 있어 망석동→만석동으로 변음한 것이라는 설이 있다. 그러나 만석꾼이 나오지 않았는데 그 이유는 일제강점기 때 일본인이 김제와 연결되는 지방도 714호선을 개설하면서 마을 북쪽 능선을 잘라버렸기 때문이라고 한다.

인천시 동구 만석동은 강화수로를 이용하여 서울로 운반하는 삼남 지방의 세곡稅穀을 모아 두는 조창漕倉·쌀이 많이 모이는 곳이 있어 유래됐다. 전북 익산시에도 같은 한자를 쓰는 만석동이 있다.

박정자(충남 공주시 반포면 온천리)

박정자朴亭子 하면 여자 이름부터 먼저 떠올린다. 유명 배우 이름에도 있고, 보통 사람들도 흔히 쓴다. 하지만 충남 공주시 반포면 온천리에 있는 '박정자'는 동학사·유성·공암으로 향하는 삼거리 길목32번국도을 일컫는다. '박정자'라는 명칭은 18세기에 이 마을에 살던 밀양 박씨들이 심은 많은 정자나무 때문에 붙여졌다. 박정자 삼거리를 중심으로 서쪽으로는 먹뱅이골과 묵방산이라고 불리는 계룡산 장군봉이 있다. 북쪽으로는 공암으로 가는 길과 금강으로 이어지는 용수천

이 있으며, 동쪽은 대전시 유성구와 인접해 있다.

도덕동(광주광역시 광산동)

도덕동道德洞은 마을 중심부를 흐르는 광암천光岩川에 가설된 도덕교에서 유래한다. 이곳의 이름들은 상당히 이채롭다. 간목골·강당앞·개정지·덕곡·도덕·도림·못골·봉정鳳亭·상지·아래못골·양림·연화동蓮花洞·초당하지 등의 옛마을, 검바우·기룡·놋동골·덕령골·도정골·쉬영굴·우릉짓골·이장굴·참시암굴 등의 골짜기, 보洑인 관댓전보, 관댓전·뗏죽거리·방죽밑·수랑걸 등의 들판, 기룡고개·벌떡고개·안산재·자주고개 등의 고개, 뒤끼매·똥매· 말가매·천마산天馬山 등의 야산, 바위인 베락바우 등이 있다. 베락바우는 벼락을 맞았다는 데서 이름이 유래한다. 전북 전주시 덕진구에도 도덕동이 있다.

봉황리(전남 해남군 옥천면)

봉황리鳳凰里는 논과 들이 넓게 발달한 곳이다. 봉황리는 마을의 위치가 깊은 골짜기에 위치한다 하여 샛골 또는 봉황이라 했다. 자연마을로는 만석동 마을이 있는데 사연이 있다. 어떤 이가 이곳에서 쇠붙이를 주워 대장장이 윤 씨에게 농기구를 만들어 달라고 주었다. 윤 씨가 쇠붙이를 자세히 보니 은덩이였다. 윤 씨는 얼른 그 은을 감추고 다른 쇠를 불리어 만들어 주고는 그 은을 팔아 만석꾼 부자가 됐다는 것이다.

전남 강진군 칠량면, 경북 군위군 소보면, 충북 보은군 내북면 전북 부안군 동진면, 전남 담양군 금성면, 경남 밀양시 초동면, 충북 충주시 중앙탑면, 전남 강진군 도암면에도 같은 뜻의 같은 한자를 쓰는 봉황리가 있다.

바깥멋질(경북 울진군 평해읍 학곡리)

멋질은 관곡館谷을 의미한다. 관곡마을은 평해읍 학곡鶴谷2리 자연부락으로 고을 원님이나 관찰사 등이 평해군에 부임하여 오게 되면 멋질館谷에서 멈추고 정상행차正常行次를 갖추기 위하여 머물렀던 곳으로 '행차行次가 멋지다'하여 '멋짓골' 또는 '관곡館谷'이라 불려졌다고 전해진다. 평해손씨가 큰 와가瓦家를 짓고 대대로 잘 살아 왔다 하여 관곡館谷이라고 불렀다고도 한다. 관곡館谷 마을 동쪽에는 바깥멋질이 있고, 남쪽은 다티고개, 서쪽은 도봉이산 준령 밑에 깊숙이 멋질골이 있으며, 북쪽은 그냥 마을 뒷산이다.

에필로그

 여행은 거창하게 말하지 않더라도, 결국 떠났던 곳으로 다시 돌아오는 것이다. 3000km의 여정을 마치고 집으로 오니 남는 건 숫자 '0'이었다. 여백이라 생각했는데 그냥 공백이었다. 텅 빔, 꽉, 그리고 다시 채워진 유(有)의 상태를 느꼈다. 가둬진 마음의 빗장을 조건 없이 걷어냈는데도 다시 무언가가 그 자리에 채워져 있었다.

 결국 여행은 도착하기 위해 떠나는 것이 아닌, 도착할 것을 이미 알고 떠나는 것이었다. 많은 곳을 주유(周遊)했다. 짧은 일탈이었으나 충분히 아름다웠다고 생각한다. 가장 큰 변화는 소소한 일들에 감사하고 있다는 것이다. '밥'의 고마움을 알았고 '집'의 고마움을 알았다. '가족'의 고마움을 알았으며 '지금'이라는 시간에 대해 고마움을 알았다. 정말 견디기 힘들게 슬픈 일상에도 감사하고, 필요한 것들이 아주 가까이 있다는 것에도 감사함을 느낀다.

우린 장구하지 않은 삶에 너무도 많은 것을 기대며 살고 있다. 멋지게 살 수 있는 만큼의 시간이 주어졌는데도 무언가를 탓하고 원망하면서 하루를 버리고 있다. 버리는 것과 버려지는 것은 다르다. 버리는 것은 능동能動이고 버려지는 것은 피동被動이다. 사람들은 버려지지 않기 위해 먼저 버리는 습성이 있다. 버림받을 것이 두려워 먼저 버리는 것이다. 그 삿된 버림은 기실 부질없는 짓이다. 하루를 하릴없이 버릴 바엔 차라리 집 밖으로 나가는 게 낫다.

누군가는 꿈을 이야기하고 누군가는 현실을 이야기한다. 어느 한편이 옳다고 손을 들어줄 수는 없으나 실패하는 일이 생길지언정 '꿈'에 대해 이야기하는 것이 옳다. 살면서, 한 번이라도 미쳐봤다는 것, 그거라면 후회는 없다.

우리는 멋진 여행자가 되길 희망한다. 여행이란 '발'로 가서 '눈'으로 보는 것이 아니라 '가슴'으로 느끼는 것이다. 새로운 풍경을 봤다는 안도가 아니라, 새로운 시선을 갖게 됐다는 자극을 받아야 한다.

여행을 마치고 가족이 모였다. 서로의 안녕을 확인하자 웃음만 나왔다. 할 말이 아주 많았는데도 할 말이 없었다. 하고 싶었던 일들도 아주 많았는데 하고 싶지도 않았다. 한 달간의 부재不在가 주는 심리적 불안감은 이내 평화로움으로 바뀌었다.

지금 있는 곳이 천국이고, 지금 곁에 있는 사람이 천사다. 따스한 등불 아래서 소곤거리며 저녁 식사를 하는 '지금'이 행복이다.

기행문학가 브루스 채트윈Bruce Chatwin의 말이 오버랩 되는 어느 늦은 봄, 우린 조용히 외친다.

"인간의 진짜 주소는 집이 아니라 길이다."

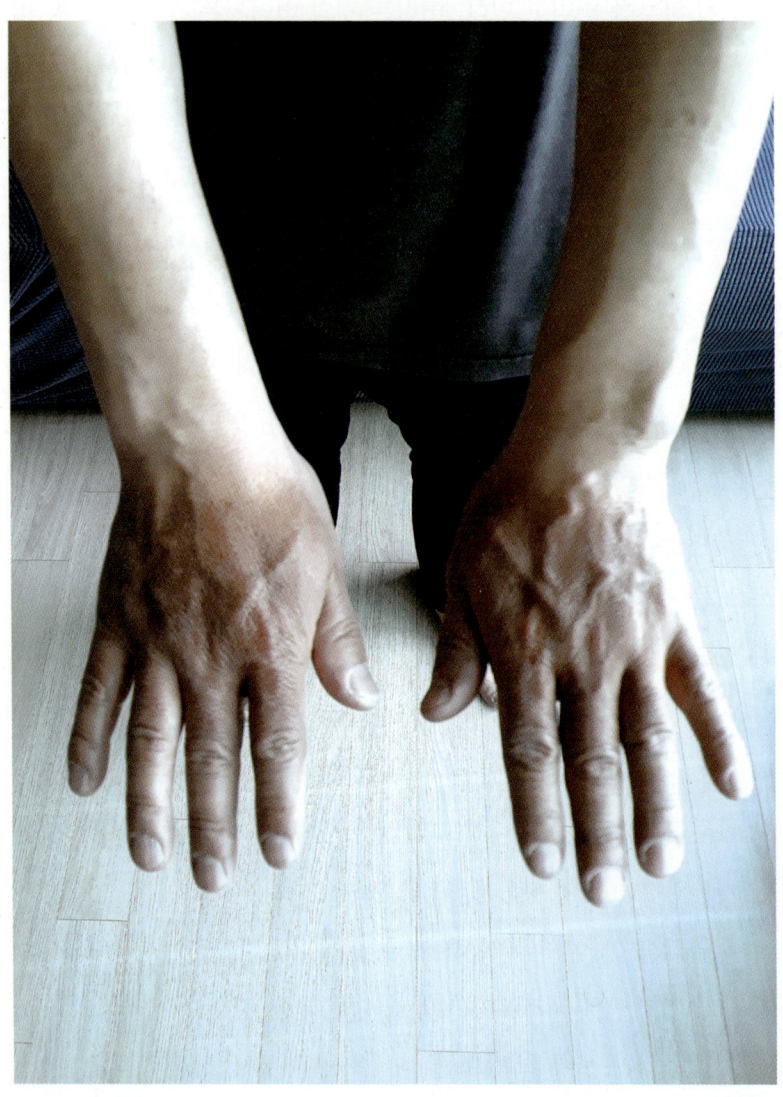

지명 찾아보기

에로 지명

서산 정자리, 부여 안서리, 부안·하동 통정리, 부안 사창리, 함평 해보면, 완도 당사도(옛 자지도), 삼척 자원동(옛 자지리), 구례 방광리, 여수 여자리, 남해 물건리, 사천 벌리동, 경남 고성 양기리(양기마을), 울산·남원 남창리, 용인 유방동, 수원 남창동, 영동 고자리, 충주 야동리, 음성 사정리, 보은 사내리, 강화 매음리, 포천 화대리, 논산 거사리, 영주 내줄리, 거제 아양동, 안성 보체리, 오산 수청동, 천안 신방동, 진천 교성리, 예천 지보면 지보리, 예천 신음리, 합천 성기리, 고흥 발포리, 대구 관음동

엽기 지명

서산 사기리, 당진 부수리, 당진 공포리(공포천), 서천·영덕 성내리, 군산 나포리, 익산 원수리, 부안 당하리, 부안·경주 노동리, 경주 모서리, 영광 염산리, 거제 망치리, 창원 다구리, 부산 다대포(多大浦), 고성 개천면, 기장 대변리(대변항), 영덕 건달리, 양양 관터리(관터마을), 인제 관벌리, 화천 사창리, 상주 대포리, 대전 가오동, 인천 사탄동(옹진), 파주 늘노리, 정선 망하리, 순창 대가리, 평택 객사리, 대전 복수동, 예천 갈구리, 원주 양아치(고개), 김천 의리, 밀양 다죽리, 통영 욕지도(욕지면), 구미 파산리, 대구 구라리, 청도 고철리, 고령 생리, 곡성 괴소리, 곡성 경악리, 합천 영창리, 진주 압사리, 연천 고문리

코믹 지명

예산 고도리, 서산 동성리, 부여 천당리, 부여 종북리(종북마을), 서천 다사리, 여주 상품리, 여주 금사리, 사천 사주리, 정읍 목욕리, 부안 장서리(장서마을), 김제 광활리, 부안 가오리, 부안 저기, 부안군 우산(안산리), 영광 명당리, 함평 외치리, 무안 피서리, 나주 내기리, 벌교 다지리, 화순 서리, 보성 만수리, 보성 호동리, 사천 사다리(사다마을), 보성 고장리, 광양 차사리, 하동·괴산 목도리, 하동 양보면(양보리), 사천 예수리, 군산 술산리, 창원 평발리(평발마을), 창원 고사리, 울산 장기리, 포항 방석리, 영덕 장사리, 안동 송사리, 증평 계란리, 충주 마수리

웃픈 지명

예산 상궁리(상장리), 당진 고역길(독우물길), 당진 궁리, 부안 용서리(용서마을·용서길), 고창 광대리, 영광 백수리, 나주 노안면, 나주 노동리, 강진 중고리, 보성 축내리, 순천 청소골(청소마을), 보령 청소면, 하동 고전리, 하동 방화리(방화마을), 서울 방화동, 울산 반송리, 부산 반송동, 경산 대곡리, 포항 덕장리(이명박 고향), 동해 망상동, 양양 조산리, 양양 상복리, 양양 수상리, 양양 송어리, 인제 원통리, 영덕 오보리, 신안 비리, 해남 화내리, 진도 호구리, 제주 가시리, 제주 고성리, 영월 공기리, 평창 병내리, 울산 나사리(나사마을), 아산 염치읍, 군위 파전리, 청주 비하동, 장수 지지리

궁금증 유발(히스토리) 지명

공주 보물리, 예산 구만리(이천 오천리), 전북 진안 오천리, 공주 박정자(동해원 짬뽕), 서산 기지리(공군 20전투비행단), 태안 안면, 군산 양키시장, 부안군

평지, 익산 만석동, 부안 고시포(해수욕장), 나주 도덕동, 나주 봉황리, 울진 바깥멋질, 화순 야사리

계급 지명

익산 상왕마을, 익산 왕궁리, 고창 자룡리(자룡마을), 영광 신하리, 나주 장성리, 순천 상사리, 철원 상사리, 하동 머리, 하동 선장리(선장마을), 하동 고하리, 울산 서생리, 기장 좌천리(좌천마을), 울진 임원리, 철원 대위리, 철원 이길리, 용인 완장리

애증 지명

부안 냉정리(냉정마을), 부안 고부리, 부안 수락리, 화순·영덕 매정리, 보성 노산리(노산마을), 하동·포항 남성리(남성마을), 당진 다산마을(돈담이), 화순 품평리, 영덕 후포리, 의령 내조리, 외조리, 화성 사랑리

특이 지명

하동 파도리, 하동 신기리, 하동 전도리, 사천 능화리(고려 현종 부자상 상봉길), 사천 검정리, 보성 벌교, 창원 월남리(월남마을), 부산 광안리, 기장 공수리(공수마을), 기장 이동리(이동마을), 울산 간절곶, 경주 팔조리, 울산 발리, 울진 사동리, 안동 신남리, 삼척 동막리, 강릉 거문동, 한계령(백두대간 오색령), 양구 이리, 양구 공리, 화천 운수골, 화천 오음리, 화천 살랑골, 철원 와수리, 포천 금주리, 양평 공세리, 세종 대박리, 청송 고와리, 영주 안심리, 봉화 재산면, 파주 야당동, 고양 강매동, 파주 설마리, 포천 고모리, 고양 북한동, 고양 식사동, 서울 미아동, 서울 불광동, 서울 제기동, 서울 신사동, 인천

작전동, 인천 송해면, 안성 양복리, 용인 정수리, 평택 대추리, 용인 고기동, 서울 개봉동, 서울 면목동, 고양 고봉동, 고양 행주동, 보은 교사리, 경산 아사리, 부산 우동, 정읍 후지리, 영암 나불리, 제주 어음리, 제주 구억리, 곡성 월경리, 진안 동창리, 진주 가방리, 고령 사촌리, 의령 낙서면, 양산 소주동, 양산 양주동, 밀양 제대리, 광주 요기동, 광주 우산동, 양산동, 양산 다방동, 양평 수능리, 수원 파장동, 서울 방학동, 여주 장풍리, 여주 다대리, 홍천 유치리, 아산 오목리, 단양 장발리, 영동 회포리, 괴산 사리면, 보은 탁주리, 보은 병원리, 대전 도마동, 부여 노화리, 임실 오지리, 장흥 가학리, 천안 매주리, 영주 좌석리, 구미 고아읍, 남원 금지면(금지리), 밀양 남기리, 산청 병정리, 경남 고성 가려리, 하동 술상리,

지역별 별난 지명

서울

강남구 신사동/강남구 삼성동/강북구 미아동, 수유동, 번동/강서구 공항동/강서구 방화동/구로구 개봉동/구로구 오류동/구로구 온수동/구로구 천왕동/도봉구 방학동/동대문구 제기동/동작구 사당동 남성역/동작구 동작동/성북구 길음동/영등포구 꼬추말/은평구 불광동/은평구 수색동/종로구 수송동/종로구 평창동/중구 남창동/중랑구 면목동/중랑구 묵동/중랑구 상봉동 /중랑구 신내동

경기

고양 행주동/고양 강매동/고양 북한동/고양 대장동/고양 식사동/고양 고봉동/광주 초월읍/광주시 관음리/군포 대야동/김포 하사리/남양주 일패동, 이패동, 삼패동/부천 표절리→부천시 춘의동/부천 대장동/성남 오리역/성남 정자동/성남 대장동/성남 모란역/성남 은행동/수원 구운동/수원 입북동/수원 곡선동/수원 영화동/수원 정자동/수원 파장동/수원 남창동/시흥 똥섬 →덕섬/시흥 포동/안성시 죽일면(竹一面), 죽이면(竹二面), 죽삼면(竹三面)→일죽면, 이죽면, 삼죽면→일죽면, 죽산면, 삼죽면/안성 계륵리/안성 배태리/안성 발화동/양주 여성봉/양평 세월리/양평 개군면 부리/양평 국수리/양평 수능리/양평 수입리/여주 도전리/여주 궁리/여주 광대리/여주 장풍리/여주 무안동/여주 상품리/여주 하품리→명품리/여주 지내리/여주 도리/연천 중사리/연천 자작리/용인 고기동/용인 보라동/용인 대대리/용인

유방동/의왕 오전동/의정부 가능동/이천 오천리/이천 영창로/이천 거머리/파주 분수리/파주 법원읍/파주 야당동/파주 야동동/파주시 조리읍/파주 낙하리/파주 늘노리/평택 객사리/평택 대추리/평택 비전동/포천 이동면/화성 반송동/화성 백미리/화성 요리/화성 안녕동

인천

계양구 작전동, 서운동, 계산동/남구 문학동, 학익동/남동구 호구포로/서구 불로동/강화 송해면, 내가면/옹진 사탄동 해수욕장

강원

고성 토성면/동해 망상동/삼척 자지동→자원동/영월 공기리/영월 두목마을/원주 개운동/원주 양아치고개(계곡)→양안치/인제 기린면/정선 망하리/정선군 북평면 숙암리 안돌이지돌이다래미한숨바우: 길 이름으로, 대한민국에서 가장 긴 지명/철원 등대리/철원 상사리/철원 대위리/철원 오지리/철원 대마리/춘천 창촌리 소주고개/춘천 물로리/춘천 마적산/화천 구만리 딴산/홍천 희망리/강릉 노동하리

대전

동구 가오동/동구 공주마을/동구 신인동/대덕구 법동/대덕구 와동/대덕구 읍내동/서구 변동/서구 복수동/서구 도마동/유성구 계산동/유성구 궁동/유성구 금고동/유성구 반석동/유성구 신동/유성구 온천동/유성구 죽동/중구 산성동/중구 오류동/중구 은행동/중구 사정동/중구 복수동

충북

청주 개토골/청주 대신리 이티봉/청주 탑동·대성동/청주 용암1, 2동/청주 가마리/청주 농촌동→성화동/청주 사창동/청주 개신동/청주 비하동/청주 복대동/청주 만수리/청주 사정리/충주 야동리/충주시 이류면→대소원면/제천 계란리/단양 대가리/괴산 목도리/괴산 사리면/음성 생리/보은 탁주리/보은 병원리/증평 연탄리

충남

계룡 두계리/계룡 왕대리/계룡 정장리/계룡 엄사리/공주 보물리/금산 상가리/금산 두두리/금산 목소리/금산 신대리/금산 자지산/금산 마수리/논산 청동리/당진 사기소리/당진 매롱골/당진 가학리/보령 주교면/보령 청소면/부여 태양리/부여 종북마을/부여 안서리/부여 군사리/부여 천당리/서산 오지리/서산 수석동/서천 성내리/아산 염치읍 석두리/아산 신동/아산 신인동/아산 읍내동/예산 고도리/예산 오가면/예산 노화리/천안 쌍용동/천안 신방동/천안 신부동/천안 안서동/천안 양령리 대령마을/천안 부대동/천안 남창마을/태안 파도리/태안 안면도, 황도/태안 대기리/홍성 은하면/홍성 신경리

부산

강서구 대항동/강서구 미음동/강서구 신호동/기장군 대변리/기장 좌천리/기장 만화리/기장 두명리/기장 고리/기장 오리/기장 연구리/금정구 장전동/동구 좌천동/동래구 명장동/동래구 사직동/동래구 온천동 미남역/사상구 감전동/사상구 주례역, 냉정역/사상구 학장동/서구 초장동/서구 토성

동/수영구 수영동/연제구 연산동/영도구 신선동/영도구 청학동/중구 광복동/중구 보수동/해운대구 반송동/해운대구 우동

대구

동구 안심역: 실제로 왕건이 후백제군의 추격을 따돌려 안심한 곳이라서 지명이 안심이라고/북구 관음동/수성구 황금동(黃金洞)/달서구 성당동/달성 구라리/수성구 고모동/중구 완전동/달서구 상인동/수성구 파동

울산

남구 개운동: 처용설화 참조/남구 고사동/남구 달동/남구 무거동/남구 야음동/동구 방어동/북구 강동동/중구 다운동/중구 약사동/울주 처용리:처용서 유래/울주 발리/울주 남창리/울주 만화리/울주 거리/울주 지내리/울주 서생면 나사리/울주 천상리/울주 둔기리

경북

경산 아사리/경산 박사리/경산 환상리/경산 대학리/경주 노동리/경주 모서리/고령 다산면/구미 고아읍(高牙邑)/군위 파전리/김천 의리/김천 신음동/문경 성유리/봉화 재산면/상주 남장동/상주 대포리/안동 길안면 백자리 백자지(池), 송사리, 마사리, 마사지(池)/영덕 대진리 건달마을/영덕 축산면 축산리 염장마을/영양 수비면/영양 수비면 발리리/영주 성내리, 삼가리, 백신리, 전구리/영주 원리, 내림리/영주 금광리/영주 대양리, 탄산리, 수도리, 조제리/영주 반구리/영주 안정면 신전리, 묵리, 내줄리, 안심리/영주 유전리/영주 구구리, 좌석리/영주 남대리/영천 효리/영천 남성리/영천 관리/예

천 지보면/울릉 중령마을/청도 고철리, 구라리/청도 평양리/청송 진보면/포항 기계면/포항 두 마리/포항 청하면

경남

거제 망치리/외도/거창 유령마을/거창 고기리/고성 하일면, 하이면/김해 내외동/김해 대감리/김해 불암동 불암역/김해 사촌리/김해 고모리/김해 우동리/김해 의전리/김해 이북초등학교/남해 호구산/남해 물건리/밀양 제대리/밀양 원서리/밀양 남기리/밀양 연금리/사천 검정리/사천 사주리/사천 정의리/사천 예수리/사천 사다리/산청 병정리/양산 다방동/양산 소주동/양산 양주동/양산시 대리 /양산 화제리/양산 삼수리/의령 갑을리/의령 낙서면/의령군 낙서면 전화리/의령 성황리/의령 내조리, 외조리/진주 가방리/진주 안전리/진주 소문리/진주 반지리/진주 자매리/진주 압사리/진주 초장동/창녕 비리산/창녕 장가리/창녕 유리/창원 반지동/창원 제동리/창원 동정동/창원 신창원역/창원 반동리/창원 심리/창원 장군동/창원 다구리/통영 미수동/하동 감당리/하동 법대리/하동 술상리/하동 목도리/함안 묘사리/함안 무기리/함양 하교리/합천 성기리/합천 손목리/합천 율곡면 기리/합천 적중면 부수리

광주

광산구 요기동/광산구 도덕동/동구 불로동/북구 우산동/북구 양산동

전북

군산 나포리/김제 백구면/김제 김제동초등학교/남원 금지면/무주 사탄마

을/부안 진리, 치도리/부안 고사포해수욕장/부안 유유마을/부안 가오리/완주 계곡리/완주 용서리/익산 석탄동/익산 왕궁리/장수 지지리/전주 우아동/전주 도도동/정읍 시기동/정읍 군대마을/정읍 천원리/진안군 부귀면 황금리

전남

강진 영파리/강진 주작산/강진 중고리/고흥 오취리/곡성 오지리/구례 방광리/나주 청동, 노안면, 다시면/나주 동창마을/목포 용해동/무안 해제면/무안 피서리/보성 와장마을/벌교 행정마을/벌교 대포리/벌교 장도리/감정리/영구마을/무사마을/호미마을/정자마을/살래마을/풍치마을/유신리/내기마을/고장마을/감동마을/왕초마을/순천 도사동/순천 하사리, 호두리/신안 역도/신안 내보지도→내보기도/신안 비리/신안 생낌마을/여수 송장리→여동리/여수 여자리(汝自里)/여수 소라면/영광 안마도, 송이도/영광 대마면, 염산면, 백수읍/영암 도포면/영암 나불리/영암 시종면/완도 군내리 항문도→자지도→당사도/완도 생일면 생일도(生日)/완도 소안면 미라리/장흥 노력도/진도 호구리/함평 외치리, 해보면 문장리/함평 학교면/해남 화내리

제주

제주 상도리/제주 고성리/제주 상가리/제주 어음리/제주 장전리/제주 오라동/제주 외도동/서귀포 구억리/서귀포 마라도/서귀포 고성리

참고문헌

『삼국사기(三國史記)』

『삼국유사(三國遺事)』

『경국대전(經國大典)』

『대전회통(大典會通)』

『신증동국여지승람(新增東國輿地勝覽)』

『택리지(擇里志)』

『아언각비(雅言覺非)』

『대동지지(大東地志)』

『한국의 지명』(이영택, 태평양, 1986)

『한국고대국명지명연구』(이병선, 형설출판사, 1982)

『한국지명총람』(한글학회, 1964~1986)

『한국지명연혁고』(권상로, 동국문화사, 1961)

『삼국사기의 지명고』(김형규, 진단학보 16, 1947)

『한국지명총람』

『지명지(地名誌)』

『한국지명유래집』

『한국지명요람』

『한국향토문화전자대전』

『한국민족문화대백과』

『조선향토대백과』

『조선지지자료(朝鮮地誌資料)』

『한국저작권위원회』

『각 시·군 읍·면지』

『두산백과』

『地名の語源』(鏡味完二, 1977)

『地圖ど地名』(山口惠一郎, 1974)

『朝鮮の聚落』(善生永助, 1933)

『시인의 가슴을 물들인 만남』(고광석, 북카라반)

국가건강정보포털 의학정보

Thanks to

이 책이 나오기까지는 많은 분들이 도움을 줬다. 그분들의 덕이 크다. 부모님을 비롯해 사랑하는 아내와 아들, 친구와 친지, 선·후배에 이르기까지 헤아릴 수 없이 많은 모든 분들에게 고마운 뜻을 전한다. 특히 사반세기 이상 몸담았던 언론계를 그만두고 펜을 꺾는 것을 누구보다 안타깝게 생각하고 모든 지원을 아끼지 않은 호텔 선샤인&파라다이스웨딩홀 이진태 사장님께 감사드린다. 아울러 이 책을 발간해 주신 행복에너지 권선복 대표님께도 고마운 마음을 전한다. 이 책이 세상에 빛을 볼 수 있었던 것은 모두가 그분들의 덕분이다.

출간후기

권선복
도서출판 행복에너지 대표이사

알랭 드 보통Alain de Botton은 "행복을 찾는 일이 우리의 삶을 지배한다면, 여행은 그 일의 역동성을 그 어떤 활동보다 풍부하게 드러내준다.『여행의 기술』"고 했다. 아무리 고된 여행의 과정일지라도 우리가 살아서 되돌아올 수만 있다면, 결국은 삶의 행복을 더해주는 추억으로 남지 않을까? 인간의 뇌 구조는 생각보다 훨씬 더 적극적으로 행복을 찾도록 유전적으로 설계되어 있기에, 남아 있는 고민이란 결국 과감하게 여행을 떠나는 용기뿐이다.

그러나 잘 준비된 용기는 여행 과정의 행복을 극대화시키지만, 준비 없는 만용은 여행을 극단의 고생길로 만들 수도 있다. 이 책『기자형제 신문 밖으로 떠나다』는 바로 그런 준비과정으로부터 시작해, 속도를 버린 낭만적 국토 순례를 통해 인생의 행복을 찾는 과정을 보여주는 생생한 기록이다.

흔히들 여행을 잘하기 위해 세 가지를 먼저 고려해야 한다고 한다. '누구와, 무엇을, 그리고 어떻게'이다. '왜'는 버려라! 여행 후에 생각해도 늦지 않다.

'누구와'는 생각보다 고려하기 쉬울 수 있다. 어차피 혼자 가는 것이 아니라면 마음에 맞지 않는 사람과 동행을 꿈꾸는 경우란 극히 드물 테니, 행복한 여행의 3요소 중에서 가장 고려할 부분이 적은 항목인지 모르겠다. 그러나 책 속의 주인공들은 형제, 그것도 기자형제다. 입담으로는 대한민국 상위 1% 안에 들어갈 직업인 기자. 그것도 둘이 모였다. 더구나 형제다. 이들이 함께 오토바이를 타며 보고 듣고 지낸 나날이 곧 형제에겐 한 배에서 태어나 세상 구경을 한 이후로 가장 오붓한 시간이었을 것이다. 그 애틋한 우애와 불을 뿜는 입담을 글로 옮겨놓은 것이 바로 이 책이다.

다음으로 '무엇을'이 고민이었을 텐데, 이들 형제의 선택에는 반전이 있다. 2018년 6월에만 해외에 나간 내국인이 150만 명이다. 인천공항을 가보면 지팡이 짚은 할머니도 해외를 나가시고, 아이스크림을 코끝에 묻힌 5살짜리 꼬마도 비행기를 기다린다. 해외여행을 가고 가다가 드디어는 오지 여행으로 눈길을 돌리는 경우도 허다하다. 그런데 이들은 잘 나가던 신문사의 편집국장과 부국장 직을 내던지고 국내 여행을 감행했다. 그리고 대한민국 구석구석 혈맥을 찾아 돌며 산소를 불어넣는 적혈구처럼, 우리나라 곳곳의 지명에 숨을 불어넣고, 애착의 눈길을 보내고, 유래를 찾아 이야기로 풀어냈다. 사소한 장삼이사들이 이 땅에 정을 붙이고 생사고락의 역사를 불어넣은 것이 마을마다의 지명이다. 이 땅의 잔손금에 돋보기를 들이대고 애정으로 행간을 채워나간 것이 이 책의 또 다른 묘미다.

마지막으로 '어떻게'의 문제다. 여행은 오감만족이지만, 그중 가장 중요한 건 풍경이고 시각이다. 시각의 문제는 결국 어떤 운송수단을 이용해 여행하느냐에 달려 있다. 조선시대 선조들은 여행길에 오를 때 자세히 보려면 걷고, 빨리 가려면 말을 탔고, 힘들이지 않으면서도 여유를 갖고 보려면 나귀나 소를 탔다. 물론, 관료로서의 권세를 떨치며 화려하고 편안한 여행길을 즐기고자 할 때는 가마를 타고 산에 오른 선조들조차 있었다. 운송수단의 선택은 그만큼 여행자의 입장과 풍경을 바라보는 시선, 대상을 들여다보는 깊이를 결정하는 데 절대적이다.

이 책의 저자인 기자형제 역시 이점을 알고 있었다. 자동차로 일주일도 걸리지 않을 전국일주를 굳이 오토바이로 감행했다. 여러 가지 고민 끝에 감행한 오토바이의 속도로 건널 수 있는 행간의 폭이 있을 것이며, 그 속도에 맞춰서 우리 국토의 마을과 마을을 구석구석 바라보았다.

점이 선이 되고, 선이 면이 되고, 그 안에 사람의 마음이 스며들어 행간을 넓히고 우리 국토의 이야기를 만들어 내는 공간에 이들 기자형제가 있었다. 세상을 향한 그들의 애정 가득한 반란에 진심어린 질투의 눈빛을 보내며, 끝으로 이 책 전체의 분위기가 집약된 글 한 토막을 통해 독자 제현들께서도 이 땅 어느 마을 상상의 사랑방으로 마실을 가는 꿈을 꾸어보시길 바란다.

들은 넓고 환하다. 풍경의 행간이 넓다. 집들은 하나의 섬이다. 멀찍이, 널찍이 퍼져있다. 집은 하나의 객체로서 존재한다. 피안(彼岸)이다. 마을사람들은 마음의 행간을 한껏 넓힌다. 풍경들은 태양, 바람, 비를 함축하며 새벽과 밤사이를 선순환 시킨다. 산, 바위, 별, 풍경들은 여행자의 동선(動線)과 함께 움직이며 공명한다. 마을과 마을, 사람과 풍경을 보고 있으면 그 옛날 사랑방에 모여 모꼬지 지짐이와 주전부리를 나누면서 외로운 밤을 삭이던 '마실'이 생각난다.　　《책 본문 중……》

Happy Energy books 좋은 원고나 출판 기획이 있으신 분은 언제든지 **행복에너지**의 문을 두드려 주시기 바랍니다.
ksbdata@hanmail.net www.happybook.or.kr 단체구입문의 ☎ 010-3267-6277

하루 5분, 나를 바꾸는 긍정훈련
행복에너지

'긍정훈련' 당신의 삶을
행복으로 인도할
최고의, 최후의 '멘토'

'행복에너지
권선복 대표이사'가 전하는
행복과 긍정의 에너지,
그 삶의 이야기!

인터파크
자기계발 분야 주간
베스트 1위

권선복

도서출판 행복에너지 대표
영상고등학교 운영위원장
대통령직속 지역발전위원회
문화복지 전문위원
새마을문고 서울시 강서구 회장
전) 팔팔컴퓨터 전산학원장
전) 강서구의회(도시건설위원장)
아주대학교 공공정책대학원 졸업
충남 논산 출생

권선복 지음 | 15,000원

책 『하루 5분, 나를 바꾸는 긍정훈련 - 행복에너지』는 '긍정훈련' 과정을 통해 삶을 업그레이드하고 행복을 찾아 나설 것을 독자에게 독려한다.

긍정훈련 과정은 [예행연습] [워밍업] [실전] [강화] [숨고르기] [마무리] 등 총6단계로 나뉘어 각 단계별 사례를 바탕으로 독자 스스로가 느끼고 배운 것을 직접 실천할 수 있게 하는 데 그 목적을 두고 있다.

그동안 우리가 숱하게 '긍정하는 방법'에 대해 배워왔으면서도 정작 삶에 적용시키지 못했던 것은, 머리로만 이해하고 실천으로는 옮기지 않았기 때문이다. 이제 삶을 행복하고 아름답게 가꿀 긍정과의 여정, 그 시작을 책과 함께해 보자.

"좋은 책을
만들어드립니다"
저자의 의도 최대한 반영!
전문 인력의 축적된 노하우를
통한 제작!
다양한 마케팅 및 광고 지원!

최초 기획부터 출간에 이르기까지, 보도자료 배포부터 판매 유통까지! 확실히 책임져 드리고 있습니다. 좋은 원고나 기획이 있으신 분, 블로그나 카페에 좋은 글이 있는 분들은 언제든지 도서출판 행복에너지의 문을 두드려 주십시오! 좋은 책을 만들어 드리겠습니다.

| 출간도서종류 |
시 · 수필 · 소설 · 자기계발
일반실용서 · 인문교양서 · 평전 · 칼럼
여행기 · 회고록 · 교본 · 경제 · 경영 출판

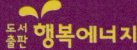
www.happybook.or.kr
☎ 010-3267-6277
e-mail. ksbdata@daum.net